KEHRT UM!
Denn das Himmelreich
ist nahe. (Mt 4,17)

Walburga

KEHRT UM!
Denn das Himmelreich
ist nahe. (Mt 4,17)

Botschaften von Jesus Christus
über die Zukunft der Kirche und der Welt
(Band 1)

PARVIS-VERLAG
1648 Hauteville / Schweiz

Seine Heiligkeit Papst Paul VI. hat am 14. Oktober 1966 das Dekret der Heiligen Kongregation für die Verbreitung des Glaubens bestätigt (No 58/59 A.A.S), das die Erlaubnis zur Veröffentlichung von Schriften erteilt, die sich auf übernatürliche Erscheinungen beziehen, auch wenn das «Nihil obstat» der kirchlichen Autorität nicht vorhanden ist. Mit der vorliegenden Veröffentlichung soll dem endgültigen Urteil der Kirche nicht vorgegriffen werden.

Die Bibelstellen wurden der revidierten Einheitsübersetzung der Heiligen Schrift entnommen:
© 2016 Katholische Bibelanstalt GmbH, Stuttgart

© Oktober 2020

Parvis-Verlag
Route de l'Eglise 71
1648 Hauteville
Schweiz

Tel. 0041 26 915 93 93
Fax 0041 26 915 93 99
buchhandlung@parvis.ch
www.parvis.ch

Gedruckt in der EU

ISBN 978-2-88022-913-9

Durch Umkehr und Ruhe werdet ihr gerettet,
im Stillhalten und Vertrauen liegt eure Kraft.

(Jes 30,15)

Vorwort des geistlichen Begleiters

Diese unter dem Decknamen Walburga veröffentlichte Schrift stammt von einer sehr gottverbundenen Frau, die im Gebet immer wieder Eingebungen von Jesus Christus erhält, die sie dann niederschreibt. Es ist ihr wichtig, immer wieder prüfen zu lassen, ob diese Eingebungen dem katholischen Glauben entsprechen, was sie im Gespräch mit mir als ihrem geistlichen Begleiter getan hat. Und ich habe ihre Eingebungen alle als authentisch erlebt.

Sie sprechen von der baldigen Wiederkunft des Herrn, der ein Reich des Friedens und der Liebe aufrichten wird. Walburga ist sich bewusst, dass wir weder Tag noch Stunde seines Kommens kennen. Die Botschaften sind ein Aufruf zu radikaler Umkehr für alle. Aber zugleich sind sie eine Einladung zu grenzenlosem Gottvertrauen. Der Wiederkunft wird eine schwere Zeit vorausgehen, eine Zeit der Kriege, der Naturkatastrophen und der Christenverfolgung. Aber inmitten dieser Bedrohungen sollen wir fest auf Gott vertrauen, der uns einlädt, uns nicht zu fürchten, weil er bei uns ist. Es wird sichtbar, dass Gott ein Gott der Liebe ist, der nicht den Untergang will, sondern neues Leben. Neues Leben heißt einfaches Leben, gottverbundenes Leben. Er will auch die Kirche erneuern, er will Priester, Ordensleute und Laien zu einem Leben des Gebetes, der Anbetung, der Loslösung von irdischen Dingen führen und so ihr Leben läutern und reinigen. Er will, dass sich neue Gemeinschaften bilden, die aus dem Geist leben und sich von ihm führen lassen. Er betont dabei auch die Wichtigkeit der Laien. Wenn wir in der Verbundenheit mit ihm leben, wird er eine erneuerte Kirche schaffen, deren Heiligkeit alle unsere Vorstellungen übertrifft. Bei all diesen Ausführungen war es Walburga wichtig, die einzelnen Aussagen mit Bibelstellen zu belegen.

Die Kernbotschaft dieser Schrift ist, dass Gott uns über alles liebt und er uns deshalb zur Umkehr ruft und dass er diese Umkehr auch mit seiner Gnade ermöglicht.

Ich kann diese Schrift vorbehaltlos Ihrer aufmerksamen Lektüre empfehlen und hoffe, dass sie zu einer Erneuerung des christlichen Lebens führt.

Geistlicher Begleiter von Walburga

Vorwort von Walburga

Der Herr hat mir eine große Vision über die Zukunft der Kirche und der Welt geschenkt. Wir leben jetzt in einer besonderen Zeit, wir stehen am Anfang der Apokalypse. Jesus Christus wird bald wiederkommen in Herrlichkeit und sein Reich errichten auf der Erde, ein Reich des Friedens und der Liebe. Vorher aber steht uns noch eine schwere Zeit bevor: eine Zeit der großen Not, der Kriege, Naturkatastrophen und Christenverfolgung. Wenn wir jedoch Zuflucht bei Jesus Christus nehmen, brauchen wir keine Angst zu haben; er wird uns beschützen und weiterhelfen in jeder Not.

Ich habe vom Herrn den Auftrag erhalten, die Menschen auf die kommende schwere Zeit und seine Wiederkunft vorzubereiten. Ich soll dazu seine Botschaften und Bilder verbreiten, die einen eindringlichen Aufruf zur Umkehr, zur ernsthaften Abwendung von der Sünde, beinhalten, aber auch Hoffnung für die Zukunft geben.

Durch alle Botschaften scheint immer wieder die große Liebe Jesu zu uns Menschen hindurch. Er lädt uns ein, eine persönliche Beziehung zu ihm aufzubauen und in seiner Gegenwart und Liebe ein Leben in Heiligkeit zu führen.
Jesus Christus möchte jetzt seine Kirche erneuern: Durch Verfolgung und Dunkelheit hindurch wird sie gereinigt und geläutert werden und dann in neuem Glanz erstrahlen! Er braucht jetzt viele Menschen, die ihm radikal nachfolgen und sein Wort in der Welt verkünden. Jesus fordert uns öfter dazu auf, uns auf die Zukunft zu freuen, da er alles Böse überwinden und eine erneuerte

Kirche schaffen wird, deren Heiligkeit alle unsere Vorstellungen übersteigt!

Das vorliegende Buch soll die Menschen ermahnen und aufrütteln aus ihrem Schlaf, damit sie die Dringlichkeit der Zeit erkennen und ihr Leben wieder auf das Wesentliche ausrichten: die Abkehr von jeglicher Sünde, die Abwendung von allen Götzen, die Bekehrung zu Jesus Christus, die Notwendigkeit eines intensiven Glaubens- und Gebetslebens, die Bildung von Gemeinschaften, die Bedeutung der Nächstenliebe, ein Leben in Einfachheit und Heiligkeit, die Bewahrung der Schöpfung. Viele Gruppen in Kirche und Gesellschaft werden in eigenen Botschaften, die persönlich an sie gerichtet sind, angesprochen und zur radikalen Umkehr aufgerufen.

Ich bete für alle Leser um eine intensive Erfüllung mit dem Hl. Geist, damit sie ihr Herz öffnen für die Botschaften und bereit und fähig sind, diese auch in ihr Leben umzusetzen.

«Kehrt um! Denn das Himmelreich ist nahe.» (Mt 3,2 und Mt 4,17)

Am Hochfest der Geburt des hl. Johannes des Täufers,
den 24. Juni 2020
Walburga

Einige Anmerkungen

Jesus Christus diktiert mir die Botschaften in Form von Gedanken, die ich sofort niederschreibe. Wenn ich in mir vernehme: «Ich möchte mit dir sprechen», bereite ich mich auf den Empfang einer Botschaft so lange durch Gebet vor, bis mein Geist frei ist von Zerstreuung und Ablenkung. Ich bitte den Hl. Geist um Weisheit, um Erkenntnis und um die Gabe der Unterscheidung der Geister und bete um Bewahrung vor Irrtum und Täuschung usw. Auch ordne ich mich Jesus unter: «Herr, ich stelle mein Denken unter deine Herrschaft, nimm mein Denken gefangen!» (vgl. 2 Kor 10,5). Außerdem stelle ich mich unter den Schutz des kostbaren Blutes Jesu und unter den Schutz der Muttergottes und meines Schutzengels.

Außer den Botschaften schenkte mir Jesus für dieses Buch **viele innere Bilder,** die ich in meiner inneren Vorstellung wie einen Film vor mir ablaufen sah. Es kamen oft noch Erkenntnisse hinzu, die man nicht bildhaft darstellen kann. **Ich formulierte jedes Bild mit eigenen Worten** und anschließend **diktierte mir Jesus eine Deutung und eine Botschaft dazu.**

Bei den Bildern handelt es sich nicht um ein genaues Abbild der Vorgänge in der Zukunft, sie sollen vielmehr symbolisch verstanden werden.

Die **Botschaften** habe ich **mit vielen Bibelstellen belegt,** die **Überschriften nachträglich hinzugefügt.**

Manche Stellen sind für unser Empfinden **überspitzt und undifferenziert** formuliert (s. Botschaften Nr. 30 und 31). **Andere**

erscheinen uns **ungewöhnlich hart**, z. B. bei den Botschaften Nr. 26, 28 und 50. Doch **auch im Evangelium hat Jesus manchmal einen ähnlichen Stil verwendet** (vgl. Mt 17,17 und Mt 23,29.33), wie **auch die Propheten im Alten Testament**, um die Menschen aufzurütteln und zur Umkehr zu bewegen.

Da wie bei allen Prophetien immer auch Menschliches mit einfließen kann, sollte man nicht jedes Wort auf die Goldwaage legen, sondern die Grundbotschaft im Blick haben.

Ich habe dieses Buch von meinem geistlichen Begleiter, einem Ordenspriester und Theologen, **begutachten lassen**; er hat die Veröffentlichung befürwortet.
Ein weiterer Priester hat die Botschaften ebenfalls für echt befunden.

Ich verwende ein **Pseudonym,** um mein zurückgezogenes kontemplatives Leben des Gebets ungehindert fortführen zu können.

Kontakt ist möglich über folgende E-Mail-Adresse:
kehrtum.walburga@t-online.de

Bringt Frucht hervor, die eure Umkehr zeigt, ... (Mt 3,8)

TEIL 1
Botschaften von Jesus Christus

1. Mein Auftrag: Ruf die Menschen auf zur Umkehr!
8. Februar 2008

Mein geliebtes Kind, ich werde dir jetzt viele Botschaften geben über die Zukunft der Welt. Sei mein Sprachrohr, verweigere mir nichts! Du sollst ein Buch herausgeben mit den Botschaften; es wird sich bald überall auf der Welt verbreiten. Große Wirkung wird ausgehen von dem Buch, viele Menschen werden sich dadurch bekehren. Stell dich mir ganz zur Verfügung, großen Lohn wirst du dafür erhalten! Hab keine Angst, ich werde dich Schritt für Schritt führen! Du wirst stets erkennen, was du tun sollst. Hab auch keine Angst vor Täuschung, ich werde dich davor bewahren! Nimm dir jetzt jeden Tag Zeit und hör auf meine Worte in dir! Die Zeit eilt, die Welt liegt im Argen. Vieles habe ich dir mitzuteilen, vieles habe ich der Welt zu sagen. Schreib alles auf, was du hörst, und lass es überprüfen! Ich werde dir rechtzeitig einen geistlichen Begleiter zuführen, der den Ursprung der Botschaften sicher erkennt. Bete jetzt schon für ihn um Weisheit!

Ich gebe dir eine große Schau über die Zukunft. Ich werde die Welt jetzt umwandeln nach meinem Willen. Ruf die Menschen auf zur Umkehr! Großes werde ich dadurch bewirken. Ich habe dich aus vielen erwählt; bedenke die große Gnade, die ich dir gewähre! Sei mir dankbar und lobe und preise mich dafür! Tu alles zu meiner Ehre und große Frucht wird von dir ausgehen! Amen.

2. Ihr lebt in einer Welt, in der die Finsternis vorherrscht!
9. Februar 2008

Ich gebe dir jetzt eine Botschaft für die Welt.

Mein geliebtes Kind, du lebst in einer Welt, in der die Finsternis vorherrscht. Satan wütet überall auf der Welt. Die meisten Menschen befinden sich in seinen Fängen, aber sie merken es nicht. Nur ich, Jesus, euer Meister und Herr, kann sie aus seinem Netzwerk befreien. Aber die meisten wollen nichts von mir wissen. Sie glauben nicht an mich, sie vertrauen mir nicht, sie wenden sich nicht an mich mit ihren Problemen. Wie sollte ich ihnen da helfen? Aber meine Liebe zu den Menschen ist übergroß[1] und ich suche ständig Wege, sie zu erreichen. Wenn sie doch nur verstehen würden, dass sie ihr Glück nur bei mir finden werden![2] Sie sind ständig auf der Suche nach dem Glück und finden es nirgendwo. Alles Weltliche enttäuscht sie letztendlich, denn ich habe sie geschaffen für mich.

Ich liebe sie mit unendlicher Liebe und ich sehne mich nach der Liebe der Menschen. Aber wie schwach sind sie! Selbst meine «Getreuen», die mir «nachfolgen», genießen oft lieber das weltliche Glück als das himmlische. Ich würde sie überhäufen mit Gnaden, wenn sie nur wollten. Aber sie ziehen die Gesellschaft der Menschen meiner Gesellschaft meist vor. Wie leer sind die Kirchen und wie voll sind die Vergnügungsstätten! Nur wenige widmen sich ganz dem Gebet und leben nur noch für mich. Auch meine Diener, die Priester und Ordensleute, finden oft keinen Gefallen mehr am Gebet. Sie lassen sich vereinnahmen von der Welt und von der Arbeit. Wie soll ich da noch durch sie wirken können? Wen wundert es da, dass es an Nachwuchs mangelt?

---

1. Vgl. Joh 15,9: Wie mich der Vater geliebt hat, so habe auch ich euch geliebt.
2. Vgl. Ps 16,2: Ich sagte zum Herrn: Mein Herr bist du, mein ganzes Glück bist du allein.

Jammert nicht, meine Kinder, sondern kehrt um! Wendet euch mir wieder zu und lasst euch führen von meinem Hl. Geist! Ihr werdet staunen, wie fruchtbar euer Leben dann wird. Ich möchte meine Kirche erneuern und alle Menschen an mich ziehen. Wie sehr liebe ich euch; wenn ihr das doch nur begreifen würdet! Ich flehe euch an, ich bettle um eure Liebe! Kehrt um, lebt nur noch für mich![3] Um alles Weltliche werde ich mich selbst kümmern. Amen.

3. Ihr Priester, wendet euch mir wieder zu!
10. Februar 2008

Mein geliebtes Kind, ich möchte dich heute über die Priester belehren.

Ich liebe meine Priester mit unendlicher Liebe, aber sie lieben mich zu wenig. Sie sind oft zu verweltlicht, Irdisches haben sie im Sinn. Sie urteilen und handeln oft nach weltlichen Maßstäben und fragen nicht nach meinem Hl. Geist.[4] Sie lassen sich nicht von ihm führen und fragen nicht nach dem Willen Gottes. Sie halten sich selbst für klug und weise und beten nicht um Weisheit und Einsicht. Sie versprechen ihrem Bischof Gehorsam und tun dann in ihren Pfarreien, was sie wollen. Sie verkünden das Evangelium oft nach ihrem eigenen Gutdünken und halten sich nicht an die Lehre der Kirche. Sie versprechen den Zölibat und pflegen ihre Liebschaften.

Wie wenige Priester sind mir ganz treu geblieben!

Ich rufe euch auf, ihr Priester, kehrt um! Übergebt euch mir ganz, lasst meinen Hl. Geist wirken durch euch! Betet wieder treu, vernachlässigt das Gebet nicht![5] Ich weiß, ihr habt viel Arbeit und

---

3. Vgl. Mt 3,2 und Mt 4,17: Kehrt um! Denn das Himmelreich ist nahe!
4. Vgl. Kol 3,2: Richtet euren Sinn auf das, was oben ist, nicht auf das Irdische!
5. Vgl. Kol 4,2: Lasst nicht nach im Beten; seid dabei wachsam und dankbar!

fühlt euch oft überlastet. Aber ohne Gebet wird eure Arbeit nicht fruchtbar sein. Durch das Gebet kann ich euch wieder stärken und kräftigen.

Lasst euch nicht vereinnahmen von den Menschen, ich allein sei euer Herr und Meister! Tut nur noch, was ich euch sage und versucht nicht mehr, den Menschen zu gefallen![6] Ihr müsst nicht alle Erwartungen der Menschen erfüllen. Lebt für mich, nicht für die Menschen! Ihr seid meine auserwählten Diener und ich liebe euch mit einer Liebe, die ihr nie begreifen könnt. Wendet euch mir wieder zu und ich werde euch mit Gnaden überhäufen! Ich schenke euch Liebe und Frieden in Fülle. Ich verzeihe euch alles und ich lasse wieder großen Segen von euch ausgehen. Amen.

4. Betet für den Papst und um die Einheit aller Christen!
11. Februar 2008

Mein geliebtes Kind, ich möchte dich jetzt über das Papsttum belehren.

Viele Menschen haben verkehrte Vorstellungen vom Papsttum. Sie fühlen sich eingeengt und bevormundet, sie wollen sich vom Papst nichts sagen lassen. Sie kritisieren ihn ständig und meinen, selbst alles besser zu wissen. Die Verpflichtung zum Gehorsam gegenüber dem Papst empfinden sie als Zumutung, sie handeln nur nach ihrer eigenen Einsicht.

Aber das Papsttum ist ein großes Geschenk von mir! Der Papst ist der Garant der Einheit in der katholischen Kirche. Wie zersplittert sind doch oft die anderen Kirchen! Ohne Papst würde die katholische Kirche sofort auseinanderfallen in verschiedene Gruppierungen.

---

6. Vgl. Gal 1,10: Wollte ich noch den Menschen gefallen, dann wäre ich kein Knecht Christi.

Der Papst ist der oberste Hirte. Ihm vertraue ich die große Herde meiner Gläubigen an. Er soll sich um sie kümmern und sie mit geistlicher Nahrung versorgen. Ich schenke ihm Einsicht und Erkenntnis für all seine Aufgaben.

Oh, meine Gläubigen, warum nehmt ihr dieses große Geschenk von mir nicht an? Ich selbst spreche durch ihn, ich selbst wirke durch ihn. Glaubt und vertraut darauf, dass ich nicht zulasse, dass er eine verkehrte Lehre verkündet! Betet für den Papst, hört auf mit der Kritik! Er braucht dringend die Unterstützung durch euer Gebet. Betet für ihn um Schutz, betet für ihn um Einsicht, betet für ihn um den Hl. Geist! So leistet ihr einen großen Beitrag zum Wohl der Kirche.

Betet auch viel um die Einheit aller Christen! Ich möchte alle zu einer einzigen Herde vereinen.[7] Wie sehr leide ich unter der großen Zersplitterung! Mein Ziel ist: **ein** Hirt und **eine** Herde![8] Wie weit seid ihr noch davon entfernt! Bereut eure Sünden, bereut euren Hochmut, bereut eure Besserwisserei! Beugt euch demütig unter mein Joch, strebt mir zuliebe die Einheit an! Betet um den Geist der Wahrheit, damit alle Christen die Wahrheit erkennen! Nur in Demut könnt ihr aufeinander zugehen, nur in Demut könnt ihr die Einheit erreichen. Werdet ganz einfach, werdet ganz klein, vertraut euch mir ganz an! Nur so werdet ihr fähig sein zur vollen Einheit. Amen.

---

7. Vgl. Joh 17,21: Alle sollen eins sein: Wie du, Vater, in mir bist und ich in dir bin, sollen auch sie in uns sein, damit die Welt glaubt, dass du mich gesandt hast.
8. Vgl. Joh 10,16: Ich habe noch andere Schafe, die nicht aus diesem Stall sind; auch sie muss ich führen und sie werden auf meine Stimme hören; dann wird es nur eine Herde geben und einen Hirten.

5. Ihr meine Laien, ihr habt eine besondere Berufung!
12. Februar 2008

Mein geliebtes Kind, ich habe heute eine Botschaft für die Laien.

Ich liebe meine Priester und alle, die sich mir ganz geweiht haben. Aber genauso liebe ich die Laien. Ich habe große Aufgaben für sie vorbereitet.

Ihr meine Laien, gebt euch mir ganz hin! Ich zeige euch den Weg, wie ihr mitten in der Welt ganz für mich leben könnt. Ihr habt eine besondere Berufung, ich brauche euch dringend für den Aufbau meines Reiches. Versucht nicht, meine geweihten Diener und Dienerinnen nachzuahmen; ich habe andere Aufgaben für euch! Schließt euch zu Gemeinschaften zusammen, bildet Gebetskreise und Bibelkreise, tauscht euch aus und haltet treu zusammen! Gemeinsam seid ihr stark; ihr seid ein Bollwerk gegen die Angriffe des Bösen. Aber nehmt euch in Acht, Satan wird ständig versuchen, euch zu entzweien! Verzeiht einander und begegnet euch im Geist der Liebe![9] Legt Zeugnis ab von meiner Liebe in der Welt; verkündet mein Wort, ob man es hören will oder nicht![10] Lasst euch ganz führen von meinem Hl. Geist, macht keine eigenen Pläne mehr! So werdet ihr meine Wunder sehen. Ich möchte die Welt verwandeln durch euch, ich möchte alle Menschen an mich ziehen.

Seid mir ganz gehorsam, hängt euer Herz nicht an die Güter der Welt! Ich werde euch befreien von allem Ballast der Welt, wenn ihr mir dies erlaubt. Ganz in Freiheit sollt ihr mir dienen. Habt keine Angst, ihr werdet nicht zu kurz kommen! Ich überhäufe

---

9. Vgl. Röm 12,10: Seid einander in brüderlicher Liebe zugetan, übertrefft euch in gegenseitiger Achtung!
10. Vgl. 2 Tim 4,2: Verkünde das Wort, tritt auf, ob gelegen oder ungelegen, überführe, weise zurecht, ermahne, in aller Geduld und Belehrung!

euch mit Gnaden und belohne euch hundertfach für euren Dienst. Ich sehne mich nach eurer Liebe, ich warte sehnsüchtig nach einer Zuwendung von euch. Warum lasst ihr mich so lange warten? Wendet euch mir zu im Gebet, vertraut mir eure Probleme an und bittet mich um Hilfe! Ich werde euer Gebet nicht unerhört lassen. Pflegt einen vertrauten Umgang mit mir, betrachtet mich als euren Freund! Nur durch eine innige Freundschaft mit mir werdet ihr Frucht bringen in der Welt.[11] Macht mich zu eurem Herrn und Meister, legt ab eure Götzen und dient nur noch mir! So wird großer Segen von euch ausgehen für die Kirche und für die Welt. Amen.

6. Verehrt meinen Hl. Geist,
ich möchte meine Kirche erneuern durch ihn!
13. Februar 2008

Mein geliebtes Kind, heute schenke ich dir eine Botschaft über den Hl. Geist.

Mein Hl. Geist durchwirkt alles, er belebt alles und erfrischt alles. Er ist es, der Menschen zur Heiligkeit beruft und sie zur Änderung ihres Lebens fähig macht. Er wirkt dort mit großer Kraft, wo er mit großem Glauben angerufen wird. Er erweckt Propheten in meinem Volk, er heilt Kranke und tröstet die Trauernden.

Meine Kinder, verehrt noch mehr meinen Hl. Geist! Ich möchte meine Kirche erneuern durch ihn. Meine Kirche liegt krank danieder; sie ist schwach und hat nur noch wenig geistliche Kraft. Sie ist zu sehr der Welt verfallen und hört zu wenig auf meinen Hl. Geist.

---

11. Vgl. Joh 15,5: Wer in mir bleibt und in wem ich bleibe, der bringt reiche Frucht; denn getrennt von mir könnt ihr nichts vollbringen.

Betet jeden Tag zum Hl. Geist, lasst euch von ihm führen! Fragt ihn vor jeder Entscheidung um Rat, auch in den Kleinigkeiten des Alltags! Seid offen für sein Wirken, nehmt seine Gaben bereitwillig an![12] Er möchte euch überreich beschenken zu eurer Freude und zu eurem Heil. Er zeigt euch eure Berufung und eure Aufgaben in der Kirche. Macht keine eigenen Pläne mehr, handelt nicht mehr aus eigener Kraft, sondern in der Kraft meines Hl. Geistes! Großes werdet ihr dann vollbringen.

Bereits jetzt hat das Zeitalter des Hl. Geistes begonnen. Bereits jetzt wirkt er in manchen Menschen und Gemeinschaften mit großer Macht. Schaut auf sie und lernt von ihnen, verurteilt sie nicht! Unterdrückt das Wirken des Hl. Geistes nicht! Ihr würdet mich dadurch sehr betrüben. Wenn ihr doch alle offen wäret für ihn, die Welt würde anders aussehen! Legt ab eure Vorurteile und starren Gewohnheiten und lasst euch verwandeln durch meinen Hl. Geist! Nur so kann ich eine neue Kirche aufbauen.

Freut euch, meine Kinder, ein neues Pfingsten steht euch bevor! Große Wunder und Zeichen werden geschehen überall auf der Welt.[13] Ich werde meinen Geist ausgießen über alles Fleisch,[14] ich werde die Welt der Sünde überführen. Ich schaffe eine völlig neue Kirche;[15] nichts wird mehr so sein, wie es früher war. Meine Kirche wird in neuem Glanz erstrahlen ohne Flecken und Falten.[16] Betet um eine Erneuerung der Kirche, betet um ein neues Pfingsten,

---

12. Vgl. 1 Kor 12,1-11: Der eine Geist und die vielen Gaben.
13. Vgl. Apg 2,19: Ich werde Wunder erscheinen lassen droben am Himmel und Zeichen unten auf der Erde ... (s. Joel 3,3).
14. Vgl. Apg 2,17: In den letzten Tagen wird es geschehen, so spricht Gott: Ich werde von meinem Geist ausgießen über alles Fleisch (s. Joel 3,1).
15. Vgl. Offb 21,9-22,5: Das neue Jerusalem.
    Offb 21,10-11: Da entrückte er (Engel) mich ... und zeigte mir die heilige Stadt Jerusalem, wie sie von Gott her aus dem Himmel herabkam, erfüllt von der Herrlichkeit Gottes.
16. Vgl. Eph 5,27: So will er die Kirche herrlich vor sich hinstellen, ohne Flecken oder Falten oder andere Fehler; heilig soll sie sein und makellos.

betet um die Gaben des Hl. Geistes, damit ich mein Werk vollenden kann! Wirkt mit an diesem großen Werk, arbeitet nicht dagegen! Großen Lohn werdet ihr dafür erhalten. Amen.

7. Widersteht Satan in meinem Namen!
14. Februar 2008

Mein geliebtes Kind, ich möchte dich jetzt über die Zukunft belehren.

Es wird eine schwere Zeit hereinbrechen; wir stehen bereits am Anfang dieser Zeit. Das Böse wird immer mehr überhandnehmen, Satan wütet überall auf der Welt. Er übernimmt die Herrschaft und verführt die Menschen zur Sünde. Er versucht die Christen und bringt viele zum Glaubensabfall.[17] Er verbreitet Irrlehren, die den Menschen schmeicheln, und macht die Wahrheit verächtlich. Es wird überall Chaos und Gewalttätigkeit herrschen, der Hass der Menschen wird immer mehr zunehmen.

Ihr meine getreuen Kinder, die ihr mir nachfolgt, nehmt euch in Acht! Satan versucht ständig, euch anzugreifen! Widersteht ihm in meinem Namen, widersteht ihm in meiner Macht![18] Stellt euch unter den Schutz meines kostbaren Blutes und er wird euch nicht schaden können! Habt keine Angst, ich werde stets den Sieg davontragen, wenn ihr Zuflucht bei mir nehmt! Bittet auch meine Mutter um Schutz, sie ist eine mächtige Fürsprecherin gegen alle Machenschaften des Bösen! Vergesst auch euren Schutzengel nicht, er steht euch treu zur Seite und hilft euch in jeder Not! Aber ihr müsst ihn anrufen und um Hilfe bitten! So wird er mächtiger sein im Kampf.

---

17. Vgl. Offb 12,13-18: Der Kampf des Drachens (Satans) gegen die Frau (die Kirche).
18. Vgl. 1 Petr 5,9: Leistet ihm (dem Teufel) Widerstand in der Kraft des Glaubens!

Ich lasse meine Kinder nicht im Stich in dieser schweren Zeit. Sie stehen unter meinem besonderen Schutz, niemand kann ihnen etwas antun. Es wird ihnen kein Haar gekrümmt werden.[19] Sie werden leuchten in der Finsternis wie Fackeln in der Dunkelheit. Sie werden den wahren Glauben aufrechterhalten und ihn verteidigen bis aufs Blut. Mit ihnen werde ich die neue Kirche aufbauen. Ich reinige sie jetzt und prüfe sie, damit sie standhalten am Tag der Not.

So habt keine Angst, sondern freut euch, meine Kinder! Amen.

8. Entflieht nicht jedem Leiden, denn es gereicht euch zum Heil!
15. Februar 2008

Mein geliebtes Kind, ich möchte heute zu dir über das Leiden sprechen.

Die meisten Menschen schrecken zurück vor dem Leid und haben Angst davor. Sie möchten es um jeden Preis vermeiden und zahlen dafür oft viel Geld. Wer jedoch ganz in Verbindung mit mir lebt, für den hat das Leiden einen großen Wert. Es reinigt von Sünden und vereinigt die Menschen mit mir am Kreuz. Großes kann ich dadurch bewirken. Ich nehme das Leiden an als Sühneleiden für die Bekehrung der Sünder. So nehmen die Leidenden teil an meinem Erlösungswerk und bringen große Frucht für die Kirche.[20]

So rufe ich euch auf, meine Gläubigen: Nehmt euer Kreuz auf euch und folgt mir nach![21] Versucht nicht, jedem kleinsten Leiden zu

---

19. Vgl. Lk 21,17-18: Und ihr werdet um meines Namens willen von allen gehasst werden. Und doch wird euch kein Haar gekrümmt werden.

20. Vgl. Kol 1,24: Ich (Paulus) ergänze in meinem irdischen Leben, was an den Bedrängnissen Christi noch fehlt an seinem Leib, der die Kirche ist.

21. Vgl. Mt 16,24: Darauf sagte Jesus zu seinen Jüngern: Wenn einer hinter mir hergehen will, verleugne er sich selbst, nehme sein Kreuz auf sich und folge mir nach. Vgl. auch Mk 8,34 u. Lk 9,23.

entfliehen! Opfert mir alles Schwere auf zur Bekehrung der Sünder und großer Segen wird von euch ausgehen! Auch ihr selbst werdet verwandelt durch das Leiden. Ich bringe euch zu größerer Reife und schenke euch mehr Mitleid mit den leidenden Menschen. Eure Nächstenliebe wird wachsen und euer Egoismus wird abnehmen. Eure Leiden werden auch eingetragen als Sühne für eure Sünden. So verachtet nicht mehr länger euer Kreuz und Leid; bedenkt, es ist ein Geschenk eures Vaters im Himmel! Im Leiden werdet ihr mir immer ähnlicher. Habt keine Angst, ich werde euch nicht überfordern, ich schenke euch für alles die nötige Kraft! Betrachtet mein Leiden am Kreuz, haltet euch meinen grausamen Kreuzestod vor Augen und eure Leiden werden euch gering vorkommen!

So hadert nicht mehr mit mir wegen eurer Leiden, sondern seid mir dankbar für alles![22] Es gereicht euch alles zum Heil. Amen.

9. Ich liebe euch unendlich!
16. Februar 2008

Mein geliebtes Kind, ich möchte dir heute eine Botschaft über die Liebe geben.

Meine göttliche Liebe ist unendlich, unbegreiflich, stark, ewig, machtvoll. Sie umgreift alles, verändert alles, schafft Frieden, bringt Freude und verzeiht alles.

Wenn ihr mir nachfolgt, gebe ich euch immer mehr Anteil an dieser meiner Liebe! Ich ziehe euch immer näher an mich und beschenke euch mit meinen Gnaden. Eure menschliche Liebe ist schwach und egoistisch; mit ihr allein werdet ihr mein Gebot der Liebe nicht erfüllen können. So versucht nicht, aus eigener Kraft

---

22. Vgl. Eph 5,20: Sagt Gott, dem Vater, jederzeit Dank für alles im Namen unseres Herrn Jesus Christus!

mich und euren Nächsten zu lieben! Ihr werdet dadurch nur entmutigt werden. Lasst euch stets mit meiner Liebe erfüllen, sucht die Begegnung mit mir im Gebet! Bittet den Hl. Geist um mehr Liebe, er wird sie euch gerne schenken![23] Nur ganz in Verbindung mit mir werdet ihr zur wahren Liebe fähig sein. Bedenkt dies, meine Kinder, und sucht stets meine Gegenwart! Ich bin euch immer nahe, macht euch dies stets bewusst![24] Vertraut mir eure Probleme und Nöte an, ich werde mich darum kümmern! Betrachtet mich als euren Freund,[25] ich werde euch treu zur Seite stehen! Ich liebe auch den größten Sünder; so habt keine Scheu vor mir wegen eurer Sünden! Ich verzeihe euch alles und wandle euch nach meinem Willen um.

Ich liebe euch unendlich, in meinem Herzen haben alle Platz. Ich schließe niemanden aus meiner Liebe aus. So kehrt um, meine Kinder, und wendet euch mir zu! Ich werde euch reich beschenken mit meiner Liebe. Amen.

10. Bittet um den Geist der Nächstenliebe!
17. Februar 2008

Mein geliebtes Kind, ich gebe dir heute eine Lehre über die Nächstenliebe.

Viele Menschen haben falsche Vorstellungen von der Nächstenliebe. Sie verwechseln sie mit der natürlichen, emotionalen Liebe. Diese Liebe empfinden auch die Heiden. Die christliche Nächstenliebe aber hat ihren Ursprung in mir. Ich selbst fordere

---

23. Vgl. Röm 5,5: ... denn die Liebe Gottes ist ausgegossen in unsere Herzen durch den Heiligen Geist, der uns gegeben ist.
24. Vgl. Mt 28,20: ... Seid gewiss: Ich bin bei euch alle Tage bis zum Ende der Welt.
25. Vgl. Joh 15,15: Vielmehr habe ich euch Freunde genannt; denn ich habe euch alles mitgeteilt, was ich von meinem Vater gehört habe.

die Menschen auf zu Taten der Liebe,[26] ich selbst schenke ihnen die nötige Weisheit und die Kraft dazu. Diese Liebe ist unabhängig von Gefühlen, sie macht keinen Unterschied zwischen verschiedenen Rassen und Volksgruppen, sie ist unparteiisch, sie wendet sich jedem Menschen zu. Sie ist auch unabhängig von bestimmten Vorlieben und Sympathien. Die natürliche Liebe ist oft ein Hindernis für die echte christliche Nächstenliebe, weil die Menschen oft nur nach ihren Gefühlen handeln und sich nicht vom Hl. Geist führen lassen.

So fordere ich euch auf, meine Kinder: Bittet um den Geist der Nächstenliebe! Macht euch frei von jeder zu starken Anhänglichkeit an die Menschen, damit ihr frei seid für mich und meine Nächstenliebe! Lasst euch nicht bestimmen von euren Gefühlen, weder von den positiven noch von den negativen! Vereinigt euch ganz mit mir und ich gebe euch immer mehr Anteil an meiner übernatürlichen Liebe! Nur mit **meiner** Liebe könnt ihr eure Feinde lieben,[27] nur mit **meiner** Liebe könnt ihr allen Menschen verzeihen, nur mit **meiner** Liebe könnt ihr alle menschlichen Hindernisse überwinden. Glaubt nicht, dass ihr dazu aus eigener Kraft fähig seid! So erwartet alles von mir! Ich werde euch auch die nötige Liebe schenken, die ihr braucht. Amen.

---

26. Vgl. Mk 12,29.31: Jesus antwortete: … Als zweites kommt hinzu: Du sollst deinen Nächsten lieben wie dich selbst.
27. Vgl. Mt 5,44: Ich aber sage euch: Liebt eure Feinde und betet für die, die euch verfolgen, …

11. Warum habt ihr solche Angst vor dem Tod?
18. Februar 2008

Mein geliebtes Kind, heute möchte ich mit dir über den Tod sprechen. Die meisten Menschen fürchten den Tod; sie reden nicht darüber, sondern sie verdrängen ihn. Selbst meine treuen Kinder, die an mich glauben, schrecken vor dem Tod zurück!

Oh, ihr Kleingläubigen, warum habt ihr solche Angst vor dem Tod? Warum habt ihr so wenig Vertrauen in meine Barmherzigkeit? Warum glaubt ihr nicht felsenfest an eine Auferstehung? Ich verzeihe euch alle Sünden, wenn ihr zu mir kommt und sie bereut.[28] Ich reinige euch von euren Sünden, damit ihr ganz in meiner Anschauung leben könnt. Kein Auge hat es gesehen, kein Ohr hat es gehört, was ich denen bereitet habe, die mich lieben![29] Mit welcher Sehnsucht warte ich auf meine vollkommene Vereinigung mit jedem Einzelnen von euch in der Ewigkeit! Der Tod meiner geliebten Kinder ist für mich eine große Freude, denn ein unaussprechliches Glück steht uns bevor. Warum haltet ihr so krampfhaft fest an eurem irdischen Leben? Ich habe euch viel Größeres bereitet. Das irdische Leben ist nur ein Abglanz des ewigen Lebens in meinem Reich. Warum freut ihr euch nicht auf das ewige Zusammensein mit mir? Warum habt ihr so wenig Liebe zu mir?

Löst euch los von allen irdischen Dingen und haltet euch bereit; denn ihr wisst weder den Tag noch die Stunde, wann ich komme![30] Habt keine Angst, nur wer meine Liebe absolut nicht annehmen will, wird den ewigen Tod erleiden!

---

28. Vgl. Jes 55,7: Er (der Frevler) kehre um zum Herrn, damit er Erbarmen hat mit ihm, und zu unserem Gott; denn er ist groß im Verzeihen.

29. Vgl. 1 Kor 2,9: Nein, wir verkündigen, wie es in der Schrift steht, was kein Auge gesehen und kein Ohr gehört hat, was in keines Menschen Herz gedrungen ist, was Gott denen bereitet hat, die ihn lieben (s. Jes 52,15).

30. Vgl. Mt 24,42: Seid also wachsam! Denn ihr wisst nicht, an welchem Tag euer Herr kommt. Vgl. auch Mt 25,13.

Betet für die Menschen, damit sie offen werden für meine Liebe!
Betet für die Menschen, dass sie sich mir zuwenden und sich abwenden von der Sünde! Betet für die Menschen um Bekehrung
um meiner Liebe willen! Amen.

12. Nehmt euch meine Heiligen zum Vorbild!
19. Februar 2008

Mein geliebtes Kind, ich möchte dich heute über die Heiligen belehren.

Die Heiligen waren begnadete Menschen, die ganz auf mich
ausgerichtet lebten. Sie waren nicht ohne Sünden, sie waren oft
schwach und hatten viele Fehler. Aber sie waren voller Demut und
waren stets bestrebt, den Willen meines Vaters zu tun.[31] Sie waren
keine Übermenschen; alle außerordentlichen Taten vollbrachten
sie in meiner Kraft. Es war ihnen zutiefst bewusst, dass sie ohne
mich zu nichts fähig waren. Ich führte sie oft einen langen und
steilen Weg, bis sie zur höchsten Heiligkeit gelangten. Ich erfüllte
sie immer mehr mit meiner Liebe, bis sie ganz eins waren mit mir.
Ich reinigte sie, ich prüfte sie, ich löste sie ganz los von der Welt
und von den Menschen.

Ich möchte eigentlich mit jedem Menschen diesen Weg gehen, aber
die meisten sträuben sich dagegen. Auch viele, die sich Christen
nennen, gehen lieber ihren eigenen Weg, anstatt mir nachzufolgen.
Sie wollen mir nicht dienen, sondern nur ihre eigenen Wünsche
im Leben verwirklichen. Ich achte ihre Freiheit, aber um wie viel
besser wäre es, wenn sie sich mir ganz überließen!

---

31. Vgl. Mt 7,21: Nicht jeder, der zu mir sagt: Herr! Herr!, wird in das Himmelreich kommen, sondern wer
den Willen meines Vaters im Himmel tut.

Nehmt euch meine Heiligen zum Vorbild! Sie schlugen mir keine Bitte ab; sie waren eifrig bestrebt, am Aufbau meines Reiches mitzuwirken. Ruft sie auch oft um ihre Fürbitte an! Sie sind mächtige Fürsprecher vor meinem Thron. Sie kennen die Nöte des menschlichen Lebens und haben großes Mitleid mit euch. Mit großer Liebe bringen sie die Gebete der Gläubigen vor mich und meinen Vater und treten inständig für euch ein. Wir werden ihrer Liebe nicht widerstehen können und die Gebete erhören. So verehrt noch mehr meine Heiligen, sie werden es euch danken! Studiert ihr Leben, pflegt einen vertrauten Umgang mit ihnen, das würde mich ehren! Verschafft euch Freunde im Himmel! Sie werden euch treuer zur Seite stehen als alle irdischen Freunde. Verehrt besonders euren Namenspatron oder eure Namenspatronin! Seit eurer Taufe haben sie den Auftrag von mir, sich um euch zu kümmern. Sie würden sich sehr freuen, wenn ihr in Beziehung zu ihnen treten würdet. Ihre Hilfe wäre dann noch machtvoller und wirksamer.

Bedenkt, meine Kinder, ihr seid alle eine große Familie, alle Gläubigen im Himmel und auf der Erde! Ihr seid alle in der Tiefe eures Herzens verbunden in mir. So liebt einander, wie ich euch liebe![32] Amen.

13. Verehrt noch mehr meine Mutter Maria!
20. Februar 2008

Mein geliebtes Kind, heute stelle ich dir meine Mutter vor.

Meine Mutter ist das reinste Geschöpf,[33] das je erschaffen worden ist. Nie hat ein Schatten der Sünde ihr reines Herz befleckt. Sie

---

32. Vgl. Joh 15,12: Das ist mein Gebot, dass ihr einander liebt, so wie ich euch geliebt habe.
33. Vgl. Lk 1,28: Der Engel trat bei ihr ein und sagte: Sei gegrüßt, du Begnadete, der Herr ist mit dir.

war meinem Vater ganz ergeben und sie liebte mich mit inniger Liebe. Ich habe sie mit hineingenommen in mein Erlöserleiden und habe ihr Anteil gegeben an meiner Herrlichkeit. Sie ist die Königin des Himmels, ich habe sie erhoben über alle Wesen des Himmels.

Meine geliebten Kinder auf Erden, verehrt noch mehr meine Mutter Maria! Ich habe sie euch allen zur Mutter gegeben. Vertraut euch ihrem Herzen an, sie wird euch weiterhelfen in jeder Not! Weiht euch jeden Tag ihrem unbefleckten Herzen, so kann sie euch besser schützen vor jeder Gefahr! Sie wird euch auch gerne führen auf eurem geistlichen Weg, wenn ihr sie darum bittet! Betet jeden Tag den Rosenkranz; das würde mich ehren und auch meine Mutter! Der Rosenkranz ist eine mächtige Waffe gegen alle Angriffe Satans. Durch dieses Gebet wird Satan angekettet und er verliert jegliche Macht. Er kann die Reinheit und Heiligkeit meiner Mutter nicht ertragen und flieht vor Entsetzen.

Wer meine Mutter ehrt, ehrt mich! Habt keine Angst, mich zu beleidigen, wenn ihr meine Mutter innig verehrt! Sie wird euch stets zu mir führen und in das Herz meiner Kirche. Sie eröffnet euch alle Schätze des Glaubens und führt euch hinein in die Tiefe meines göttlichen Geheimnisses.

Betrachtet meine Mutter auch als eure Mutter![34] Sie kümmert sich um euch, sie tröstet euch, sie sorgt für euch, sie liebt euch mit meiner göttlichen Liebe. Sie steht euch näher und hilft euch wirksamer als jede irdische Mutter. Betrachtet dieses große Geheimnis und glaubt daran! Nehmt dieses große Geschenk an aus meiner Hand; schlagt es nicht aus, sondern seid dankbar dafür! Amen.

---

34. Vgl. Joh 19,26-27: Als Jesus die Mutter sah und bei ihr den Jünger, den er liebte, sagte er zur Mutter: Frau, siehe, dein Sohn! Dann sagte er zu dem Jünger: Siehe, deine Mutter! Und von jener Stunde an nahm sie der Jünger zu sich.

14. Wendet euch an euren Schutzengel
und an den hl. Erzengel Michael!

21. Februar 2008

Mein geliebtes Kind, ich belehre dich jetzt über die Engel.

Sie sind durch mich erschaffen worden am Anfang der Zeiten. Sie sind meine Diener im Himmel und auf der Erde, ich sende sie aus zum Heil der Menschen. Ich habe ihnen die verschiedensten Aufgaben übertragen.

Jeder Mensch erhält von Anfang an einen Schutzengel von mir. Er soll den Menschen behüten in jeder Gefahr[35] und ihn zum ewigen Heil führen. Aber die meisten kümmern sich nicht um ihn, das betrübt ihn sehr. Wer nicht gläubig von seiner Existenz überzeugt ist, für den kann er auch nicht viel tun!

So verehrt noch mehr euren Schutzengel, meine geliebten Kinder! Er wartet auf eure Zuwendung und auf euren Auftrag. Pflegt einen vertrauten Umgang mit ihm, ruft ihn an in jeder Gefahr! Seine Hilfe ist machtvoll, besonders bei allen Angriffen Satans. Er hat alle Macht und Kraft von mir, er handelt in meinem Auftrag. Jeder Schutzengel hat auch einen Namen, ruft ihn daher bei seinem Namen an! Er wird euch seinen Namen gerne mitteilen, wenn ihr ihn darum bittet. Er befindet sich immer in eurer Nähe und steht euch treu zur Seite.

Ich habe euch noch einen mächtigen Kämpfer geschenkt, nämlich den hl. Erzengel Michael. Er beschützt Deutschland; aber wer glaubt das heute noch?

Er wird jetzt in der Endzeit eine immer wichtigere Rolle spielen. Er ist der Anführer im Kampf gegen alle Mächte der Finsternis, vor ihm müssen alle dämonischen Mächte weichen.[36] Wendet euch an

---

35. Vgl. Ps 91,11: Denn er befiehlt seinen Engeln, dich zu behüten auf all deinen Wegen.
36. Vgl. Offb 12,7-8: Da entbrannte im Himmel ein Kampf; Michael und seine Engel erhoben sich, um mit

ihn, besonders bei allen Angriffen des Bösen! Er wird euch zu Hilfe eilen und euch nicht im Stich lassen.

So befolgt meine Ratschläge, lebt zusammen mit meinem ganzen himmlischen Hofstaat! So werdet ihr bereits auf dieser Erde große Ruhe und tiefen Frieden finden. Amen.

15. Die hl. Eucharistie ist ein Geschenk meiner übergroßen Liebe!
22. Februar 2008

Mein geliebtes Kind, ich möchte heute mit dir über die hl. Eucharistie sprechen.

Die hl. Eucharistie ist eines der größten Geschenke, das ich euch gemacht habe. Ich gebe mich euch hin mit Leib und Seele, in meiner Gottheit und in meiner Menschheit. Wer kann dieses große Geheimnis begreifen? Wer kann den Segen ermessen, der von diesem Sakrament ausgeht?
Die hl. Eucharistie ist die Mitte meiner Kirche. Durch sie kann ich meine Kinder trösten, stärken, kräftigen, auferbauen, heilen, ernähren, ermahnen, heiligen. Es ist das Heilmittel gegen alles Böse, gegen die Sünde, gegen jegliche Schwäche. Es ist auch ein Heilmittel für jede Krankheit des Leibes und der Seele. Durch den Empfang der hl. Eucharistie werdet ihr auch alle miteinander verbunden durch meinen Hl. Geist.

Empfangt deshalb oft meinen hl. Leib,[37] verschmäht ihn nicht, haltet ihn nicht für belanglos! Wenn ihr wüsstet, wie sehr ich mich nach der Vereinigung mit euch bei der hl. Kommunion sehne! Es

---

dem Drachen zu kämpfen. Der Drache und seine Engel kämpften, aber sie hielten nicht stand …

37. Vgl. Mk 14,22: Während des Mahls nahm er das Brot und sprach den Lobpreis; dann brach er das Brot, reichte es ihnen und sagte: Nehmt, das ist mein Leib.

ist ein Geschenk meiner übergroßen Liebe. Verweigert mir eure Liebe nicht, lasst mich nicht länger warten!

Bereitet euch vor auf die Begegnung mit mir! Wie viele Vorbereitungen trefft ihr, wenn ihr den Besuch von Menschen erwartet! Und was tut ihr für mich? Bin ich nicht euer Freund, bin ich nicht euer Herr, bin ich nicht euer Retter und Erlöser? Bereut eure Sünden, tretet in Beziehung zu mir und beteuert mir eure Liebe! Das würde mich ehren!

Und wenn der Zeitpunkt unserer Begegnung gekommen ist, wie unaufmerksam und zerstreut seid ihr oft, wie schnell fertigt ihr mich ab mit ein paar Worten! Ist dieses Verhalten eines Gottes würdig? Warum schenkt ihr mir nicht mehr Zeit, warum verlasst ihr so schnell die Kirche? Ich würde euch mit Gnaden überhäufen, wenn ihr mir die nötige Zeit dafür geben würdet!

Besucht mich auch oft vor dem Tabernakel, ich warte den ganzen Tag auf euch! Betet mich an,[38] übergebt mir eure Probleme und sagt mir Dank! Viele Gnaden werden dadurch überströmen auf euch.

Es ist auch mein Wunsch, dass ihr mich wieder mehr vor dem ausgesetzten Allerheiligsten anbetet.

Ihr Priester, fördert mehr die eucharistische Anbetung, bedenkt die große Verantwortung, die ihr tragt! Haltet die Gläubigen an zur Anbetung, seid ihnen selbst ein großes Vorbild! Ehrt mich in der hl. Eucharistie, betet für die Gemeindemitglieder, und sie werden euch nachfolgen!

So beherzigt meine Ratschläge, meine geliebten Kinder, und euer Lohn wird groß sein! Amen.

---

38. Vgl. Offb 14,7: Betet ihn an, der den Himmel und die Erde, das Meer und die Wasserquellen geschaffen hat!

16. Große Umwälzungen stehen euch bevor!
23. Februar 2008

Mein geliebtes Kind, ich schenke dir jetzt eine große Schau über die Zukunft. Die Vision wird sich über einen längeren Zeitraum hinweg erstrecken. Ich möchte die Menschheit vorbereiten auf die Ereignisse in der Zukunft. Diejenigen Menschen, die mir Glauben schenken und meine Ratschläge befolgen, werden gut gerüstet sein für die Zukunft. Diejenigen aber, die mir nicht glauben, werden von den Ereignissen überrollt werden und ihnen völlig überrascht und ratlos gegenüberstehen. So hört auf mich und tut, was ich euch sage!

Meine Kinder, ihr lebt jetzt in einer besonderen Zeit, in einer Zeit des Umbruchs und des Neuanfangs. Große Umwälzungen stehen euch bevor.

Die Welt liegt im Argen, die Sünden der Menschen schreien zum Himmel.[39] Satan beherrscht fast die gesamte Erde, die meisten Menschen folgen ihm blindlings. Er verführt die Menschen zu Hass, Krieg und Gewalttätigkeit. Die Bosheit wird immer mehr zunehmen auf der Welt; überall herrschen Revolutionen, Aufstände, Krawalle und Zerstörungswut. Die Regierungen werden nicht mehr Herr der Lage sein, die Demokratien werden machtlos sein. Wir stehen bereits am Anfang dieser Zeit.

So rufe ich euch auf, meine Menschenkinder, kehrt um![40] Macht euch keine Illusionen, ihr werdet die Probleme nicht aus eigener Kraft bewältigen können! Bekehrt euch in der Tiefe eures Herzens, wendet euch mir wieder zu, ehrt mich als euren Gott! Ich werde euch alle Sünden verzeihen, habt keine Angst vor mir! Lasst ab von euren bösen Taten, leistet dem Teufel Widerstand![41] Nur **ich** kann

---

39. Vgl. Jak 5,4: … der Lohn, den ihr ihnen vorenthalten habt, schreit zum Himmel; …
40. Vgl. Jona 3,8: Sie sollen mit aller Kraft zu Gott rufen und jeder soll umkehren von seinem bösen Weg …
41. Vgl. Jak 4,7: Ordnet euch also Gott unter, leistet dem Teufel Widerstand und er wird vor euch fliehen.

euch aus seiner Macht befreien. Nur **ich** kann euch vor allem Unglück und vor allem Schaden bewahren. Nur **ich** kann euch das Glück und den Frieden schenken, nach denen ihr euch sehnt! Beginnt wieder zu beten, haltet Einkehr und ändert euer Leben! Betet um die Bekehrung der Menschen, betet um Bewahrung vor Krieg, Terror und Gewalttätigkeit! Nur so werden die Zeiten wieder besser werden. Amen.

17. Bereitet euch vor auf eine weltweite Christenverfolgung!
24. Februar 2008

Mein geliebtes Kind, ich möchte zu dir wieder über die Zukunft sprechen.

Es kommt jetzt eine Zeit der großen Christenverfolgung. Viele laue Christen werden vom Glauben abfallen, viele traditionelle Christen werden mich verleugnen. Den Christen werden viele Rechte aberkannt werden, sie werden benachteiligt werden, sie werden verspottet und verleumdet werden.[42] Die Verfolgung breitet sich über die ganze Erde aus, die Christen werden zu den Sündenböcken der Nationen. Vielerorts wird man ihnen auch nach dem Leben trachten, viele werden für mich den Märtyrertod sterben.[43]

Aber habt keine Angst, meine Kinder, ich steh euch in jeder Not bei! Bereitet euch auf die Verfolgung vor, stellt euch innerlich darauf ein! Habt Mut und bekennt euch jetzt schon zu eurem Glauben offen vor allen Menschen! Erwartet nichts mehr von der Welt, erwartet nichts mehr von den Menschen, erwartet euer Glück nur noch von mir! Lebt nur noch für mich, seid zu allem bereit und

---

42. Vgl. Mt 10,22: Und ihr werdet um meines Namens willen von allen gehasst werden; wer aber bis zum Ende standhaft bleibt, der wird gerettet.
43. Vgl. Mt 24,9: Dann wird man euch der Not ausliefern und euch töten und ihr werdet von allen Völkern um meines Namens willen gehasst.

nichts wird euch erschüttern können! Setzt euer Vertrauen ganz auf mich und niemand wird euch ernsthaft schaden können! Die Gnade des Martyriums schenke ich vielen auserwählten Kindern; ich schenke ihnen auch die Kraft und den Mut dazu. Seid bereit, für mich auch zu leiden; bedenkt, wie viel ich für euch gelitten habe!

Jetzt werden sich die Geister scheiden; jetzt kommt an den Tag, wer mich wirklich liebt und wer nicht. Viele bis jetzt treue Christen werden mich verraten, viele Anhänger werden mich verlassen. Oh, wie betrübt das mein Herz!

Betet, meine Kinder, damit ihr standhaft bleibt am Tag der Versuchung; betet, damit ihr treu zu mir steht zur Zeit der Verfolgung! Betet für eure Feinde, verflucht sie nicht! Betet für eure Verfolger, damit sie sich bekehren![44] Nur so könnt ihr diese Zeit überstehen ohne Schaden für eure Seele. Übt dieses Verhalten jetzt schon ein, lebt ganz nach meinen Geboten! So wird es euch hernach leichterfallen. Amen.

18. Die Naturkatastrophen werden zunehmen, das Klima wird sich sehr verändern!
25. Februar 2008

Mein geliebtes Kind, ich belehre dich wieder über die kommende Zeit.

Die Natur liegt in Wehen, sie kündet eine neue Zeit an. Die Naturkatastrophen werden immer mehr zunehmen; die Erde wehrt sich gegen die Sünden der Menschen.

---

44. Vgl. Mt 5,44-45: Ich aber sage euch: Liebt eure Feinde und betet für die, die euch verfolgen, damit ihr Kinder eures Vaters im Himmel werdet; …

Glaubt nicht, dass ihr sie noch aufhalten könnt; es liegt alles in meinem Willen! Der Mensch soll einsehen, dass er nicht Herr über die Natur ist; er soll seine Ohnmacht und Hilflosigkeit erkennen. Vielleicht denkt er in seiner Not wieder an mich und bittet mich um Hilfe!

Verheerende Stürme werden die Erde überziehen, gewaltige Erdbeben[45] werden die Erde erschüttern, Überschwemmungen wird es überall geben, Vulkane werden wieder ausbrechen. Das Klima wird sich sehr verändern; Dürre und Nässe, Hitzeperioden und Kälteeinbrüche wechseln einander ab. Heftige Gewitter mit Hagel[46] und Platzregen werden an der Tagesordnung sein.

Die Not wird überall groß sein. Stellt euch darauf ein, meine Kinder, haltet nichts mehr fest! Schon morgen kann alles zerstört sein. Wenn ihr mich um Hilfe und Schutz bittet, werde ich sie euch gewähren. Ich lasse meine getreuen Kinder nicht im Stich. Habt keine Angst, ich stehe euch bei in jeder Not! Dann werdet ihr den Unterschied sehen zwischen den wahrhaft Gläubigen und den Ungläubigen, zwischen den Kindern des Lichts und den Kindern der Finsternis! Meine treuen Freunde werde ich schützen vor jeder Gefahr; ich verleihe ihnen Mut und Trost und Zuversicht. Sie werden leuchten in der Finsternis und allen Menschen helfen, die in Not sind. Große Wunder werde ich durch sie wirken, meine Macht wird überall sichtbar. Viele Menschen werden sich dadurch bekehren.

Ich rüttle die Menschheit jetzt auf, ich möchte sie herausholen aus ihrer Sünde! Aber wie viele werden meine Zeichen erkennen, wie viele werden meinem Ruf folgen?

---

45. Vgl. Mt 24,7: ... und an vielen Orten wird es Hungersnöte und Erdbeben geben.
    Vgl. auch Offb 16,18: ... es entstand ein gewaltiges Erdbeben, wie noch keines gewesen war, seitdem es Menschen auf der Erde gibt.
46. Vgl. Offb 16,21: Und gewaltige Hagelbrocken, zentnerschwer, stürzten vom Himmel auf die Menschen herab. ...

Betet, meine Kinder, dass sich möglichst viele bekehren am Tag der Not! Ich möchte sie heimholen in mein Reich; ich lasse alle diese schrecklichen Katastrophen zu zum Heil der Menschen. Wenn sie das doch nur verstehen würden! Wenn sie doch nur begreifen würden, wie groß meine Liebe zu ihnen ist und wie sehr ich mich nach ihrer Liebe sehne! Ich ergreife jetzt alle Mittel, um sie an mich zu ziehen. Bedenkt, alles entspringt aus meiner übergroßen Liebe! Amen.

19. Mein Hl. Geist wird euch heilen, wenn ihr krank seid!
26. Februar 2008

Mein geliebtes Kind, ich werde die Botschaften über die Zukunft fortsetzen.

Es werden immer mehr Krankheiten auftreten, gegen die es noch keine Hilfe gibt. Die Menschen sollen lernen, ganz auf mich zu vertrauen und nicht auf die Ärzte und ihre Medizin. Ich allein kann ihnen Hilfe verschaffen in meiner Allmacht. Ich werde viele Wunder wirken in dieser Zeit, ich schenke vielen Menschen die Gabe der Heilung.[47] Nehmt diese Gabe demütig an aus meiner Hand, lehnt sie nicht ab! Verurteilt die Menschen nicht, die diese Gabe ausüben in meinem Namen, sondern schätzt sie und seid dankbar dafür!

Ich reinige jetzt mein Volk von seinen Götzen, von den Götzen der Technik und Wissenschaft und von den Götzen der Medizin.[48]

---

47. Vgl. 1 Kor 12,28: … ferner verlieh er (Gott) die Kraft, Machttaten zu wirken, sodann die Gaben, Krankheiten zu heilen, …
48. Vgl. Ez 36,25: Ich gieße reines Wasser über euch aus, dann werdet ihr rein. Ich reinige euch von aller Unreinheit und von allen euren Götzen.

Meine Kinder, lasst euch reinigen; sucht Zuflucht bei mir, wenn ihr krank seid! Weicht nicht aus auf Magie und Zauberei![49] Satan wird euch stets schaden und er möchte euch in seine Gewalt bringen. Widersteht seinen Verlockungen und glaubt seinen Versprechungen nicht! Nur bei mir findet ihr wirksame Hilfe. Ich allein sei euer Herr und Meister, ich allein sei euer Gott!

Meidet auch alle esoterischen Praktiken, sie dienen nicht eurem Heil! Ihr geratet dadurch in Abhängigkeit und kommt unter den Einfluss fremder Mächte. Vertraut nur noch auf mich; mein Hl. Geist selbst wird euch heilen! Amen.

20. Ich erneuere und reinige jetzt meine Kirche!
27. Februar 2008

Mein geliebtes Kind, es steht euch jetzt auch ein großer Umbruch in der Kirche bevor. Das alte System wird zusammenbrechen, Neues wird aufbrechen.

Meine treuen Gläubigen, haltet nichts mehr fest, legt ab eure starren Gewohnheiten und seid offen für den Hl. Geist![50] Er wird euch einen neuen Weg führen; lernt, auf ihn zu hören und ihm zu gehorchen![51]

Ich möchte jetzt meine Kirche erneuern; nichts wird mehr so sein, wie es vorher war. Die alten Glaubenswahrheiten werden erscheinen in neuem Kleid. Alles Veraltete, Überholte, Verkrustete wird keinen Bestand mehr haben, Neues habe ich für euch vorbereitet.

---

49. Vgl. Dtn 18,10-12: Es soll bei dir keinen geben, der ... Losorakel befragt, ... aus dem Becher weissagt, zaubert, Gebetsbeschwörungen hersagt oder Totengeister befragt, keinen Hellseher, ... Denn jeder, der so etwas tut, ist dem Herrn ein Gräuel.
50. Vgl. Joh 20,22: Nachdem er (Jesus) das gesagt hatte, hauchte er sie an und sagte zu ihnen: Empfangt den Heiligen Geist!
51. Vgl. Hebr 3,7-8: Darum beherzigt, was der Heilige Geist sagt: Heute, wenn ihr seine Stimme hört, verhärtet nicht eure Herzen ...

Nur der echte, wahre, lebendige Glaube wird Zukunft haben. Ich schaffe mir ein Volk von Heiligen, die nur noch für mich leben, die ihr Leben für mich riskieren und die ganz in der Liebe leben. Alle lauen, bequemen, gewohnheitsmäßigen Christen werden sich nicht bewähren am Tag der Not. Sie werden mich verraten und verleugnen und sehr schnell vom Glauben abfallen.[52]

Ich reinige jetzt meine Kirche, große Prüfungen stehen ihr jetzt bevor![53]

Meine Kinder, ihr werdet die vielen Prüfungen nur bestehen, wenn ihr ganz verbunden seid mit mir. So wendet euch mir noch mehr zu, macht euch meine Gegenwart stets bewusst, ich bin immer bei euch! Wenn ihr wüsstet, mit welch großer Liebe ich euch liebe! Ihr würdet eure Zeit nicht mehr vergeuden mit Nebensächlichkeiten und irdischem Tand![54] Ihr würdet nicht mehr behaupten, keine Zeit zu haben für das Gebet! Ihr würdet meine Nähe suchen und mich Tag und Nacht anbeten!

So kehrt um, meine Kinder, und lasst euch führen von meinem Hl. Geist! Amen.

21. Ihr Reichen, lasst ab von eurem verschwenderischen, gottlosen Leben!

28. Februar 2008

Mein geliebtes Kind, ich möchte zu dir über das einfache Leben sprechen.

Die meisten Menschen in den reichen Ländern leben in Luxus und Verschwendung. Sie können sich vieles leisten; ihr einziger

---

52. Vgl. Lk 8,13: Eine Zeit lang glauben sie, doch in der Zeit der Prüfung werden sie abtrünnig.
53. Vgl. Dan 11,35: ... so sollen sie geprüft, geläutert und gereinigt werden bis zur Zeit des Endes; ...
54. Wertloses Zeug.

Lebensinhalt ist oft nur der Konsum. Sie betäuben ihr Gewissen mit lauter Unterhaltung, sie überhören meine Stimme im Lärm der Welt. Sie halten meine Gebote nicht und kümmern sich nicht um mich und um ihren Nächsten.

Oh, ihr Reichen, lasst ab von eurem verschwenderischen, gottlosen Leben! Kehrt um, bekehrt euch, wendet euch mir wieder zu![55] Ich werde euch reinwaschen von euren Sünden und euch alle eure Vergehen verzeihen. Nützt euren Reichtum, um Gutes zu tun;[56] macht euch Freunde mithilfe des ungerechten Mammons![57] Unterstützt die Armen, trennt euch von allem unnötigen Ballast der Welt! Führt wieder ein einfaches, gottgefälliges Leben! Ich werde euch den Weg dazu zeigen.

Bedenkt, ihr Reichen, die Zeit des Wohlstands und Reichtums wird bald vorbei sein! Die Zeiten werden schlechter, es werden überall Not und Mangel herrschen; euer Geld und euer Besitz werden euch dann wenig nützen. Beklagt euch nicht, sondern bedenkt, dass alles im Willen meines Vaters liegt! Ich selbst werde eingreifen und alle eure Götzen zerstören. In der Not werden sich wieder viele Menschen bekehren und Zuflucht suchen bei mir! Sie werden wieder beten und mir wieder die Ehre geben, die mir gebührt.

So rufe ich euch auf, ihr Reichen, kehrt um, bevor es zu spät ist! Glaubt daran, dass ich jetzt alles tun werde, um euch in mein Reich zu holen; denn ich liebe euch mit unaussprechlicher Liebe! Amen.

---

55. Vgl. Mk 1,15: Kehrt um und glaubt an das Evangelium!
56. Vgl. 1 Tim 6,18: Sie (die Reichen) sollen wohltätig sein, reich werden an guten Werken, freigebig sein und, was sie haben, mit anderen teilen.
57. Vgl. Lk 16,9: Ich sage euch: Macht euch Freunde mit dem ungerechten Mammon, damit ihr in die ewigen Wohnungen aufgenommen werdet, wenn es zu Ende geht!

22. Ich mache meine Kirche jetzt ganz arm!
29. Februar 2008

Mein geliebtes Kind, ich gebe dir jetzt eine Botschaft für meine Kirche.

Ich möchte jetzt meine Kirche erneuern. Sie ist schwerfällig und wie gelähmt, sie trägt zu viel Ballast mit sich und hat sich zu sehr der Welt angepasst. Sie arbeitet zu oft nach den Prinzipien der Welt und nicht nach meinen Geboten. Sie ist oft zu reich und zu sehr beschäftigt mit der Verwaltung ihres Reichtums. Für das Wesentliche hat sie zu wenig Zeit; sie verliert mich und meinen Auftrag für sie immer mehr aus dem Blick und verliert sich in Nebensächlichkeiten.

So rufe ich dich auf, mein Volk, kehr um!
Ihr meine Priester und Ordensleute, warum seid ihr kein Vorbild mehr für die Gläubigen? Warum stellt ihr mich nicht mehr in den Mittelpunkt eures Lebens, sondern nehmt alles andere wichtiger? Den äußeren Schein der Frömmigkeit wahrt ihr, euer Herz aber ist weit weg von mir! Ihr betet täglich euer Stundengebet, die Liebe eures Herzens aber verwehrt ihr mir![58]
Und ihr Ordensleute, was habt ihr aus dem Gelübde der Armut gemacht? Ihr habt mir Armut versprochen und hängt euer Herz an so viele materielle Dinge. Ihr führt ein bequemes, weltliches Leben und glaubt, mir dadurch zu dienen. Aber eure Taten sind nicht vollwertig in meinen Augen![59]

Ihr alle aus meinem Volk, hört wieder auf meinen Hl. Geist; tut, was er euch sagt! Sagt euch los von eurem Reichtum und sorgt

---

58. Vgl. Mt 15,8: Dieses Volk ehrt mich mit den Lippen, sein Herz aber ist weit weg von mir (s. Jes 29,13).
59. Vgl. Offb 3,2: Denn ich habe nicht gefunden, dass deine Taten in den Augen meines Gottes vollkommen sind.

noch mehr für die Armen! Ihr werdet einmal Rechenschaft darüber ablegen müssen.

Ich mache euch jetzt ganz arm; die Zeit des Reichtums in der Kirche wird bald vorbei sein. Stellt euch innerlich darauf ein, haltet nichts mehr fest! In der Not werdet ihr wieder Hilfe suchen bei mir, in der Not werdet ihr euer Herz wieder erheben zu mir.[60] Eine arme Kirche wird wieder reich werden an himmlischen Gütern. Sie wird wieder überzeugend und anziehend sein für Außenstehende. Sie wird meine Liebe wieder ausstrahlen in die Welt. Ich werde mein Volk jetzt umwandeln nach meinem Willen; schön und glänzend wird es wieder sein.

So lasst euch reinigen, meine Kinder, sträubt euch nicht dagegen! Es gereicht euch alles zum Heil. All meine Taten entspringen doch aus meiner übergroßen Liebe. Amen.

23. Wer nicht umkehrt, der wird untergehen in der Zeit der Drangsal!
1. März 2008

Mein geliebtes Kind, ich möchte dich jetzt über das bevorstehende Strafgericht belehren.

Ihr meine Menschenkinder, es werden jetzt schwere Zeiten hereinbrechen. Ich sende meinen Engel zum Strafgericht,[61] eure Sünden schreien zum Himmel. Wie soll ich euch sonst zur Umkehr bewegen? Ihr hört nicht auf meine Priester; ihr hört nicht auf

---

60. Vgl. Zef 3,12-13: Und ich lasse in deiner Mitte übrig ein demütiges und armes Volk. Sie werden Zuflucht suchen beim Namen des Herrn als der Rest von Israel.

61. In der Offenbarung des Johannes üben oft Engel im Auftrag Gottes Strafgerichte aus, z. B. die sieben Engel mit den Posaunen (Offb 8 - 9) und die sieben Engel mit den Schalen des Zornes Gottes (Offb 16).

meine Boten, die Propheten; ihr hört nicht auf die Worte in der Hl. Schrift! Vielleicht hört ihr auf die Botschaft eurer Leiden und Schmerzen! Vielleicht wendet ihr euch mir wieder zu am Tag der großen Not! Ihr sollt wissen, ich werde euch wieder aufnehmen in meiner übergroßen Liebe und euch alle Sünden verzeihen.

So rufe ich euch alle auf, kehrt um! Wer nicht umkehrt, der wird untergehen in der Zeit der Drangsal! Wer sein Herz verstockt und seine Sünden nicht bereut, der kann nicht bestehen am Tag des Gerichts![62] Bedenkt, es geht um euer ewiges Heil! Ich sehne mich nach eurer Liebe und möchte euch alle zu mir holen. Wer aber meine Liebe verschmäht, der muss leben in ewiger Finsternis.

Beklagt euch nicht, wenn ihr in materielle Not geratet und wenn euch alles genommen wird, was euer Herz jetzt erfreut! Beklagt euch nicht, wenn ihr Schmerzen und Krankheiten ertragen müsst und wenn euch niemand helfen kann! Beklagt euch nicht, wenn die Bosheit auf der Erde immer mehr zunimmt und ihr euch auf keinen Menschen mehr verlassen könnt! Beklagt euch nicht, sondern kommt dann zu mir; denn jetzt ist die Zeit der Gnade! Ich werde euch Ruhe verschaffen für eure Seele[63] und euch mit Gnaden überhäufen.

So hört auf meine Worte, die ich euch jetzt sage! Amen.

---

62. Vgl. Ps 1,5: Darum werden die Frevler im Gericht nicht bestehen noch die Sünder in der Gemeinde der Gerechten.
63. Vgl. Mt 11,29: Nehmt mein Joch auf euch und lernt von mir; denn ich bin gütig und von Herzen demütig; und ihr werdet Ruhe finden für eure Seele.

24. Ihr Politiker,
orientiert euch wieder an christlichen Grundsätzen!
2. März 2008

Mein geliebtes Kind, ich gebe dir heute eine Botschaft für die Politiker.

Ihr Politiker, ihr Fürsten des Landes, hört, was ich euch zu sagen habe! Große Verantwortung habe ich euch übertragen; ihr sollt zum Wohl des Landes und zum Wohl aller Menschen arbeiten. Aber was habt ihr aus eurem Amt gemacht? Ihr denkt nur an eure Ehre und an eure Karriere; ihr streitet um ehrenvolle Posten und vernachlässigt eure eigentliche Aufgabe. Ihr verleumdet und verurteilt eure Gegner, ihr arbeitet mit Lug und Betrug.[64] Ihr nehmt oft Bestechung an, für Geld tut ihr alles. Ihr täuscht das Volk mit leeren Versprechungen und kunstvollen Reden. Wer soll da noch Vertrauen in euch setzen?

So rufe ich euch auf, ihr Politiker: Kehrt um! Orientiert euch wieder an christlichen Grundsätzen, haltet die Gebote Gottes, bittet den Hl. Geist um Erkenntnis bei allen euren politischen Entscheidungen! Führt ein wahrhaft christliches Leben und seid ein Vorbild für alle! Entfernt alle unchristlichen Gesetze, setzt euch für die Menschenrechte ein, seid nicht so schnell bereit zum Krieg! Zum Frieden habe ich euch berufen, werdet wieder Hüter des Friedens![65] Bedenkt, wie viel Not ein Krieg über die Menschen bringt! Eure Verantwortung ist schwer; ihr werdet alle einmal vor mir Rechenschaft ablegen müssen.
Setzt euch besonders ein für die Benachteiligten, für die sozial Schwachen, für die Ausgestoßenen und Verachteten! Das würde

---

64. Vgl. Lev 19,11.16: Ihr sollt nicht stehlen, nicht täuschen und einander nicht betrügen. ... Du sollst deinen Mitbürger nicht verleumden ...
65. Vgl. Mt 5,9: Selig, die Frieden stiften; denn sie werden Kinder Gottes genannt werden.

mir gefallen! Denkt daran, diesen Menschen gilt meine besondere
Liebe!

Tut alles, um meine Schöpfung zu bewahren, zerstört die Natur
nicht mehr! Hört auf mit eurem zügellosen Leben in Reichtum und
Verschwendung, führt wieder ein einfaches, der Natur gemäßes
Leben!

Wenn ihr nicht umkehrt, ihr Führer des Landes, werdet ihr die Menschen ins Verderben führen. So bitte ich euch eindringlich: Bekehrt
euch, wendet euer Herz mir wieder zu! Tut, was ich euch sage; ich
zeige euch den Weg heraus aus dem Unheil und führe euch zum Heil.
So werdet ihr wieder zum Segen für das ganze Volk werden. Amen.

25. Bewahrt die Schöpfung, zerstört sie nicht länger!
3. März 2008

Mein geliebtes Kind, ich möchte heute zu dir über die Bewahrung
meiner Schöpfung sprechen.

Mein Vater, der Hl. Geist und ich, wir haben das ganze Weltall geschaffen in großer Weisheit und in großer Ordnung.[66] Staunens-
wert sind unsere Werke, unergründlich ist unsere Schöpfung. Lobt
und preist uns dafür und gebt uns dafür die Ehre!

Ihr Wissenschaftler, warum lehrt ihr die Menschen, alles sei durch
Zufall entstanden? Wie kann der Zufall ein so hochgeordnetes System hervorbringen? Warum verleugnet ihr die Existenz Gottes?
Kehrt wieder zum Glauben zurück und steht der Schöpfung mit
großer Ehrfurcht gegenüber! Bedenkt die große Verantwortung,
die ihr zu tragen habt!

---

66. Vgl. Gen 1,1: Am Anfang erschuf Gott Himmel und Erde.
   Vgl. auch Kol 1,16: Denn in ihm (Jesus Christus) wurde alles erschaffen im Himmel und auf Erden,
   … alles ist durch ihn und auf ihn hin geschaffen.

Hört auf mit der Manipulation des Lebens, überschreitet die Grenzen nicht, die euch als Menschen gegeben sind! Es wird sich alles einmal rächen; ihr könnt die Folgen eures Handelns jetzt noch nicht absehen.

Meine Kinder, versucht, die Schöpfung zu bewahren, zerstört sie nicht länger![67] Ich habe sie euch gegeben zu eurer Freude und zu eurem Heil. Lobt und preist mich für die Schönheit der Natur! Seid aufmerksam für sie, überseht sie nicht im Trubel der Welt! Geht in die Stille und betrachtet meine Natur! Sie wird euch viel erzählen von meiner Größe und meiner Allmacht, sie wird euch viel zeigen von meiner Schönheit und meiner Liebe.[68] Bedenkt, ihr seid als Menschen tief verbunden mit der Natur! Eure Sünden haben eine zerstörerische Kraft auf die Natur, eure Liebe und euer Gebet wirken beruhigend und fördernd auf sie.

Hört auf meinen Hl. Geist, er wird euch sagen, wie ihr die Natur am besten schützen könnt! Vertraut nicht auf eure eigene Weisheit, sie ist sehr begrenzt! Kehrt um, meine Kinder, noch ist es nicht zu spät! Habt acht auf alles Leben und seid mir dankbar für alles! Amen.

---

67. Vgl. Gen 2,15: Gott, der Herr, nahm den Menschen und gab ihm seinen Wohnsitz im Garten von Eden, damit er ihn bearbeite und hüte.
68. Vgl. Weish 13,5: ... denn aus der Größe und Schönheit der Geschöpfe wird in Entsprechung ihr Schöpfer erschaut.

26. Stellt mich wieder in den Mittelpunkt eurer Schulen!
4. März 2008

Mein geliebtes Kind, ich möchte dich jetzt über das Schulsystem belehren.

Eure Schulen werden immer mehr zu einer Brutstätte Satans[69] und seiner Helfershelfer. Die Gewalt nimmt zu; Hass, Lüge, Verachtung und falscher Ehrgeiz sind an der Tagesordnung. Satan verführt die Jugend zu Bosheit, Faulheit, Frechheit, Stolz und Überheblichkeit. Die Erziehung zum christlichen Glauben und zur Nächstenliebe nimmt immer weniger Raum ein in den Schulen. Die Lehrer sind meistens selbst keine christlichen Vorbilder mehr; sie geben ihre eigene Gottlosigkeit und ihre Sünden an die Kinder weiter.

So rufe ich euch auf, alle Verantwortlichen für die Schulen: Ändert das Bildungssystem von Grund auf! Stellt den christlichen Glauben und die Liebe wieder in den Mittelpunkt! Lasst ab von allen egoistischen politischen und wirtschaftlichen Interessen und missbraucht die Jugend nicht mehr für eure eigenen Zwecke! Überarbeitet die Lehrpläne und richtet sie ganz auf mich aus! Mein Hl. Geist wird euch dabei helfen, wenn ihr ihn anruft.[70] Glaubt nicht, ohne mich und meinen Hl. Geist ein besseres Bildungssystem schaffen zu können! Vertraut nicht mehr auf eure eigene Weisheit,[71] sondern wendet euch mir zu und bekehrt euch! Nur so werdet ihr eure Probleme bewältigen können.

---

69. In der Bibel steht eine ähnliche Ausdrucksweise Jesu:
Vgl. Mt 12,25.34: Doch Jesus wusste, was sie dachten, und sagte zu ihnen (den Pharisäern): ... Ihr Schlangenbrut, wie könnt ihr Gutes reden, wenn ihr böse seid? (s. auch Mt 23,33).
Jesus verwendet manchmal eine harte Sprache, um die Menschen aufzurütteln, damit sie umkehren (vgl. auch Anmerkung im Vorwort).
70. Vgl. Weish 9,17: Wer hat je deinen Plan erkannt, wenn du ihm nicht Weisheit gegeben und deinen heiligen Geist aus der Höhe gesandt hast?
71. Vgl. Jes 5,21: Wehe denen, die in ihren eigenen Augen weise sind und sich selbst für klug halten.

Und ihr Lehrer, hört zu, was ich euch zu sagen habe:
Beklagt euch nicht über die Missstände an den Schulen, sondern beklagt zuerst eure eigenen Sünden! Kehrt um zu mir, betet
wieder, gebt mir wieder die Ehre, die mir gebührt! Fleht mich um
Hilfe an, wenn ihr Probleme habt; ich werde euch weiterhelfen in
jeder Not! Leitet die Schüler wieder zum Beten und zur Nächstenliebe an; erzählt ihnen von meiner Liebe und Güte! Betet jeden
Tag für eure Schüler und ihr werdet sehen, wie sie sich zum Besseren verändern! Hört auf mit der üblen Nachrede, verurteilt eure
Kollegen und Schüler nicht mehr,[72] sondern verzeiht ihnen immer
wieder ihre Vergehen!
Ich möchte jetzt ein neues Schulsystem schaffen. Dies ist nur möglich, wenn ihr meine Ratschläge befolgt. Stellt mich wieder in den
Mittelpunkt eurer Schulen und nicht den Fürst dieser Welt! Ihr
werdet staunen über meine Wunder und ihr werdet mich loben
und preisen dafür.
Dies alles ist keine Utopie; es wird Wirklichkeit werden, wenn ihr
zu mir umkehrt. Wenn ihr eine Ahnung hättet von meiner übergroßen Liebe zu euch, würdet ihr sofort zu mir kommen! Nur bei
mir werdet ihr euer Glück finden, nur bei mir wird eure Seele Ruhe
finden. So lasst ab von euren Götzen und sucht euer Heil bei mir!
Amen.

27. Habt Achtung vor jedem menschlichen Leben!
5. März 2008

Mein geliebtes Kind, heute möchte ich dir eine Botschaft über den
Wert des Lebens geben.

Die Menschen heute möchten vollkommen über das menschliche
Leben verfügen. Sie fühlen sich als Herr des Lebens und verfah-

---

72. Vgl. Lk 6,37: Verurteilt nicht, dann werdet auch ihr nicht verurteilt werden!

ren damit nach ihrem Gutdünken. Sie experimentieren mit dem Leben und verwerfen es nach ihrem Belieben.

Ihr Menschen, die ihr euch als Götter aufspielt, wo bleibt die Ehrfurcht vor eurem Schöpfer?[73] Wisst ihr nicht, dass Gott alles geschaffen hat, auch das menschliche Leben? Wie könnt ihr euch anmaßen, selbst über den Anfang und das Ende menschlichen Lebens zu verfügen!

So rufe ich euch auf: Hört auf mit der Abtreibung, schützt das ungeborene Leben von Anfang an! Nehmt jedes Kind in Liebe an! Bedenkt, jede Abtreibung ist eine schwere Sünde, eine Sünde gegen das fünfte Gebot![74] Steht den jungen Müttern in Liebe bei, drängt sie nicht zur Abtreibung! Ich bin der Herr über Leben und Tod,[75] jedes Kind ist ein Geschenk von mir! Ihr werdet alle einmal vor mir Rechenschaft ablegen müssen.

Hört auch damit auf, schwer kranke Menschen zu töten! Woher wollt ihr wissen, was gut für sie ist und was nicht? Ihr wollt ihnen das Leiden ersparen, aber das Leiden ist ein kostbares Geschenk von mir. Die Menschen werden dadurch gereinigt und geläutert und vorbereitet auf die Begegnung mit mir. Bedenkt, alles hat einen Sinn; es ist nichts umsonst im Leben!

Hört auf mit den Experimenten ganz am Anfang des Lebens! Verändert das menschliche Erbgut nicht! Wollt ihr Menschen nach eurem Belieben züchten? Hört auf mit der künstlichen Befruchtung, ihr könnt die Folgen davon nicht absehen! Macht keine Versuche mehr zum Klonen von Menschen, ich verabscheue diese Versuche! Nehmt die Grenzen an, die ich euch gegeben habe und überschreitet sie nicht mehr! Ihr betretet heiligen Raum und

---

73. Vgl. Sir 43,29: Ehrfurcht gebietend und überaus groß ist der Herr, wunderbar ist seine Herrschaft.
74. Vgl. Ex 20,13 und Dtn 5,17: Du sollst nicht töten.
75. Vgl. Weish 16,13: Du hast Gewalt über Leben und Tod; du führst zu den Toren der Unterwelt hinab und wieder herauf.

entweiht das menschliche Leben. Euer Stolz und euer Ehrgeiz sind
maßlos; werdet wieder ganz klein wie die Kinder! Erwartet alles
von mir, eurem Herrn und Meister, überlasst euch mir ganz und
gebt alle egoistischen Pläne auf! Habt Achtung vor jedem menschlichen Leben und gebt mir allein die Ehre! Amen.

28. Widersetzt euch dem Einfluss Satans durch die Medien!

6. März 2008

Mein geliebtes Kind, es geht heute um das Thema «Medien».

Die Menschen sind heute stolz auf ihre technischen Errungenschaften, besonders auf die vielfältigen Möglichkeiten der Medi-
en. Aber Satan hat Besitz ergriffen von den meisten Medien, er
verführt die Menschen massenweise zu Bosheit und zu Unmoral.
Den meisten ist dies nicht bewusst, sie begeben sich arglos in die
Fänge des Bösen.

So rufe ich euch auf, ihr Menschenkinder, seid vorsichtig! Widersetzt euch dem Einfluss Satans,[76] meidet möglichst das Fernsehen,
schaut euch nur gute christliche Filme an! Meidet alle Zeitschriften mit Pornografie, Gewalt, Esoterik und New Age! Lest keine
schlechten Bücher mehr, in denen die Sünde verherrlicht wird!
Lest nur noch gute, christliche Literatur, die euch auferbaut und
Freude schenkt! Lasst euch die Freude nicht nehmen[77] durch den
Sumpf der Sünden, der euch in den Medien angeboten wird! Lasst
euch nicht verführen zu Magie und Okkultismus,[78] ihr geratet
dadurch in die Hände des Feindes! Verabscheut alle gottesläster-
lichen Beiträge der Medien; bedenkt, wie sehr ich darunter leide!

---

76. Vgl. Lk 10,19: Siehe, ich habe euch die Vollmacht gegeben … über die ganze Macht des Feindes.
77. Vgl. 1 Thess 5,16: Freut euch zu jeder Zeit!
78. Vgl. Offb 9,21: Sie ließen nicht ab von Mord und Zauberei, von Unzucht und Diebstahl.

Kehrt um, meine Kinder, entzieht euch dem negativen Einfluss der Medien! Lasst euch nicht ständig berieseln mit irgendwelchen Informationen und mit Musik! Satan wirkt auch durch die heutige Musik, die so oft meiner Liebe und meiner Zartheit widerspricht. Sucht wieder die Stille, betäubt euch nicht mehr mit dem Lärm der Welt! Nur so könnt ihr meine Stimme in eurem Herzen vernehmen.

Benützt die Medien nur noch zur Verkündigung meiner Frohen Botschaft und zur Ausbreitung meines Reiches! Gebt mir wieder die Ehre in den Medien! Erzählt den Menschen von meiner übergroßen Liebe und wie sehr ich auf ihre Gegenliebe warte! Mein Herz blutet wegen der Unzahl an Sünden, die über die Medien verbreitet werden. Betet für die Medien, damit sie gereinigt werden und nur noch meinen Plänen dienen! Betet Tag und Nacht, meine Kinder, denn die Sünde der Menschheit ist groß! Amen.

29. Nehmt meinen Missionsauftrag wieder ernst!
7. März 2008

Mein geliebtes Kind, ich möchte dir heute etwas zu den anderen Religionen sagen.
Alle Religionen entspringen einer tiefen Sehnsucht nach mir, meinem Vater und meinem Hl. Geist. Dem Menschen wurde diese Sehnsucht von Anfang an ins Herz gelegt. Sie wird aber oft irregeleitet, sodass die Menschen andere Götter und Dämonen verehren und nicht den dreifaltigen Gott. Jede Religion enthält einen Teil der Wahrheit des christlichen Glaubens. Mein Wunsch ist es jedoch, dass alle zur vollen Wahrheit gelangen.
Erinnert euch wieder an meinen Auftrag: «Geht hin zu allen Völkern und verkündet allen das Evangelium;[79] macht alle Menschen

---

79. Vgl. Mk 16,15: Dann sagte er zu ihnen: Geht hinaus in die ganze Welt und verkündet das Evangelium der ganzen Schöpfung!

zu meinen Jüngern!»[80] Nehmt meinen Missionsauftrag wieder ernst, er ist heute wichtiger denn je!

Ihr meine treuen Christen, glaubt nicht, dass der interreligiöse Dialog genügt! Euer Ziel muss es sein, alle Menschen zum Christentum zu bekehren. Eine falsch verstandene Toleranz hindert euch daran, meine Liebe und meine volle Wahrheit den Menschen anderer Religionen zu verkünden. Ich möchte alle Menschen in eine tiefe Gemeinschaft mit mir führen, ich habe Sehnsucht nach ihrer Liebe, ich möchte sie mit Gnaden überhäufen. Ich möchte ihnen zu einem gelingenden Leben verhelfen und sie befreien von allen Abhängigkeiten. Dies alles aber ist nicht möglich, wenn die Menschen eine andere Religion ausüben, d. h. wenn sie mich nicht kennen und keine Beziehung zu mir pflegen.

So seid mir also gehorsam und missioniert die Ungläubigen, die Götzendiener, die Fanatiker, die Unwissenden, die Irrgläubigen und alle, die sich von meiner Liebe entfernt haben! Ihr werdet großen Lohn dafür erhalten. Amen.

30. Ihr Künstler, dient wieder mir mit eurer Kunst!
8. März 2008

Mein geliebtes Kind, ich möchte dir heute etwas über die Künstler sagen.

Ich habe zu allen Zeiten manchen Menschen große künstlerische Begabung geschenkt.[81] Sie haben die Menschen erfreut durch ihre Kunst, oft stellten sie Bilder aus der Bibel dar und wirkten mit an der Verbreitung meiner Frohen Botschaft.

---

80. Vgl. Mt 28,19: Darum geht und macht alle Völker zu meinen Jüngern; ...
81. Vgl. Ex 31,6: Siehe, ich selbst habe ... allen Kunstverständigen Weisheit verliehen, damit sie alles ausführen, was ich dir aufgetragen habe: ...

Aber was haben die Künstler heute gemacht aus ihrer Gabe? Sie dienen nicht mehr mir, sondern Satan, dem Fürst dieser Welt. Sie verbreiten Angst und Schrecken mit ihrer Kunst, ihre Werke sind oft schamlos und hässlich. Sie stellen ihre eigenen Sünden dar und sind auch noch stolz auf ihre Kunst. Auch die christliche Kunst ist oft entartet, sie grenzt manchmal an Blasphemie[82].

So rufe ich euch auf, ihr Künstler und Künstlerinnen: Kehrt um, bekehrt euch wieder zu mir, wendet mir euer Herz wieder zu! Lebt aus dem Glauben heraus und eure Kunst wird sich zum Positiven hin verändern! Lasst euch führen von meinem Hl. Geist, auch bei euren künstlerischen Werken! So werdet ihr mir dienen zur Ausbreitung meines Reiches. Eure Darstellungen werden die Menschen ansprechen und näher zu mir führen. Wäre das nicht der tiefste Sinn eures künstlerischen Schaffens? Ihr aber wollt euch nur selbstverwirklichen und Lob und Ehre erhalten von den Menschen. Gebt mir wieder die Ehre, schaut nicht nur auf euren Erfolg! Stellt euch mir wieder zur Verfügung, ich werde euch reich belohnen dafür![83] Amen.

31. Ihr Wissenschaftler, stellt eure Forschung und Wissenschaft wieder in meinen Dienst!
9. März 2008

Mein geliebtes Kind, heute gebe ich dir eine Botschaft für die Wissenschaftler.

Die Wissenschaftler haben sich schon lange meinem Einfluss entzogen. Sie glauben, ohne mich auskommen zu können und stützen

---

82. Gotteslästerung.
83. Vgl. Offb 22,12: Siehe, ich komme bald und mit mir bringe ich den Lohn und ich werde jedem geben, was seinem Werk entspricht.

sich nur auf ihre eigene Weisheit. Sie glauben, alles sei machbar, und sind stolz auf ihre Erkenntnisse. Sie überschreiten ihre Grenzen und handeln oft ohne Gewissen und Moral. Sie manipulieren das Leben und erfinden immer schrecklichere Methoden, alles Leben zu zerstören.

Ihr Wissenschaftler, bedenkt, dass euer scharfer Verstand eine Gabe von mir ist! Ohne mich könnt ihr nichts tun. Lobt und preist mich und seid mir dankbar dafür! Stellt eure Forschung und Wissenschaft wieder in meinen Dienst; dann werdet ihr meine Wunder sehen und staunen über meine großen Werke! Bekehrt eure Herzen und vergöttert nicht mehr eure Wissenschaft, sie kann euch nicht helfen am Tag der Not! Erkennt in den Wundern der Natur die Größe ihres Schöpfers und gebt ihm allein die Ehre![84] Stellt euch unter die Führung meines Hl. Geistes und arbeitet nur noch zum Wohl der Menschheit! Hört auf mit dem Missbrauch eurer Gaben, legt ab euren Stolz und eure Überheblichkeit! Was vor den Menschen gut aussieht, ist in meinen Augen oft schrecklich.[85] Erhebt euer Herz wieder zu mir, ich warte auf euch mit sehnsüchtiger Liebe! Wenn ihr doch auf mich hören wolltet! Ich würde euch an mich ziehen und euch ganz umwandeln. Große Gnaden hätte ich für euch bereit, lehnt sie nicht ab! Steigt herunter von eurem «hohen Ross», werdet wieder ganz klein und vertraut wieder mir allein![86] So werdet ihr zum Segen werden für die ganze Menschheit. Amen.

---

84. Vgl. Jer 13,16: Erweist dem Herrn, eurem Gott, die Ehre, bevor er es dunkel werden lässt, ...
85. Vgl. Lk 16,15: ... aber Gott kennt eure Herzen. Denn was die Menschen für großartig halten, das ist vor Gott ein Gräuel.
86. Vgl. Sir 2,6: Vertrau ihm und er wird sich deiner annehmen!

32. Achtet wieder mehr den Wert der christlichen Ehe und Familie!
10. März 2008

Mein geliebtes Kind, ich gebe dir jetzt eine Lehre über die Ehe und Familie.

Achtet wieder mehr den Wert der christlichen Ehe und Familie! Es besteht ein großer Unterschied zwischen einer weltlichen Ehe und einer christlichen Ehe. Durch das Sakrament der Ehe werden die Brautleute gesegnet und geheiligt; sie erhalten alle Gnaden, die sie zum Gelingen ihrer Ehe brauchen. Aber sie müssen mich in den Mittelpunkt ihrer Ehe stellen; ich selbst werde sie führen und ihnen weiterhelfen in jeder Not.

Jede Ehe und Familie hat einen bestimmten Auftrag von mir. Versucht, diesen Auftrag zu erkennen, ihr Eheleute! Betet viel, lasst euch nicht vereinnahmen von der Welt! Ich möchte meine Kirche wieder aufbauen durch euch, Großes habe ich mit euch vor. Nehmt alle Kinder an, die ich euch schenken möchte, achtet wieder den Wert des Lebens! Tretet ein für den Schutz des ungeborenen Lebens!

Lebt zusammen in Harmonie und Eintracht! Dies wird nur möglich sein, wenn ihr beide immer wieder zu mir kommt und euch von meiner Liebe erfüllen lasst! Verzeiht euch gegenseitig immer wieder;[87] ich selbst werde euch die Gnade dazu geben und eure verletzten Herzen heilen!

Erwartet nicht zu viel vom Ehepartner, überfordert ihn nicht mit euren Wünschen und Vorstellungen! Nur ich allein kann euch das volle Glück schenken, nach dem ihr euch sehnt!

Lasst euch durch nichts und niemanden auseinanderbringen, wehrt alle Feinde eurer Ehe ab in meinem Namen! Satan versucht ständig,

---

87. Vgl. Kol 3,13: Ertragt einander und vergebt einander, wenn einer dem anderen etwas vorzuwerfen hat! Wie der Herr euch vergeben hat, so vergebt auch ihr!

euch zu entzweien; widersteht ihm in meiner Macht! Stellt euch jeden Tag unter den Schutz meines kostbaren Blutes und unter den Schutz meiner Mutter! So seid ihr besser geschützt vor dem Bösen. Pflegt eure Liebe jeden Tag, erneuert sie ständig in meiner Liebe, vernachlässigt sie nicht in der Routine des Alltags! Nur eine in mir gegründete Liebe wird Bestand haben ein Leben lang. Bedenkt die hohe Berufung, die ich euch geschenkt habe! Ihr sollt ein Abbild der Liebe zwischen mir und der Kirche sein.[88]

So werdet stark in meiner Liebe; ihr sollt zu einer Keimzelle meiner Heiligkeit werden! Überlasst euch mir ganz und ich werde euch immer mehr umwandeln! Amen.

33. Erzieht die Kinder wieder nach meinem Willen!
11. März 2008

Mein geliebtes Kind, ich möchte dir heute etwas zur Erziehung der Kinder sagen.

Es besteht heute oft eine große Unsicherheit hinsichtlich der Erziehung der Kinder. Die verschiedensten Erziehungskonzepte bringen die Menschen in Verwirrung. Die Kinder werden nach eigenen Interessen und unterschiedlichen Ideologien erzogen. Einerseits werden die Kinder oft vernachlässigt, andererseits werden sie zu sehr verwöhnt. Die Kinder werden missbraucht, ausgenützt, geschlagen, ja manchmal sogar getötet. Wie schmerzt mich das! Habe ich euch nicht gesagt: "Was ihr einem meiner geringsten Brüder getan habt, das habt ihr mir getan!"?[89]

---

88. Vgl. Eph 5,21-33: Ein Vergleich der christlichen Ehe mit der Beziehung Christi zur Kirche. Eph 5,25: Ihr Männer, liebt eure Frauen, wie auch Christus die Kirche geliebt und sich für sie hingegeben hat, ...
89. Vgl. Mt 25,40: Amen, ich sage euch: Was ihr für einen meiner geringsten Brüder getan habt, das habt ihr mir getan.

So rufe ich euch auf, ihr Eltern und Erzieher: Liebt eure Kinder, wie ich sie liebe! Nur in meiner Liebe könnt ihr sie richtig erziehen. Sie sind die Lieblinge meines Herzens und ich habe sie in eure Obhut gegeben. Eine große Verantwortung habe ich euch übertragen; seid euch dessen stets bewusst! Erzieht die Kinder wieder zum christlichen Glauben, betet mit ihnen und führt sie hin zu einer tiefen Freundschaft mit mir! Wie groß ist meine Freude über das Gebet der kleinen Kinder! Große Macht haben sie über mein Herz. Betet viel für sie und seid ihnen ein Vorbild für ein gutes, christliches Leben! Schenkt ihnen viel von eurer Zeit, stärkt und ermutigt sie und habt ein Ohr für ihre Nöte! Wenn ihr Probleme mit euren Kindern habt, kommt zu mir und vertraut euch mir an! Ich gebe euch stets guten Rat und helfe euch weiter in jeder Not. Ihr Mütter, vertraut euch auch meiner Mutter Maria an und ihr Väter, meinem Nährvater Josef! Sie werden stets Fürbitte für euch einlegen. Ruft auch oft den Schutzengel eurer Kinder an, er kann sie besser beschützen vor allen Gefahren des Lebens als jeder Mensch!

Liebe Eltern, haltet die Kinder fern von allen schädlichen Einflüssen des Fernsehens und des Internets, von schlechten Zeitschriften und von schlechten Menschen! Wehe denen, die meine Kleinen zum Bösen verführen![90] Für sie gibt es keine Rettung am Tag des Gerichts.

So erzieht die Kinder wieder nach meinem Willen und ihr werdet große Freude an ihnen haben!
Lasst sie los, wenn sie erwachsen werden und mein Ruf an sie ergeht! Bindet sie nicht an euch, ich brauche sie für meinen Dienst! Betrachtet die Kinder nicht als euer Eigentum, sie gehören mir! Ich habe sie euch nur zur Erziehung anvertraut und fordere sie von

---

90. Vgl. Mt 18,6: Wer einem von diesen Kleinen, die an mich glauben, Ärgernis gibt, für den wäre es besser, wenn ihm ein Mühlstein um den Hals gehängt und er in der Tiefe des Meeres versenkt würde.

euch zurück. Der Abschied wird euch leichterfallen, wenn ihr ganz in mir verwurzelt seid. Ich werde euch neue Aufgaben übertragen, nehmt diese bereitwillig an! Amen.

34. Ihr Jugendlichen, ich habe einen wunderschönen Plan für euer Leben!
12. März 2008

Mein geliebtes Kind, ich gebe dir jetzt eine Botschaft für die Jugendlichen.

Ihr Jugendlichen, passt euch nicht dem Zeitgeist an, sucht nicht nur Mode, Vergnügen, Tanz und Genuss! Führt kein ausschweifendes Leben mit Alkohol, Drogen und Sex![91] Besinnt euch auf den Sinn eures Lebens, fragt nach eurer tieferen Berufung! Ich habe Großes mit euch vor. Für jeden Einzelnen von euch habe ich einen wunderschönen Plan für euer Leben. Versucht, diesen Plan herauszufinden, wendet euch mir zu, betet viel! Ich werde euch helfen, dass euer Leben gelingt, denn ich liebe euch mit unendlicher Liebe! Habt keine Angst, zu kurz zu kommen, denn ich überhäufe euch mit Gnaden und schenke euch ein Leben in Fülle! Sucht das Glück nicht in der Welt, ihr werdet es dort nicht finden! Nur bei mir kommt euer Herz zur Ruhe.

Fragt mich um Rat vor allen wichtigen Entscheidungen, ich werde euch stets Erkenntnis schenken! Ich helfe euch weiter bei eurer Berufswahl und gebe euch Klarheit bei der Standeswahl. Viele von euch habe ich zu einer christlichen Ehe berufen, folgt bereitwillig diesem Ruf! Einige von euch habe ich auserwählt für den Priesterberuf oder für den Ordensstand. Wenn ihr diesen Ruf in eurem

---

91. Vgl. Röm 13,13: Lasst uns ehrenhaft leben wie am Tag, ohne maßloses Essen und Trinken, ohne Unzucht und Ausschweifung, ohne Streit und Eifersucht!

Herzen vernehmt, dann habt Mut und folgt mir nach! Widersetzt euch dem Zeitgeist und führt ein Leben ganz verbunden mit mir! Ich brauche euch dringend zum Aufbau meines Reiches; großen Lohn werdet ihr dafür erhalten.

Ihr Jugendlichen, vergeudet eure Zeit nicht mehr mit sinnlosen Vergnügungen, sondern nutzt die Zeit![92] Hört auf meine Stimme in euch und seid bereit zu allen Aufgaben, die ich für euch vorgesehen habe! So werdet ihr tiefen Frieden und große Erfüllung finden. Amen.

35. Ihr Berufstätigen, verrichtet eure Arbeit aus Liebe zu mir!

13. März 2008

Mein geliebtes Kind, ich möchte dir heute eine Weisung für die Berufstätigen geben.

Die meisten Menschen üben heutzutage einen Beruf aus. Er ist ihnen eine Freude, aber oft auch eine Last. Sie nehmen oft lange Ausbildungszeiten in Kauf, um ihren Traumberuf zu erlernen. Andere wiederum haben nie die Möglichkeit, einen Beruf zu erlernen.

Ihr Berufstätigen, hört nun, was ich euch zu sagen habe! Vergesst mich nicht bei eurer Arbeit, haltet immer wieder inne und denkt an mich! Verliert euch nicht völlig bei eurem Tun, lasst euch nicht vereinnahmen von eurer Arbeit! Gewinnt eine gewisse Distanz zu ihr, damit ihr nicht abhängig werdet!

Betrachtet eure Arbeit als eine Aufgabe von mir, denkt nicht nur an das Geld, das ihr damit verdienen könnt! Ihr könnt mir in jedem Beruf dienen, auch bei der geringsten Arbeit. Tut alles aus Liebe zu

---

92. Vgl. Eph 5,16: Nutzt die Zeit, denn die Tage sind böse.

mir und vieles wird euch leichterfallen![93] Kommt zu mir, wenn ihr Probleme habt, ich werde alles ordnen nach meinem Willen! Ich helfe euch weiter in jeder Not.

Erledigt eure Arbeit gewissenhaft und zum Wohl aller; denkt nicht nur an euren eigenen Vorteil! Fügt euch ein in den Kollegenkreis und ertragt einander in Geduld! Lasst ab von Neid, Eifersucht, Konkurrenzdenken, übler Nachrede und Rebellion! Bereut eure Sünden und kehrt immer wieder zurück zu mir, ich werde euch stets verzeihen!

Betet viel für die Menschen, mit denen ihr zu tun habt, das ist eure vornehmste Aufgabe! So kann ich die Menschen um euch herum reinigen und immer näher an mich ziehen. Aber macht euch auf Prüfungen gefasst![94] Satan wird die Leute gegen euch aufhetzen und Zwietracht unter euch säen. Durch diese Prüfung eurer Liebe werdet ihr selbst gereinigt; ihr werdet eure Schwachheit immer mehr erkennen und ablassen von eurem Stolz. Nur die Demütigen finden Einlass in mein Reich.

Seid mir dankbar für eure Arbeit, für euren Beruf!

Lasst euch von den Ungläubigen nicht zur Sünde verführen, sondern seid ein Vorbild für alle! Wenn es um eine Sünde geht, dürft ihr euch nicht anpassen! Habt dann Mut und legt Zeugnis ab von eurem Glauben, ich werde euch dabei helfen!

Ihr Christen in der Arbeitswelt, heiligt euch und eure Umgebung! Geht keine falschen Kompromisse mehr ein, sondern bekennt euch offen zu eurem Glauben! Nehmt euer Kreuz auf euch und folgt mir nach! Großen Lohn werdet ihr dafür erhalten. Amen.

---

93. Vgl. Kol 3,23: Tut eure Arbeit gern, als wäre sie für den Herrn und nicht für Menschen; ...
94. Vgl. Sir 2,1: Kind, wenn du herantrittst, um dem Herrn zu dienen, mach dich bereit für die Erprobung!

36. Ihr alten Leute, bringt euer Leben in Ordnung und betet viel!

14. März 2008

Mein geliebtes Kind, ich habe heute eine Botschaft für die alten Menschen.

Ihr alten Menschen, nehmt euer Alter an; versucht nicht, die Jungen nachzuahmen! Ich habe für euch besondere Aufgaben vorgesehen. Ihr müsst lernen, alles loszulassen und euch auf die Begegnung mit mir im Tod vorzubereiten. Hängt euer Herz nicht an die Güter der Welt, ihr könnt nichts mitnehmen in die Ewigkeit! Gebt alles ab, macht euch frei von der Welt! Überlasst euer Hab und Gut den Jüngeren, regelt alles Irdische und besinnt euch immer mehr auf mich!

Überdenkt euer Leben, erkennt eure Sünden und bittet mich um Verzeihung! Bringt alles in Ordnung in eurem Leben, versöhnt euch mit allen Menschen, reinigt eure Herzen! Nützt die euch noch verbliebene Zeit gut, vergeudet sie nicht mit nichtigen Dingen! Ihr könnt noch so viel Gutes tun, wenn ihr nur wollt! Was bei mir zählt, ist die Liebe. Denkt daran, dass ihr bald vor meinem Richterstuhl erscheinen werdet!

Wenn eure Kräfte schwinden, wenn euch Krankheiten und Schmerzen plagen, dann kommt zu mir! Ich werde euch Linderung verschaffen und trösten in eurer Not. Die Krankheiten sind notwendig für eure Läuterung; sie erleichtern euch die Loslösung von der Welt und reinigen euch von euren Sünden. Klagt und jammert nicht, sondern opfert eure Leiden auf für die Bekehrung der Welt![95] So könnt ihr mehr bewirken für mein Reich als in euren gesunden Jahren.

---

95. Vgl. Kol 1,24: Jetzt freue ich (Paulus) mich in den Leiden, die ich für euch ertrage. Ich ergänze in meinem irdischen Leben, was an den Bedrängnissen Christi noch fehlt an seinem Leib, der die Kirche ist.

Ihr alten Leute, ich bitte euch: Betet viel! Ihr habt jetzt die nötige Zeit dazu. Wendet euch mir immer mehr zu und bringt mir eure Anliegen vor! Betet für eure Angehörigen, betet aber auch für die Kirche und für die ganze Welt! Ihr könnt nicht ermessen, welcher Segen ausgeht von eurem Gebet.[96] Bittet mich auch für eure lieben Verstorbenen, ich werde mich um sie kümmern!

Wenn es euch noch möglich ist, besucht auch möglichst oft die hl. Messe! Große Gnaden werdet ihr dadurch erhalten.

Verurteilt die Jugend nicht, sondern betet für sie; nur so wird sie sich zum Besseren verändern!

So beherzigt meine Worte und richtet euch danach! Ich sehne mich nach eurer Liebe und nach unserem Zusammensein in Ewigkeit; denn ich liebe euch mit unendlicher Liebe. Amen.

Weißt du nicht, dass Gottes Güte dich zur Umkehr treibt?

(Röm 2,4)

---

96. Vgl. Jak 5,16: Viel vermag das inständige Gebet eines Gerechten.

TEIL 2
Bilder mit Botschaften von Jesus Christus

37. Verehrt mein kostbares Blut und tragt mein Licht weiter zu den Menschen!

15. März 2008

Mein geliebtes Kind, ich schenke dir jetzt eine Vision für die Zukunft.

Bild:

Ich sehe Jesus am Kreuz hängen; um ihn herum herrscht völlige Finsternis. Aus seiner Seitenwunde fließt ein Strahl von Blut auf die Erde. Aus dem blutgetränkten Boden wachsen sofort blaue Blumen. Es kommt ein kleines Mädchen, pflückt einen großen Strauß, läuft anschließend zu den Menschen hin und schenkt jedem eine Blume. Diese freuen sich sehr darüber und lächeln. In ihren Händen verwandeln sich die blauen Blumen in helles Licht, das die rundum herrschende Finsternis erleuchtet. Die Menschen mit dem Licht leuchten daraufhin selbst hell wie eine Fackel. Sie entfernen sich einzeln von der Menschenmasse und erhellen überall die Dunkelheit.

Deutung:

Ich habe für euch am Kreuz mein Blut vergossen. Überall wo dieses Blut hinfließt, entsteht neues Leben. Meine Kinder, die immer wieder zu mir kommen und Anteil haben an diesem neuen Leben der Gnade, bringen dieses neue Leben von mir zu allen

Menschen, denen sie begegnen. Diese werden ebenfalls erfüllt mit meiner Gnade und umgewandelt, bis sie brennen in Liebe zu mir. Daraufhin verbreiten sie mein Licht überall in der Dunkelheit.[97]

Botschaft:
Meine geliebten Kinder, kommt zu mir unter das Kreuz und stellt euch unter den Schutz meines kostbaren Blutes! Dort werdet ihr viele Gnaden empfangen und sicher sein vor den Angriffen des Bösen.[98] Verehrt mein kostbares Blut; dies wird immer wichtiger werden in der Zukunft, da die Finsternis immer mehr zunimmt! Lebt im Licht, tragt mein Licht weiter zu den Menschen, sie hungern danach! Die meisten Menschen irren in der Finsternis umher und sehen keinen Weg. Weist **ihr** ihnen den Weg zu mir! Lasst euch ganz umwandeln von mir, sodass ihr brennt vor Liebe zu mir! Das Feuer eurer Liebe wird viele Menschen entzünden und ihnen die Bekehrung bringen. Ich möchte eine neue Kirche aufbauen, hell soll sie erstrahlen in meinem Licht. Amen.

---

97. Vgl. Mt 5,14-16: Ihr seid das Licht der Welt. ... So soll euer Licht vor den Menschen leuchten, damit sie eure guten Taten sehen und euren Vater im Himmel preisen.
98. Vgl. Offb 12,11: Sie haben ihn (Satan) besiegt durch das Blut des Lammes und durch ihr Wort und ihr Zeugnis.

38. Ich sende meine Engel zum Strafgericht: Die Naturkatastrophen werden überhandnehmen!

16. März 2008

Mein geliebtes Kind, ich schenke dir wieder ein Bild über die Zukunft.

Bild:

Ich sehe einen großen Engel mit Flügeln in weißem Gewand. Er kommt vom Himmel herab und macht auf der Erde an vielen verschiedenen Stellen kleine Kreuzzeichen. Auch vielen Menschen zeichnet er ein Kreuz auf die Stirn.[99]

Da kommt ein zweiter Engel und schüttet einen Eimer Wasser auf die Erde, sodass durch starke Regengüsse[100] fast überall Hochwasser und Überschwemmungen auftreten. Nur die Orte, die mit dem Kreuz gekennzeichnet sind, werden verschont. Auch den Menschen mit dem Kreuz auf der Stirn geschieht nichts, sie sind geschützt.[101]

Ein dritter Engel bläst kräftig in Richtung Erde. Daraufhin überziehen heftige Orkane und Wirbelstürme die Länder und Sturmfluten überschwemmen die Küsten. Die Menschen sind entsetzt, sie möchten fliehen, wissen aber nicht wohin. Die Leute mit dem Kreuz auf der Stirn beten und sind gelassen, sie erleiden keinen Schaden.

Ein vierter Engel schiebt die Sonne etwas näher zur Erde, sodass dort eine große Hitze entsteht. Die Folge ist eine große Dürre, die zu einer

---

99. Vgl. Ez 9,4: Der Herr sagte zu ihm: Geh mitten durch die Stadt, mitten durch Jerusalem und schreib ein Taw auf die Stirn der Männer, ...
100. Vgl. Gen 6-8: Noach und die Sintflut.
      Gen 7,12: Der Regen ergoss sich vierzig Tage und vierzig Nächte lang auf die Erde.
101. Vgl. Ez 9,6: Alt und Jung, Mädchen, Kinder und Frauen sollt ihr erschlagen und umbringen. Doch von denen, die das Taw auf der Stirn haben, dürft ihr keinen anrühren.

Hungerkatastrophe[102] führt. Das Wasser wird knapp, viele Lebewesen sterben. Die mit dem Kreuz bezeichneten Menschen haben jedoch genug Wasser und Nahrung, sie teilen davon an die hungernden und dürstenden Menschen aus. Die durch das Kreuz geschützten Orte sind wasserreich und fruchtbar.

Ein fünfter Engel wirft Steine auf die Erde; da entstehen auf der ganzen Welt heftige Gewitter mit Hagel[103], der vieles zerstört. Die meisten Leute werden deshalb mutlos und resignieren. Aber die Menschen mit dem Kreuz auf der Stirn werden verschont, sie sind gelassen und voller Hoffnung.

Ein sechster Engel schlägt mit einem Stock auf die Erde; da wird diese von gewaltigen Erdbeben[104] erschüttert. Die mit dem Kreuz bezeichneten Orte und Menschen bleiben jedoch verschont.

Nun ruft eine Stimme: «Es ist genug!» Die sechs Engel kehren wieder in den Himmel zurück und die Naturkatastrophen auf der Erde hören auf. Die Menschen, die überlebt haben, beten und gehen in die Kirche. Sie loben und preisen Gott für seine Wohltaten.

Deutung:
Ich sende meine Engel zum Strafgericht. Meine Kinder, die mein Zeichen tragen, werden verschont werden.[105] Mit ihnen werde ich

---

102. Vgl. Offb 6,8: Und ihnen (Tod und Unterwelt) wurde die Macht gegeben über ein Viertel der Erde, Macht, zu töten durch Schwert, Hunger und Tod und durch die Tiere der Erde.
103. Vgl. Offb 16,21: Und gewaltige Hagelbrocken, zentnerschwer, stürzten vom Himmel auf die Menschen herab. Dennoch lästerten die Menschen Gott wegen dieser Hagelplage; denn die Plage war über die Maßen groß.
104. Vgl. Offb 16,18: ... es entstand ein gewaltiges Erdbeben, wie noch keines gewesen war, seitdem es Menschen auf der Erde gibt ...
105. Vgl. Ex 12,13: Das Blut an den Häusern, in denen ihr wohnt, soll für euch ein Zeichen sein. Wenn ich das Blut sehe, werde ich an euch vorübergehen und das vernichtende Unheil wird euch nicht treffen, ...

meine neue Kirche aufbauen. Auch alle Orte, an denen viel gebetet wird, werden vor größerem Schaden bewahrt bleiben.

Botschaft:
Meine geliebten Kinder, die Zeit des Strafgerichts ist nahe; ich habe meine Vorboten bereits vorausgeschickt. Beklagt euch nicht, bedenkt, mein Strafgericht ist eine Gnade! Durch das Leiden kommen viele Menschen zur Besinnung und kehren um zu mir, die sonst für ewig verloren wären. Schwere Zeiten werden anbrechen, die Naturkatastrophen werden überhandnehmen. Stellt euch innerlich darauf ein, nehmt das Äußere nicht mehr so wichtig, v. a. aber betet viel! Durch das Gebet könnt ihr viele Katastrophen abmildern oder sogar abwenden. Betet um die Bekehrung der Menschen, damit sie die Zeichen der Zeit verstehen und sich mir wieder zuwenden! Ich brauche Tag und Nacht Beter, die in die Bresche springen für die Menschen, die in der Sünde leben. Ich brauche Menschen, die ihre Leiden aufopfern; ich brauche Menschen, die sich mir ganz hingeben. So kann ich viele Sünder zurückholen in mein Reich. Amen.

39. Bemüht euch noch mehr um die Einheit der Christen!
17. März 2008

Mein geliebtes Kind, ich gebe dir wieder eine Vision über die Zukunft.

Bild:
Ich sehe ein großes Gebiet, auf dem sich sehr viele verschiedene Kirchen in unterschiedlicher Größe befinden. Jede Kirche steht in der Mitte eines Grundstücks, das sonst ganz leer und schwarz umrandet ist. Die meisten Gläubigen sitzen mit finsterer Miene in ihrer eigenen Kirche, nur einige wenige schauen außerhalb ihrer Kirche zu den anderen hinüber. Manche von ihnen überschreiten die schwarze

Grenze, betreten das fremde Grundstück und schauen neugierig bei einem Kirchenfenster hinein. Die Reaktion der Kirchenbesucher dort ist unterschiedlich. Die meisten sind entsetzt, als sie die fremden Gläubigen beim Fenster hereinschauen sehen. Einige jedoch kommen heraus und suchen Kontakt mit den Besuchern. Sie reden mit ihnen, begleiten sie sogar zurück zu deren Grundstück und sehen sich gemeinsam deren Kirche von außen an. Die Kirchenbesucher in beiden Kirchen werfen verächtliche Blicke auf die Gläubigen draußen, die miteinander Kontakt haben.

Da fliegt plötzlich eine weiße Taube[106] über die Kirchen und verbreitet überall, wo sie hinkommt, helles Licht. Die Leute in den Kirchen werden beim Anblick der Taube unruhig. Als die Taube durch ein Fenster in einen Kirchenraum gelangt, entsteht dort bei den Anwesenden ein großes Durcheinander. Das helle Licht blendet[107] viele Menschen, sie bekommen Angst und verlassen fluchtartig den Raum. Einige Gläubige jedoch bleiben an ihrem Platz und blicken freudestrahlend auf die Taube. Sie leuchten jetzt selbst sehr hell und auch das Kircheninnere ist ganz erfüllt von dem strahlenden Licht. Die Leute draußen sind verärgert, weil sie die Kirche wegen des Lichts nicht mehr betreten können.
Derselbe Vorgang wiederholt sich anschließend auch in allen anderen Kirchen.

Die hell strahlenden Gläubigen folgen nun einem Lichtstrahl, der von der Taube ausgeht und sie hinaus aus der Kirche zur Nachbarkirche führt. Dabei schließen sich ihnen viele der verärgerten Menschen an, die sich langsam beruhigen und dann selbst in Licht getaucht

---

106. Vgl. Mt 3,16: Und siehe, da öffnete sich der Himmel und er (Jesus) sah den Geist Gottes wie eine Taube auf sich herabkommen.
107. Vgl. Apg 22,6.11: ... da geschah es, dass mich (Paulus) um die Mittagszeit plötzlich vom Himmel her ein helles Licht umstrahlte. ... Da ich aber vom Glanz jenes Lichtes geblendet war, sodass ich nicht mehr sehen konnte, ...

werden. Diejenigen aber, die weiterhin erzürnt sind, werden immer dunkler. Auf jedem Grundstück öffnet sich an einer Stelle die Erde und diese Leute versinken in einem schwarzen Loch. Die Erde verschließt sich daraufhin wieder über ihnen.[108]

Nun strahlen alle Kirchen und alle Menschen in hellem Licht. Es findet ein reger Austausch zwischen den Angehörigen der verschiedenen Kirchen statt; sie sind freundlich zueinander und umarmen sich herzlich. Die ehemals schwarzen Grenzen um die Grundstücke sind nun vergoldet und verschwinden ganz, als die Taube darüberfliegt. Diese ergreift jetzt mit ihrem Schnabel eine Kirche nach der anderen und trägt sie alle an einen bestimmten Ort. Anstatt der vielen kleinen Kirchen ist nun plötzlich eine einzige große, hell strahlende Kirche zu sehen. Die Leute strömen von überall her und füllen das Kircheninnere. Sie beten und singen miteinander voll Freude.

Deutung:

Mein Leib ist zerrissen, er ist gespalten in so viele Kirchen. Nur mein Hl. Geist kann die Spaltungen überwinden und alle Konfessionen und Gruppierungen zu einer einzigen Kirche vereinen. Die Menschen sind verhärtet und wollen alles beim Alten lassen. Ich aber werde Mittel und Wege finden, um mein Ziel, eine einzige Kirche, zu erreichen.[109]

Botschaft: 18. März 2008

Meine geliebten Kinder, mein Leib ist zerrissen, ich leide darunter so sehr! Wie sehne ich mich danach, euch alle zu einer einzigen

---

108. Vgl. Num 16,31-33: ... da spaltete sich der Erdboden unter ihnen (Korach, Datan und Abiram) und die Erde öffnete ihren Rachen und verschlang sie samt ihren Familien ... Sie und alle, die mit ihnen waren, fuhren lebend in die Unterwelt hinab. Die Erde deckte sie zu und sie waren aus der Mitte der Gemeinde verschwunden.

109. Vgl. Joh 10,16: Ich habe noch andere Schafe, die nicht aus diesem Stall sind; auch sie muss ich führen und sie werden auf meine Stimme hören; dann wird es nur eine Herde geben und einen Hirten.

Kirche zu vereinen![110] Seid offen für meinen Hl. Geist, lasst euch von ihm führen! Er wird euch Schritt für Schritt den Weg zur Einheit aller Christen zeigen.

Verschließt euch nicht in eurer eigenen Kirche, geht aufeinander zu, haltet Kontakt miteinander! Ich werde eure Herzen vereinen durch meinen Hl. Geist. Streitet nicht miteinander, macht euch gegenseitig keine Vorwürfe mehr, verhärtet euch nicht in eurer Position! Nehmt einander in Liebe an, verurteilt die anderen Christen nicht, sondern betet für sie! Nur durch das Gebet kann ich die Herzen der Menschen verändern und ihren Geist erleuchten.

Warum steht ihr der Ökumene oft so gleichgültig gegenüber und seid so stolz auf eure «Rechtgläubigkeit»? Legt ab euren Stolz, erniedrigt euch[111] und sucht gemeinsam nach der Wahrheit! Betet immer wieder um Erleuchtung und sie wird euch gewährt werden! Tauscht auch eure geistlichen Erfahrungen aus, sie werden für alle eine Bereicherung sein! Betrachtet euch als Brüder und Schwestern und nicht mehr als Gegner! Wie wollt ihr Zeugnis ablegen von meiner Liebe, wenn ihr untereinander nicht eins seid?

So rufe ich euch alle auf, ihr Christen, bemüht euch noch mehr um die Einheit, betet miteinander und füreinander und seid euch in Liebe zugetan! Mein Hl. Geist wird euch die Kraft und die nötige Weisheit dafür geben! Amen.

---

110. Vgl. Joh 17,21: Alle sollen eins sein: Wie du, Vater, in mir bist und ich in dir bin, sollen auch sie in uns sein, damit die Welt glaubt, dass du mich gesandt hast.
111. Vgl. 1 Petr 5,5: Alle aber begegnet einander in Demut!

40. Betet um die Bekehrung der Menschen anderer Religionen!

19. März 2008

Mein geliebtes Kind, ich schenke dir jetzt eine Vision über die Zukunft der Religionen der Welt.

Bild:
Ich sehe einen Moslem, der auf einem Gebetsteppich kniet und zu Allah betet. Ein Buddhist meditiert vor einer Buddhastatue und ein Hindu betet vor mehreren bunten Götterstatuen. Ein Jude bringt vor der Klagemauer in Jerusalem seine Gebete vor Gott und bunt gekleidete Afrikaner führen bei Trommelklang religiöse Tänze auf.

Da erscheint Jesus Christus hell strahlend am Himmel. Es ist der auferstandene Herr mit den Wundmalen als König mit einer goldenen Krone, einem roten Königsmantel und einem Zepter. Die Vertreter der verschiedenen Religionen schauen erstaunt auf Jesus und unterbrechen ihre Gebete. Jesus spricht zu ihnen: «Kommt her zu mir, die ihr mühselig und beladen seid, ich werde euch erquicken!»[112] Die Beter zögern und überlegen, was sie tun sollen. Da sagt Jesus zu ihnen: «Ich bin das Wasser des Lebens; wer davon trinkt, wird nie mehr dürsten.»[113] Jetzt fliegen einige Engel mit je einem Krug Wasser zu den Mitgliedern der einzelnen Religionen und geben ihnen von dem Wasser zu trinken. Daraufhin erhellen sich deren Gesichter; sie sind sehr erfreut und trinken immer wieder von dem Wasser.

Die Engel führen sie nun alle in eine Kirche, in der gerade viele Christen zum Gebet versammelt sind. Anfangs beobachten sie die Christen noch etwas argwöhnisch, sie stimmen aber dann mit ein in deren fröhlichen Gesang und Gebet. Anschließend bringen die Engel

---

112. Vgl. Mt 11,28: Kommt alle zu mir, die ihr mühselig und beladen seid! Ich will euch erquicken.
113. Vgl. Joh 4,14: ... wer aber von dem Wasser trinkt, das ich ihm geben werde, wird niemals mehr Durst haben; ...

den Moslem, den Buddhisten, den Hindu, den Juden und die Afrikaner zum Taufstein in der Kirche und taufen sie mit dem Wasser aus den Krügen. Die Neugetauften strahlen jetzt ganz hell und werden von allen Christen umarmt.

Deutung:

Es wird eine Zeit kommen, in der es keine verschiedenen Religionen mehr gibt. Alle Menschen werden sich abwenden von ihren Götzen und ihren Irrtum einsehen. Sie werden mich erkennen und mich allein als ihren Gott anbeten. Ich werde alle heimholen in mein Reich und aufnehmen in meine geliebte Kirche.

Botschaft:

Mein geliebtes Kind, ich möchte nicht nur alle Christen zu einer einzigen Kirche vereinen, sondern alle Menschen. Satan wird einmal keine Macht mehr auf der Erde haben und die Menschen nicht mehr verführen können zu Götzendienst, Magie und Zauberei.[114] So werden sie offen sein für meine Botschaft und sich massenweise bekehren. Es wird keine anderen Religionen mehr geben, keine Sekten, keine Satanisten und keine Okkultisten. Die New-Age-Bewegung wird sich zerschlagen, die Esoterik wird verschwinden. Bis dahin ist jedoch noch ein weiter Weg!

So bitte ich euch alle, die ihr mir jetzt schon nachfolgt: Betet für die Bekehrung der Menschen, nicht nur um die Bekehrung der lauen Christen und der Atheisten, sondern auch um die Bekehrung der Menschen anderer Religionen! Ich möchte sie alle heimholen

---

114. Vgl. Offb 20,2-3: Er (ein Engel) überwältigte den Drachen, die alte Schlange - das ist der Teufel oder der Satan -, und er fesselte ihn für tausend Jahre. Er warf ihn in den Abgrund, verschloss diesen und drückte ein Siegel darauf, damit der Drache die Völker nicht mehr verführen konnte, bis die tausend Jahre vollendet sind.
Vgl. auch Offb 20,10: Und der Teufel, ihr Verführer, wurde in den See von brennendem Schwefel geworfen, ...
Vgl. auch Jes 27,1: ... er (der Herr) wird das Ungeheuer (Leviatan, Schlange) töten, ...

in mein Reich. Ich möchte volle Gemeinschaft mit ihnen haben und sie mit Gnaden überhäufen. Ich möchte sie herausholen aus ihrem Elend und ihnen meine Freude und meinen Frieden schenken. Helft ihr mir dabei und tretet ein bei meinem Vater für die Menschen, die im Irrtum leben! Durch euer Gebet kann ich Großes bewirken. Die Macht Satans wird geschwächt und die Menschen werden offener für meinen Hl. Geist.

Ich trage euch auch auf: Verkündet mein Wort bei allen Völkern,[115] nehmt keine falsche Rücksicht auf die verschiedenen Religionen! Missioniert wieder, tragt die Frohe Botschaft weiter zu denjenigen, die davon noch nichts wissen! Meine Zeichen und Wunder werden eure Verkündigung begleiten.[116] Legt Zeugnis ab von meiner Allmacht und von meiner unendlichen Liebe! Großen Lohn werdet ihr dafür erhalten. Amen.

41. Schließt euch zu geistlichen Gemeinschaften zusammen!
25. März 2008

Mein geliebtes Kind, ich schenke dir wieder ein Bild über die Zukunft.

Bild:

Ich sehe Jesus als Auferstandenen über einem offenen Grab aus Stein. Er hält eine Fahne in der rechten Hand und leuchtet sehr hell. Von seinen verklärten Wunden gehen ebenfalls helle Strahlen aus; um ihn herum herrscht dunkle Nacht. In der Dunkelheit erkenne ich undeutlich viele Leute, die ihren Blick auf den Auferstandenen richten. Immer wenn ein Lichtstrahl Jesu auf einen Menschen trifft, erhellt

---

115. Vgl. Mk 13,10: Allen Völkern muss zuerst das Evangelium verkündet werden.
116. Vgl. 2 Kor 12,12: Das, woran man den Apostel erkennt, wurde mit großer Ausdauer unter euch vollbracht: Zeichen, Wunder und Machttaten.

sich dessen Gesicht und es strahlt vor Freude. Kurz darauf leuchtet die ganze Person hell wie Feuer. Nur wenige Leute lassen sich vom Licht Jesu treffen; die meisten wenden sich von ihm ab und verbleiben in der Dunkelheit. Die hell strahlenden Menschen deuten mit dem Finger auf Jesus, sie wollen ihn den anderen in der Finsternis zeigen. Doch diese interessieren sich nicht für ihn. Momentan sehen die leuchtenden Menschen etwas enttäuscht aus; aber als sie erneut auf Jesus schauen, sind sie wieder glücklich.

Da zeigt Jesus mit dem Finger auf einen bestimmten Platz und gibt den strahlenden Leuten zu verstehen, dass sie sich dorthin begeben sollen. Sie versammeln sich alle dort und umarmen sich gegenseitig, als sie erkennen, dass sie gleichgesinnt sind. Sie bleiben zusammen und loben und preisen Jesus gemeinsam. Sie bilden nun eine große Gemeinschaft von Gläubigen, von der ein viel helleres Licht ausgeht als von den Einzelpersonen. Aus der Dunkelheit stoßen jetzt weitere Menschen zu ihnen und schließen sich ihnen an. Als es sehr viele werden, gliedern sie sich in viele Gruppen auf.

Es bilden sich viele neue Gemeinschaften, die in der Dunkelheit leuchten und durch helle Strahlen miteinander verbunden sind. Sie blicken alle auf Jesus und loben und preisen ihn.[117]

Deutung:
Ich schaffe jetzt viele neue Gemeinschaften, die ganz auf mich schauen und mir vertrauen. Ich kann Großes durch sie bewirken, sie strahlen hell in der Finsternis. Durch sie möchte ich meine Kirche erneuern und die Menschen näher an mich ziehen.

Botschaft:
Meine geliebten Kinder, schließt euch zu geistlichen Gemeinschaften zusammen! Die Pfarreien werden in Zukunft nicht mehr genügen, sie sind geistlich schwach und oft zu verweltlicht. Diejenigen, die mir radikal nachfolgen, werden in den Pfarreien keine Heimat

---

117. Vgl. Apg 2,47: Sie (die Christen) lobten Gott und fanden Gunst beim ganzen Volk.

mehr finden. So schließt euch einer Gemeinschaft an, die euch entspricht und die euch fördert im Glauben. Ich werde euch den Weg dazu zeigen, wenn ihr mich darum bittet. Die neuen geistlichen Gemeinschaften werde ich selbst führen durch meinen Hl. Geist. Ich möchte meine Kirche erneuern durch sie; ich erwecke viele Heilige aus ihnen. Es wird jetzt eine schwere Zeit hereinbrechen, der Weg allein wird immer schwerer. In einer Gemeinschaft findet ihr Halt und Trost, ihr werdet gestärkt und erfahrt meine Gegenwart.

Ihr Mitglieder von geistlichen Gemeinschaften, richtet euren Blick nur noch auf mich! Schaut nicht mehr nach links oder rechts, orientiert euch nicht mehr an der Welt! Lebt eure Berufung radikal, alle Lauen werden in Zukunft nicht mehr bestehen können![118] Hört auf meinen Hl. Geist und tut, was er euch sagt! Lasst euch umwandeln von ihm, seid stets offen für etwas Neues! Vor allem aber begegnet einander in Liebe, lasst euch von Satan nicht verführen zu Streit und Spaltung![119] Widersteht ihm in meiner Macht! Ruft meinen Namen an und er wird vor euch fliehen!
In Gemeinschaft werdet ihr stark sein, ein Bollwerk in meinem Reich! Ihr werdet in die ganze Umgebung ausstrahlen und viele Menschen werden sich durch euch bekehren. So bleibt stets in der Einheit und in der Liebe! Amen.

---

118. Vgl. Offb 3,16: Daher, weil du lau bist, weder heiß noch kalt, will ich dich aus meinem Mund ausspeien.
119. Vgl. 2 Tim 2,24: Ein Knecht des Herrn soll nicht streiten, sondern zu allen freundlich sein, …

42. Bleibt mir treu zur Zeit der Verfolgung!
26. März 2008

Mein geliebtes Kind, ich schenke dir wieder ein Bild.

Bild:

1. Szene:

In einer Kirche befinden sich viele Christen und feiern miteinander Gottesdienst. Die meisten Kirchgänger sehen dunkel aus und sitzen mit ernster, finsterer Miene in ihrer Bank. Nur wenige leuchten hell wie Feuer und haben ein strahlendes Gesicht. Als man von draußen her Schüsse und anderen Lärm hört, flüchten die dunklen Menschen sofort durch einen Seitenausgang aus der Kirche. Die strahlenden Gläubigen bleiben sitzen und setzen das Lob Gottes fort. Da dringen viele Polizisten in die Kirche ein, nehmen die zurückgebliebenen Christen fest und führen sie in Handschellen ab.[120] Einige Polizisten zerstören noch die Ausstattung im Innern der Kirche.

Deutung:

Eine große Christenverfolgung steht euch bevor. Die lauen Christen, die mich nicht lieben, werden bei den ersten Schwierigkeiten flüchten und sich in Sicherheit bringen. Nur die Christen, die eine große Liebe zu mir haben, werden mutig sein und standhaft bleiben.

2. Szene:

Ich sehe nun wieder Christen beim Gottesdienst versammelt, aber diesmal in einem kleinen Kellerraum. Alle Gläubigen strahlen hell, nur ein einziger Mann ist pechschwarz. Während des Gesangs kommen plötzlich Polizisten in den Raum und nehmen alle Anwesenden fest. Nur der schwarze Mann erhält Geld von der Polizei und kann frei weggehen.

---

120. Vgl. Mk 13,9: Man wird euch um meinetwillen an die Gerichte ausliefern, in den Synagogen misshandeln und vor Statthalter und Könige stellen – ihnen zum Zeugnis.

Deutung:
Viele Christen werden in den Untergrund gehen; sie werden oft verraten und festgenommen werden.[121]

3. Szene:

Viele Menschen strömen nun von allen Seiten zu einer Kirche, um den Gottesdienst zu besuchen. Als sie aber bemerken, dass mehrere Polizisten rund um die Kirche stehen, kehren sie sofort wieder um. Nur ein paar Leute gehen mutig weiter; ihr Schutzengel geleitet sie sicher in das Kircheninnere.
Deutung:
Viele mutige, treue Christen werde ich beschützen durch ihren Schutzengel. Es kann ihnen niemand etwas zuleide tun.

4. Szene:

Ich sehe einen Priester in einer Kirche, der im Messgewand am Altar eine hl. Messe feiert. Plötzlich hört man Schüsse. Ein Schuss trifft den Priester von hinten, sodass er sofort tot umfällt. Zwei Engel fassen ihn an der Hand und bringen ihn vor den Thron Gottes. Gott Vater spricht zu ihm: «Gesegnet bist du, mein Sohn, du hast mir die Treue gehalten bis zum Tod![122] *Geh ein in die Freude meines Reiches!»*
Deutung:
Vielen, die mir treu nachfolgen, werde ich die Gnade des Martyriums schenken.[123] Ich bereite sie darauf vor und gebe ihnen die nötige Kraft dazu. Sie werden sofort eingehen in meine Herrlichkeit.

5. Szene:

Eine Kirche ist mit Gottesdienstbesuchern gefüllt. Nach der hl. Messe verlassen alle die Kirche und reden mit den Leuten in der Stadt. Die

---

121. Vgl. Mt 24,10: Und viele werden zu Fall kommen und einander ausliefern und einander hassen.
122. Vgl. Offb 2,10: Sei treu bis in den Tod; dann werde ich dir den Kranz des Lebens geben.
123. Vgl. Mt 24,9: Dann wird man euch der Not ausliefern und euch töten …

meisten Kirchgänger behaupten: «Ich bin kein Christ. Ich habe mit den Christen nichts zu tun.» Als sie Polizisten in der Stadt sehen, wagen sie es überhaupt nicht mehr, die hl. Messe zu besuchen. Einige sagen sich: «Ich lebe ab jetzt ohne Gott.»

Deutung:
Viele Christen werden mich vor den anderen Menschen verleugnen oder sogar ganz vom Glauben abfallen.[124]

Botschaft   27. März 2008
Meine geliebten Kinder, ich bitte euch: Bleibt mir treu zur Zeit der Verfolgung, verlasst mich nicht! Großen Lohn werdet ihr dafür erhalten. Ich schenke euch einen Frieden, den euch die Welt nicht geben kann.[125] Ich kann euch nicht versprechen, euch vor allem Leid zu bewahren, aber ich bin stets bei euch und tröste euch in jeder Not. Ihr werdet in Zukunft keinem Menschen mehr vertrauen können, Satan verführt viele zum Verrat. So löst euch ganz los von den Menschen und vertraut nur noch mir![126] Lernt zu schweigen, kehrt euch nach innen und nehmt das Irdische nicht mehr so wichtig! Hört auf mit der üblen Nachrede und begegnet einander in Liebe! So werdet ihr am besten vorbereitet sein für die Zukunft.
Die Zeit der Verfolgung wird eine große Gnade für die Kirche sein. Ich reinige sie dadurch von aller Lauheit und Halbheit; alle Halbherzigen und Mitläufer werden nicht bestehen können. Es muss sich in Zukunft jeder entscheiden, ob er mir radikal nachfolgen will oder nicht, ob er sich mir ganz hingeben will oder nicht. Ich reinige die Christen wie Gold im Schmelzofen.[127] Ich schaffe mir

---

124. Vgl. Hebr 3,12: Gebt Acht, Brüder und Schwestern, dass keiner von euch ein böses, ungläubiges Herz hat, dass keiner vom lebendigen Gott abfällt, ...

125. Vgl. Joh 14,27: Frieden hinterlasse ich euch, meinen Frieden gebe ich euch; nicht, wie die Welt ihn gibt, gebe ich ihn euch.

126. Vgl. Jer 17,5-7: Verflucht der Mensch, der auf Menschen vertraut ... Gesegnet der Mensch, der auf den Herrn vertraut und dessen Hoffnung der Herr ist.

127. Vgl. Mal 3,3: Er (der Herr) setzt sich, um das Silber zu schmelzen und zu reinigen: Er reinigt die Söhne Levis, er läutert sie wie Gold und Silber.

ein Volk von Heiligen, die mir treu bleiben bis in den Tod. Ein gereinigter Rest wird übrig bleiben und meine neue Kirche aufbauen; sie wird erglänzen in neuem Licht. So stellt euch innerlich darauf ein, bereitet euch vor und legt ab alle Angst! Ich werde euch die Gnade dazu geben. Betet darum, dass ihr jeder Versuchung standhaltet; betet darum, dass ihr mir in jeder Lage treu bleibt; betet darum, dass eure Liebe zu mir immer größer wird! Dann werdet ihr gut gerüstet sein für die Zeit der Verfolgung. Amen.

43. Bleibt auf jeden Fall dem Papst treu!
28. März 2008

Mein geliebtes Kind, ich schenke dir nochmals ein Bild zur Christenverfolgung.

Bild:
Der Papst feiert auf dem Petersplatz in Rom mit einer großen Menschenmenge eine hl. Messe. Der ganze Platz ist voller Menschen; viele leuchten sehr hell, manche aber sind dunkel. Am Ende des Gottesdienstes jubeln die strahlenden Menschen dem Papst zu, die dunklen sehen hasserfüllt aus und verfluchen ihn. Manche Papstgegner gehen zur Polizei und verleumden die Papstfreunde. Da kommen Polizisten und verhaften viele von den hell strahlenden Anhängern des Papstes.

Deutung:
Die Papstgegner werden immer radikaler werden und die Papstfreunde bekämpfen. Ihr Hass gegen den Papst und seine Anhänger wird immer größer werden. Zur Zeit der Verfolgung werden sie ihre eigenen Schwestern und Brüder verraten und verleumden.[128]

---

128. Vgl. Lk 21,16: Sogar eure Eltern und Geschwister, eure Verwandten und Freunde werden euch ausliefern und manche von euch wird man töten.

Botschaft:
Meine geliebten Kinder, bleibt auf jeden Fall dem Papst treu! Hört nicht auf diejenigen, die ihn ständig kritisieren und meinen, selbst alles besser zu wissen! Glaubt nicht den Irrlehren der Papstgegner, haltet euch treu an die Lehre der Kirche! So werdet ihr immer auf dem richtigen Weg bleiben. Ich habe euch den Papst als Garanten der Einheit geschenkt; so lebt auch diese Einheit und lasst keine Spaltungen unter euch zu![129] Bekämpft euch nicht gegenseitig, sondern betet füreinander! Betet viel für die Einheit der katholischen Kirche, betet viel um die Wahrheit und um die Reinerhaltung der Lehre! Betet viel zu meinem Hl. Geist, nur er kann euch die volle Einheit schenken *(gemeint ist: innerhalb der katholischen Kirche)!*

Alle, die ihr treu zum Papst steht, seid vorsichtig, traut keinem Papstgegner mehr! Viele Katholiken, die sich gegen den Papst stellen, werden euch verraten und schaden in jeder Hinsicht. Satan hetzt sie auf gegen euch, er schürt ihren Hass gegen euch und verführt sie zu allen möglichen bösen Taten. Betet für diese Menschen, vergeltet nicht Böses mit Bösem![130] Verzeiht ihnen, aber haltet euch von ihnen fern![131]
So werdet ihr besser geschützt sein zur Zeit der Verfolgung! Amen.

---

129. Vgl. Joh 17,23: So sollen sie vollendet sein in der Einheit, damit die Welt erkennt, dass du mich gesandt hast ...
130. Vgl. 1 Petr 3,9: Vergeltet Böses nicht mit Bösem oder Schmähung mit Schmähung!
131. Vgl. Röm 16,17: Ich ermahne euch aber, Brüder und Schwestern, auf die Acht zu geben, die im Widerspruch zu der Lehre, die ihr gelernt habt, Spaltung und Verwirrung verursachen: Haltet euch von ihnen fern!

44. Es wird bald alles zusammenbrechen; lebt deshalb jetzt schon ein einfaches Leben!

29. März 2008

Mein geliebtes Kind, ich schenke dir wieder eine Vision über die Zukunft.

Bild:

Ich sehe ein kleines Dorf in stockdunkler Nacht; es leuchten keine Straßenlampen, nur aus mehreren Häusern scheint das Licht einer brennenden Kerze. In einem Haus schiebt eine Frau Holzscheite in einen Ofen, in einem anderen Haus sitzen die Bewohner mit warmer Kleidung am Tisch und frieren.

Ich sehe nun dasselbe Dorf bei Tageslicht. Die Frauen arbeiten im Gemüsegarten. Viele Männer gehen einem Handwerk nach: Ein Schreiner bearbeitet Holz, ein Bäcker bäckt gerade Brot, ein Metzger schlachtet ein Schwein. Andere Männer arbeiten draußen auf dem Feld mit einfachen Geräten; zwei Pferde ziehen gerade einen Pflug. Auf der Dorfstraße spielen die kleinen Kinder, es ist nirgendwo ein Auto oder ein anderes Fahrzeug zu sehen. Nur einige Leute fahren mit einem alten Fahrrad, die meisten aber gehen zu Fuß. Es ist ruhig im Dorf, man hört keinen Lärm von Maschinen. Die Menschen sind gekleidet wie früher; die Frauen tragen lange Röcke und langärmelige Blusen und Strickwesten.

Als die Glocken der Dorfkirche läuten, beenden die Menschen sofort ihre Arbeit, ziehen ihre Festtagskleidung an und begeben sich in die Kirche, um Gottesdienst zu feiern. Während der hl. Messe singen und beten sie voller Freude. Nachher bleiben die meisten noch sitzen, um zu beten. Am Abend setzen sich die einzelnen Familien in ihren Häusern zusammen zum Gebet; es gibt nirgendwo ein Fernsehgerät.[132]

---

132. Dieses Bild ist symbolisch zu verstehen für eine wieder einfachere Lebensweise in der Zukunft.

Deutung:
Die Menschen werden in Zukunft wieder einfach leben. Die hoch industrialisierten Zivilisationen werden zusammenbrechen; nichts wird dort mehr so sein, wie es jetzt ist. Die Menschen werden wieder mehr beten und mir die Ehre geben, die mir gebührt.[133]

Botschaft:
Ihr Menschenkinder, hört, was ich euch zu sagen habe! Alle, die ihr in reichen Ländern lebt, glaubt nicht, dass das Leben immer so weitergeht wie bis jetzt! Es wird nicht mehr lange dauern und alles wird zusammenbrechen. Hängt euer Herz an nichts Irdisches mehr, lebt jetzt schon ein einfaches Leben losgelöst von der Welt![134] Bedenkt, alles ist vergänglich und ihr könnt nichts mitnehmen ins Jenseits![135] Macht euch möglichst unabhängig von der Technik und allen modernen Errungenschaften; ich werde euch den Weg dazu zeigen! Meidet allen Luxus und allen unnötigen Ballast, belastet euch nicht mit tausend irdischen Dingen! Lebt wieder im Einklang mit der Natur, zerstört sie nicht mehr, sondern schützt sie und hegt und pflegt sie![136] Vor allem aber bekehrt euch, wendet euer Herz mir wieder zu! Ich schenke euch das Glück, nach dem ihr sucht und das ihr in der Welt nicht finden werdet! Gebt mir wieder die Ehre, die mir gebührt! Habt keine Angst, ich verzeihe euch alle Sünden und wären sie rot wie Scharlach![137] Lasst euch führen von meinem Hl. Geist, er wird euch gut beraten, auch bei den Problemen im Alltag! So hört auf meine Ratschläge und tut, was ich euch sage, bevor euch die Ereignisse überrollen! Amen.

---

133. Vgl. Offb 14,7: Fürchtet Gott und erweist ihm die Ehre!
134. Vgl. 1 Joh 2,15: Liebt nicht die Welt und was in der Welt ist! Wer die Welt liebt, in dem ist die Liebe des Vaters nicht.
135. Vgl. 1 Joh 2,17: Die Welt vergeht und ihre Begierde; wer den Willen Gottes tut, bleibt in Ewigkeit.
136. Vgl. Gen 2,15: Gott, der Herr, nahm den Menschen und gab ihm seinen Wohnsitz im Garten von Eden, damit er ihn bearbeite und hüte.
137. Vgl. Jes 1,18: Sind eure Sünden wie Scharlach, weiß wie Schnee werden sie.

45. Ihr Ordensleute, legt ab eure Halbherzigkeit!
30. März 2008

Mein geliebtes Kind, ich möchte dir etwas zur Zukunft der Orden sagen.

Bild:

Ich sehe eine Gemeinschaft von Ordensschwestern im schwarzen Habit, die im Chorgestühl links und rechts in einem Altarraum das Stundengebet verrichten. Anfangs sind es noch viele Schwestern, etwa vierzig, aber ihre Zahl nimmt ständig ab. Schließlich bleiben nur noch drei alte Schwestern übrig, die nach dem Gebet langsam auf einen Stock gestützt die Klosterkirche verlassen. Sie werden anschließend in ein Altenheim ihres Ordens gebracht, wo noch viele andere Ordensmitglieder wohnen. Alle jammern, weil wegen Nachwuchsmangel viele Klöster aufgegeben werden müssen.

Ich sehe nun eine junge Schwester im weißen Habit, die zusammen mit zwei weiteren jungen Schwestern in das leer stehende Kloster der alten Schwestern einzieht. Die jungen Frauen strahlen vor Freude und klatschen und singen während ihrer Gebetszeit im Chorgestühl. Es kommen immer mehr junge Schwestern im weißen Habit hinzu, bis alle Plätze besetzt sind. Sie begeben sich nun in den Altarraum, fassen sich an der Hand, bilden einen Kreis und tanzen freudig zur Ehre des Herrn. Dabei singen sie frohe Lieder. Nun kommen mehrere Gläubige in die Kirche und stimmen in den Gesang mit ein. Die Klosterkirche ist bald gefüllt mit Christen, die zusammen mit den Schwestern Gott loben und preisen mit Klatschen, Singen und Beten.

Deutung:

In den reichen Ländern werden die alten Orden und Kongregationen fast ganz aussterben. Sie sind nicht «vollwertig» in meinen Augen. Aber ich werde neue Ordensgemeinschaften entstehen lassen, die ganz erfüllt sind von meinem Hl. Geist. Sie werden ausstrahlen in die ganze Umgebung und viele Menschen werden sich durch sie bekehren.

Botschaft:
Ihr Ordensleute, hört, was ich euch zu sagen habe! Ihr habt eure Gelübde abgelegt und habt mir versprochen, nur noch für mich zu leben und mir zu dienen. Ihr haltet euch aber nur sehr halbherzig an eure Versprechen. Dem Gelübde des Gehorsams weicht ihr aus und versucht, euren eigenen Willen durchzusetzen, wo immer es nur geht! Oder ihr gehorcht euren Vorgesetzten missmutig und mit Groll im Herzen. Das Gelübde der Keuschheit haltet ihr äußerlich meist ein, ihr hängt euer Herz aber oft an andere Menschen und begebt euch in ihre Abhängigkeit.[138] Wozu habe ich euch das Gelübde der Armut gegeben? Ihr sollt unabhängig sein von den Dingen der Welt, um ganz für mich frei zu sein. Aber ihr in den reichen Ländern, was habt ihr daraus gemacht? Ihr liebt die Bequemlichkeit und lebt im Wohlstand wie alle anderen auch. Ihr umgebt euch mit vielen unnötigen Dingen und hängt euer Herz daran. Was soll ich dazu sagen?

Ich rufe euch alle auf: Kehrt um, passt euch nicht mehr der Welt an,[139] sondern richtet euren Sinn nur noch auf mich! Hört nur noch auf meine Stimme und nicht mehr auf die Stimmen der Welt! Legt ab eure Halbherzigkeit und dient mir mit ganzem Herzen! Lasst euch führen von meinem Hl. Geist, er wird euch stets gut beraten! Legt wieder Zeugnis ab von meiner Liebe und meidet Hass, Streit und Zank! Nehmt euch in Acht, Satan versucht ständig,

---

138. Vgl. 1 Kön 8,61: Euer Herz aber bleibe ungeteilt beim Herrn, unserem Gott, sodass ihr seinen Gesetzen folgt und auf seine Gebote achtet, wie es heute geschieht.

139. Vgl. Röm 12,2: Und gleicht euch nicht dieser Welt an, sondern lasst euch verwandeln durch die Erneuerung des Denkens, damit ihr prüfen und erkennen könnt, was der Wille Gottes ist: das Gute, Wohlgefällige und Vollkommene!

Zwietracht unter euch zu säen! Widersteht ihm in meiner Macht! Hört auf mit der üblen Nachrede und übt euch mehr im Schweigen! Vermeidet jedes sinnlose und unnütze Gerede und haltet euch fern von jedem Geschwätz![140]

Wenn ihr nicht umkehrt, werde ich andere Menschen berufen, die mir freudig nachfolgen und mir mit ganzem Herzen dienen. Sie werden ganz erfüllt sein von meinem Hl. Geist und in meinem Auftrag neue Gemeinschaften gründen. Diese werden großen Zulauf haben und Frucht bringen auf jede Art. Blickt dann nicht voller Neid auf sie, sondern besinnt euch und kehrt um! Ich werde neue Ordensgemeinschaften schaffen, die die Früchte bringen, die ich von ihnen erwarte. Bittet mich nicht um mehr Nachwuchs für eure Orden; ich werde euer Gebet nicht erhören, solange ihr mir euer Herz nicht wieder ganz zuwendet! Dies ist jetzt eine Prüfung für euch; bemüht euch, sie zu bestehen!

Ihr meine geliebten Ordensschwestern und Ordensbrüder, wisst ihr nicht, wie sehr ich euch liebe? Mein Herz zerbricht an eurer Untreue und Lauheit! Mein Schmerz über euch ist unbeschreiblich! Ich warte ständig auf eure Gegenliebe, aber so oft umsonst! Ich habe euch erwählt aus vielen und euch berufen zur Heiligkeit. Lebt eure Berufung wieder mehr; wie würde mich das freuen! Dann werdet ihr auch wieder mehr Frucht bringen für die Kirche und die ganze Welt. Amen.

---

140. Vgl. Mt 12,36-37: Ich sage euch aber: Über jedes unnütze Wort, das die Menschen reden, werden sie am Tag des Gerichts Rechenschaft ablegen müssen; ...

46. Ihr Ärzte, bringt mir eure Patienten im Gebet!
31. März 2008

Mein geliebtes Kind, ich schenke dir wieder ein Bild über die Zukunft.

Bild:

1. Szene:
Ich sehe einen Arzt im weißen Kittel, der in seinem Sprechzimmer einen Patienten berät. Der Kranke sieht sehr blass aus. Am Schluss gibt ihm der Arzt eine Packung Tabletten.

2. Szene:
Ein Chirurg operiert gerade einen Patienten in einem Operationssaal. Es stehen mehrere Assistenzärzte mit einem grünen Mundschutz am Operationstisch. Der Arzt schneidet ein Organ aus der Bauchhöhle heraus und sagt: «Sehr interessant!»

3. Szene:
Ich sehe denselben Arzt wie am Anfang im Gespräch mit demselben Patienten. Er verabreicht ihm diesmal aber keine Tabletten, sondern einen heilkräftigen Tee. Am Schluss legt der Arzt dem Patienten noch die Hände auf und betet für ihn.

Deutung:

Ich habe den Ärzten heutzutage viele Möglichkeiten zur Heilung gegeben, aber die meisten üben ihren Beruf losgelöst von mir aus. Sie sind stolz auf ihr Wissen und die Erkenntnisse der Medizin und verlassen sich nur auf ihre eigene Leistung. Die hoch technisierte Medizin wird aber bald nicht mehr existieren und die Möglichkeiten der Ärzte werden sehr eingeschränkt sein. Dann werden sich viele wieder auf mich besinnen und mich um Rat fragen. Sie werden wieder beten für ihre Patienten und ich werde diese heilen auf meine Weise.[141]

---

141. Vgl. Sir 38,13: Zur rechten Zeit liegt in ihren Händen (der Ärzte) das Gelingen, denn auch sie werden

Botschaft:

Ihr Ärztinnen und Ärzte und alle, die ihr im Dienst der Heilung steht, ich habe euch große Verantwortung für die leidenden Menschen anvertraut! Ihr werdet einmal Rechenschaft vor mir darüber ablegen müssen, wie ihr euren Beruf ausgeübt habt. So begegnet euren Patienten mit Liebe und helft ihnen nach bestem Wissen und Gewissen! Schaut nicht nur auf euren Verdienst, sondern tut das, was am besten für die Kranken ist! Bedenkt, dass ihr mir selbst dient in den leidenden Menschen! Bringt mir eure Patienten im Gebet und bittet mich für sie um Heilung! Bittet meinen Hl. Geist um Erkenntnis der richtigen Diagnose und der wirksamsten Therapie! Vertraut nicht nur auf eure eigene Weisheit, diese ist sehr begrenzt! Der Hl. Geist jedoch wird euch stets gut beraten.

Achtet das Leben von Anfang an und beteiligt euch auf keinen Fall bei Abtreibungen![142] Ihr sollt dem Leben dienen und nicht dem Tod! Achtet auch die Würde des Menschen am Ende des Lebens, lehnt jede Form der Euthanasie ab *(gemeint ist: der aktiven Euthanasie)!*

Die Möglichkeiten der heutigen Medizin sind sehr vielfältig, aber bedenkt, es wird nicht immer so sein! Es wird eine Zeit kommen, in der euch keine komplizierten technischen Geräte mehr zur Verfügung stehen. Seid dann demütig und kommt zu mir! Ich werde euch weiterhelfen in jeder Not. Ich zeige euch, wie ihr euren Beruf weiterhin im Dienst der Kranken ausüben könnt. Glaubt an meine Wunder und sie werden geschehen![143] Gebt mir wieder die Ehre, die mir gebührt! Führt wieder ein gottgefälliges Leben und ihr werdet zum großen Segen für die kranke Menschheit! Amen.

---

zum Herrn beten, dass er ihnen Genesung gelingen lasse und Heilung um des Lebens willen.

142. Vgl. Dtn 5,17: Du sollst nicht töten ... (s. auch Ex 20,13).

143. Vgl. Mt 17,20: Wenn ihr Glauben habt wie ein Senfkorn, dann werdet ihr zu diesem Berg sagen: Rück von hier nach dort! und er wird wegrücken. Nichts wird euch unmöglich sein.

Vgl. auch Ps 86,10: Denn du bist groß und tust Wunder, nur du bist Gott, du allein.

47. Ihr Unternehmer, vergötzt nicht länger das Geld und eure Arbeit!

1. April 2008

Mein geliebtes Kind, ich werde dir heute etwas zur Wirtschaft sagen.

Bild:

Ich sehe einen reichen Unternehmer, den Besitzer einer großen Fabrik, in seinem Büro am Schreibtisch sitzen. In dem geräumigen Zimmer stehen rundum große Truhen. Der Unternehmer geht zu einer Truhe, sperrt sie mit einem Schlüssel auf und öffnet den Deckel. Sie ist gefüllt mit vielen Goldmünzen; er wühlt mit den Händen in der Truhe und freut sich über das viele Gold. Anschließend verschließt er sie wieder und versteckt den Schlüssel.

Nun kommen viele Angestellte der Firma in das Büro, um ihren Lohn abzuholen. Der Unternehmer gibt jedem nur eine kleine Geldmünze. Enttäuscht verlassen sie wieder den Raum.

Deutung:

Die Profitgier der Unternehmer wird immer mehr zunehmen, die Verhältnisse in den Firmen werden immer unsozialer. Aber die Zeit ist nicht mehr fern, da wird die ganze Wirtschaft zusammenbrechen.

Botschaft:

Ihr Unternehmer, ihr Firmenchefs, ihr Manager und alle Verantwortlichen in der Wirtschaft, hört auf meine Botschaft! Schaut nicht nur immer auf euren eigenen Gewinn, sondern sorgt für soziale Gerechtigkeit in euren Betrieben! Ihr tragt eine große Verantwortung, das Schicksal vieler Menschen ist euch anvertraut. Behandelt eure Angestellten als Menschen und nicht als Ware, begegnet ihnen in Liebe, seid stets um ihr Wohl besorgt! Kümmert euch um gute Arbeitsverhältnisse, nützt die Menschen nicht aus! Führt selbst ein christliches Leben, seid ein Vorbild für alle!

Heiligt den Sonntag, zwingt eure Angestellten nicht zur Sonntagsarbeit! Dies ist ein Gräuel in meinen Augen. Sechs Tage habe ich euch zum Arbeiten gegeben, doch am siebten Tag da sollt ihr ruhen![144] Oh, ihr seid unersättlich in eurer Habgier! Wenn ihr den Sonntag nicht heiligt, wird kein Segen auf eurem Unternehmen liegen!

Ich rufe euch alle auf, bekehrt euch! Vergötzt nicht länger das Geld und eure Arbeit! Ihr könnt nicht beiden dienen, Gott und dem Mammon.[145] So dient also mir und geht mit eurem Geld um nach meinem Willen!

Ich werde euch eure Götzen nehmen, die Zeit dazu ist nicht mehr fern. Die Wirtschaft in den reichen Industrienationen wird überall zusammenbrechen, es wird überall Chaos herrschen. Vielleicht denkt ihr dann wieder an mich in eurer Not! Viele meiner Diener bereiten jetzt schon ein christliches Wirtschaftssystem vor. Sie werden es in meinem Namen einführen und aufbauen, wenn die Zeit dafür reif ist. Es wird mehr Gerechtigkeit herrschen als jetzt; die Menschen werden selbstloser und nicht mehr so geld- und habgierig sein.

So kehrt um, bevor es zu spät ist! Jetzt habt ihr noch Zeit dazu! Amen.

48. In meinem Garten der Liebe seid ihr beschützt!
2. April 2008

Mein geliebtes Kind, ich schenke dir wieder ein Bild über die Zukunft.

---

144. Vgl. Dtn 5,12-15: Halte den Sabbat: Halte ihn heilig, wie es dir der Herr, dein Gott, geboten hat! ... Der siebte Tag ist ein Ruhetag, dem Herrn, deinem Gott, geweiht. An ihm darfst du keine Arbeit tun: ... Vgl. auch Ex 20,8-10.
145. Vgl. Mt 6,24: Ihr könnt nicht Gott dienen und dem Mammon.

Bild:

Ich sehe ein kleines, blondes Mädchen in einem hellen Kleid, das in einem Garten auf einer Schaukel fröhlich hin- und herschaukelt. Nach einiger Zeit steigt es ab und pflückt auf der grünen Wiese nebenan einen Blumenstrauß. Es läuft damit zu einem großen Holzkreuz im Garten und überreicht Jesus, dem Gekreuzigten, die Blumen. Jesus lächelt; er freut sich darüber. Als er die Stirn des Mädchens mit einem Kreuz bezeichnet, gehen von seinen fünf Wunden leuchtende Strahlen aus und tauchen das Kind in helles Licht. Dieses hüpft daraufhin vor Freude umher, läuft zur Wiese zurück und pflückt wieder Blumen.

Am Gartenzaun entlang schleichen nun viele Löwen; aber das Mädchen ist so vertieft in das Blumenpflücken, dass es sie gar nicht bemerkt. Auch als die Löwen laut brüllen, beachtet es diese nicht.[146] Die Löwen versuchen, über den Gartenzaun zu springen, aber es gelingt ihnen nicht. Nach einiger Zeit verschwinden sie wieder.

Da zieht ein Gewitter auf; es hagelt, blitzt und donnert rund um den Garten, doch dieser bleibt von dem Unwetter verschont. Auch jetzt lässt sich das Mädchen bei seiner Beschäftigung nicht beirren.

Nun versammeln sich viele Menschen am Gartenzaun. Sie sehen recht verärgert aus, schreien laut und beschimpfen das kleine Mädchen, das sich aber dadurch gar nicht stören lässt.

Freudestrahlend überbringt es schließlich den Blumenstrauß wieder Jesus. Dieser spricht: «Sei gesegnet, mein Kind; du bist die Freude meines Herzens!»

Deutung:

Wer als Kind Gottes lebt, versucht, mir Freude zu machen, und überreicht mir Blumen der Liebe; das sind Gebete, Opfer und andere Taten der Liebe. Ich werde meine Kinder beschützen vor allen Gefahren, sie können sorglos in meiner Gegenwart leben.

---

146. Vgl. 1 Petr 5,8: Seid nüchtern und wachsam! Euer Widersacher, der Teufel, geht wie ein brüllender Löwe umher und sucht, wen er verschlingen kann.

Botschaft:
Meine geliebten Kinder, habt keine Angst vor der Zukunft, ich werde euch beschützen vor allen Gefahren![147] Lebt ganz in meiner Gegenwart, schaut nicht auf eure Probleme, sondern schaut nur noch auf mich! So könnt ihr ganz sorglos leben wie ein kleines Kind. Lebt nur noch für mich, pflegt eine innige Freundschaft mit mir! Euer Bestreben soll es sein, mir Freude zu machen und mein Reich auf der Erde aufzubauen! Bringt mir freudigen Herzens eure Gebete, eure Opfer und eure Werke der Liebe, ich werde euch reich dafür segnen! Ich belohne euch dafür mit meinem Frieden und meiner Freude. Wenn ihr ganz vereint seid mit mir, wird euch nichts mehr erschüttern. Gelassen werdet ihr allen Höhen und Tiefen eures Lebens gegenüberstehen. In meinem Garten der Liebe kann euch niemand mehr etwas antun und es kann euch nichts Böses mehr schaden. Kommt also in das Reich meiner Liebe und lasst euch von mir lieben! Nur so könnt ihr die schwere Zeit in der Zukunft unbeschadet überstehen. Ich kümmere mich um meine Kinder, ich lasse sie nicht im Stich. So setzt euer Vertrauen nur noch auf mich! Amen.

49. Ich erwecke neue Gemeinden durch meinen Hl. Geist!

3. April 2008

Mein geliebtes Kind, ich schenke dir wieder ein Bild über die Zukunft der Kirche.

Bild:
Heutzutage:
Ich sehe das Innere einer Kirche, die etwa zur Hälfte mit Kirchenbesuchern gefüllt ist. Die Leute sitzen über die ganze Kirche verstreut. Ein Priester steht mit ausgebreiteten Armen am Altar und zelebriert gerade einen Sonntagsgottesdienst.

---

147. Vgl. Ps 32,7: Du bist mein Schutz, du bewahrst mich vor Not ...

Einige Zeit später:
In derselben Kirche wird am Sonntag wieder eine hl. Messe gefeiert. Diesmal sind aber viel weniger Leute anwesend, nur etwa ein Viertel der Bänke ist gefüllt. Der Priester ist schon alt; er steht auf einen Stock gestützt am Altar.

Noch später:
Nur noch ein paar alte Menschen sitzen am Sonntag in der Kirche. Es ist kein Priester mehr anwesend; stattdessen steht ein Wortgottes-dienstleiter, ein alter Mann, dem Gottesdienst vor.

In Zukunft:
Ich sehe dieselbe Kirche wieder voll von Gläubigen, v. a. von jungen Menschen. Sie feiern zusammen begeistert eine hl. Messe; sie singen und klatschen und beten voller Freude. Ein junger Priester steht am Ambo und hält anschließend eine Predigt.

Deutung:
Die jetzige Struktur der Kirche wird in den reichen Ländern fast ganz zusammenbrechen. Es wird fast keine Priester mehr geben und auch kaum mehr Kirchenbesucher. Die Pfarreien in der jetzigen Form werden praktisch aussterben, aber ich erwecke neue Gemeinden durch meinen Hl. Geist. Ich sammle mir ein neues Volk, das die Früchte bringt, die ich von ihm erwarte.[148]

Botschaft:
Meine geliebten Kinder, jammert nicht, wenn das alte System langsam zusammenbricht! Haltet nicht krampfhaft daran fest, sondern seid offen für etwas Neues! Mein Hl. Geist möchte eine neue Kirche aufbauen, eine Kirche von Heiligen, die sich ganz von ihm führen lassen. Ich reinige jetzt meine Kirche von ihren Götzen, sie wird erstrahlen in neuem Glanz.

---

148. Vgl. Mt 7,17: Jeder gute Baum bringt gute Früchte hervor, ein schlechter Baum aber schlechte.

Ihr meine Priester, klagt nicht über den Glaubensschwund in euren Gemeinden, sondern besinnt euch und kehrt um! Betet für eure Gemeinden, haltet die Menschen zum Gebet an, verkündet wieder den Wert des Gebetes! Führt selbst ein heiliges Leben ganz verbunden mit mir! Nur so werdet ihr die Menschen überzeugen können und eure Gemeinden werden wieder wachsen. Jede Mittelmäßigkeit wird in Zukunft keinen Bestand mehr haben. Stoßt diejenigen nicht aus eurer Gemeinde aus, die ganz erfüllt sind von meinem Hl. Geist! Sie passen nicht in euer Konzept, aber sie handeln in meinem Auftrag. Sie sind es, die meine neue Kirche aufbauen werden. Lernt von ihnen, geht auf ihre Vorschläge ein,[149] sonst muss ich sie an einen anderen Ort versetzen, wo sie mehr Gehör finden! Bereits jetzt habe ich überall einen Keim gelegt für meine neue Kirche. Ich habe Propheten und Eremiten erweckt, ich habe neue Gemeinschaften und Bewegungen berufen. Aber ihr Priester schaut oft neidisch und eifersüchtig auf sie oder ihr verurteilt sie und lehnt sie ab. Ändert eure Einstellung und erkennt mein Wirken in ihnen! Lasst euch selbst erfüllen von meinem Hl. Geist,[150] so werdet ihr alles verstehen! So rufe ich euch auf, kehrt um, wenn ihr nicht selbst untergehen wollt mit dem alten System! Amen.

50. Ich schaffe ein neues, christliches Schulsystem durch meinen Hl. Geist!
4. April 2008

Mein geliebtes Kind, ich schenke dir heute ein Bild zum neuen Schulsystem.

---

149. Vgl. Offb 2,7: Wer Ohren hat, der höre, was der Geist den Gemeinden sagt: ...
150. Vgl. Apg 2,4: Und alle wurden vom Heiligen Geist erfüllt und begannen, in anderen Sprachen zu reden, wie es der Geist ihnen eingab.

Bild:
Ich sehe ein Klassenzimmer, in dem gerade ein Lehrer eine Klasse unterrichtet. Die Schüler sitzen ruhig in ihren Bänken und schreiben ein Diktat. Da fliegt eine weiße Taube durch ein Fenster hinein und setzt sich auf den Kopf des Lehrers. Er hört sofort mit dem Diktieren auf und geht mit der Klasse in die Kapelle der Schule gleich neben dem Eingang. Dort beten die Kinder und singen fröhliche Lieder mit Gitarrenbegleitung. Plötzlich kommen durch den Haupteingang viele kleine, weiße Tauben herein und lassen sich auf den Köpfen der Schüler nieder. Daraufhin führt der Lehrer die Klasse wieder zurück in ihr Klassenzimmer und unterrichtet weiter.

Deutung:
Das jetzige Schulsystem dient mehr Satan als mir. Ich schaffe mir aber ein neues, christliches Schulsystem durch meinen Hl. Geist. Die Lehrer werden wieder offen sein für den Hl. Geist und die Schüler ganz nach meinem Willen unterrichten. In jeder Schule soll es eine Kapelle geben, wo Lehrer und Schüler jederzeit beten können. Die Schüler werden wieder im christlichen Glauben unterrichtet und zu einem intensiven Gebetsleben geführt.

Botschaft:
Ihr alle, die ihr Verantwortung tragt für Bildung und Erziehung, hört, was ich euch zu sagen habe!
Gleichzeitig mit dem Aufbau einer neuen Kirche werde ich ein neues, christliches Schulsystem schaffen. Überall werden Schulen nach meinem Willen entstehen, von denen große geistliche Kraft ausgeht. Viele Menschen werden sich durch sie bekehren. Ich bereite jetzt schon viele Lehrer darauf vor; ich nehme sie in meine Schule und bilde sie geistlich aus. Sie werden fähig sein, in meinem Namen und in meiner Kraft ein christliches Schulsystem zu entwickeln und aufzubauen inmitten einer gottlosen Welt.

Sie werden angefochten werden, ja sogar bekämpft und verfolgt, aber niemand kann ihnen ein Haar krümmen.[151] Sie stehen unter meinem besonderen Schutz, ich selbst behüte sie wie meinen Augapfel.[152] Mein Hl. Geist wird meine Diener, die Lehrer, erleuchten, stärken und trösten in jeder Not.[153]

Ihr Verantwortlichen für die Schulen, behindert diese Entwicklung nicht, sondern fördert sie! Hört auf mit diesen gottlosen Schulreformen, die keine wirkliche Verbesserung bringen für die Schüler aus meiner Sicht! Besinnt euch wieder auf mich und meine Lehre, gewährt den Kindern wieder eine christliche Erziehung! Wenn ihr nicht auf meine Stimme hört, werde ich euch absetzen und eure Stelle einem anderen verleihen, der bereit ist, mir zu dienen! Missbraucht eure Macht nicht, sondern setzt sie ein nach meinem Willen! Auch wenn ihr euch dagegen wehrt, ich werde meine Pläne durchsetzen auf dieser Welt! Jetzt werden sich die Geister scheiden. Alle gottlosen Systeme werden untergehen und mit ihnen ihre Anhänger.

So rufe ich euch auf: Bekehrt euch und wirkt mit beim Aufbau meines Reiches in den Schulen! Andernfalls werdet ihr keine Zukunft haben. Amen.

51. Ihr Landwirte, führt ein gottgefälliges Leben!
5. April 2008

Mein geliebtes Kind, ich gebe dir jetzt ein Bild über die Zukunft der Landwirtschaft.

---

151. Vgl. Lk 21,17-18: Und ihr werdet um meines Namens willen von allen gehasst werden. Und doch wird euch kein Haar gekrümmt werden.
152. Vgl. Ps 17,8: Behüte mich wie den Augapfel, den Stern des Auges, ...
153. Vgl. Jes 51,12: Ich bin es ja, der euch tröstet.

Bild:
Ich sehe auf einem Feld viele Leute, die wie früher bei der Getreide-ernte arbeiten. Eine Frau bindet das gemähte Getreide zu Garben zusammen und ein Mann stellt mehrere davon aneinander. Einige Kinder helfen ihm dabei.
Auf einem anderen Feld pflügt ein Bauer mit einem einfachen Pflug, den zwei Ochsen ziehen.
Als die Glocken zum Gebet läuten, unterbrechen alle ihre Arbeit und beten kurz.[154]

Deutung:
Die Bauern werden wieder mit einfachen Mitteln ihren Hof be-wirtschaften. Es wird keine komplizierten Maschinen mehr in der Landwirtschaft geben; es wird wieder viel mit den Händen ge-arbeitet.

Botschaft:
Ihr Landwirte und alle, die in der Landwirtschaft arbeiten, hört auf meine Worte!

Die Landwirtschaft wird sich in Zukunft auch sehr verändern, die Leute werden wieder ähnlich wie früher viele Arbeiten mit ihren Händen verrichten. Es werden auch nur noch einfache Geräte zur Verfügung stehen. Die Leute auf dem Land werden wieder natur-gemäßer leben und wieder mehr auf die normalen Abläufe in der Natur achten. Sie leben im Einklang mit meiner Schöpfung und erkennen mich als ihren Herrn an.

Ihr Landwirte, stellt euch darauf ein! Es wird nicht immer so wei-tergehen wie jetzt. Habt wieder mehr Respekt vor meiner Schöp-fung, meidet alles Künstliche und verwendet keine schädlichen

---

154. Dieses Bild ist symbolisch zu verstehen für eine wieder einfachere Arbeitsweise in der Landwirt-schaft!

Stoffe mehr! Versucht auch nicht, mit Magie und esoterischen Praktiken den Ertrag zu steigern! Wenn ihr Probleme habt, dann kommt zu mir! Ich werde euch weiterhelfen in jeder Not. Führt ein gottgefälliges Leben und ich werde eure Arbeit segnen! Wenn ihr mich darum bittet, werde ich euch bewahren vor Hagel, Sturm, Dürre, Nässe und allen anderen Naturkatastrophen. Ich schenke euch eine gute Ernte und segne eure Tiere.

Heiligt auch wieder den Sonntag,[155] haltet ihn in Ehren und arbeitet nicht gewohnheitsmäßig an diesem Tag! Nehmt euch am Sonntag Zeit zum Gebet, das würde mich ehren! Wenn ihr den Sonntag nicht heiligt, liegt kein Segen auf eurem Leben und auf eurer Arbeit! Beklagt euch dann nicht bei mir!

Ich rufe euch auch auf, euer Vieh wieder artgerecht zu halten! Quält die Tiere nicht länger durch eine unnatürliche Lebensweise! Bedenkt, auch sie sind meine Geschöpfe und können Schmerz empfinden! Denkt nicht nur an die Steigerung des Ertrags! Lasst euch führen von meinem Hl. Geist; er wird euch zeigen, wie ihr leben sollt und wie ihr euren Hof bewirtschaften sollt! Die Erde wird genug Nahrung hervorbringen für alle Menschen. Wenn alle ein gottgefälliges Leben führen würden, müsste niemand Hunger leiden auf der Welt!
So kehrt um, wendet euch mir wieder zu, betet wieder mehr und lebt unter der Führung meines Hl. Geistes! Ihr werdet dann eine gute Zukunft haben. Amen.

---

155. Vgl. Ex 20,8-11: Gedenke des Sabbats: Halte ihn heilig! ... Der siebte Tag ist ein Ruhetag, dem Herrn, deinem Gott, geweiht. An ihm darfst du keine Arbeit tun ...

52. Ich werde bald mein Reich errichten auf der Erde!
7. April 2008

Mein geliebtes Kind, ich möchte dir wieder ein Bild über die Zukunft schenken.

Bild:

Ich sehe am Himmel Jesus, den Auferstandenen, mit einer Siegesfahne in der rechten und einem Zepter in der linken Hand. Hinter ihm befindet sich eine große Schar von Engeln in weißen Kleidern; einige von ihnen blasen Posaunen. Vom Auferstandenen und den Engeln geht strahlendes Licht aus. Sie ziehen in der Luft schwebend über die Erde und überall, wo sie hinkommen, wird es sehr hell; die Finsternis muss weichen. Am Schluss ist der ganze Erdball in helles Licht getaucht. Die Menschen schauen alle auf zu Jesus und seinen Engeln. Anfangs haben sie noch ernste, ängstliche Gesichter, aber allmählich erhellt sich ihre Miene und sie strahlen über das ganze Gesicht. Sie loben und preisen Jesus und jubeln ihm zu.

Deutung:

Ich werde bald kommen und mein Reich errichten auf der Erde.[156] Ich werde die Macht Satans brechen und alle Menschen an mich ziehen. Ein neues Pfingsten steht euch bevor; mein Hl. Geist wird die Menschen umwandeln und ganz auf mich ausrichten.

---

156. Vgl. Offb 20,1-6: Das Tausendjährige Reich.
    Offb 20,4: Sie (die Märtyrer) gelangten zum Leben und zur Herrschaft mit Christus für tausend Jahre.
    Vgl. auch Offb 21,9-22,5: Das neue Jerusalem.
    Offb 21,10-11: Da entrückte er (ein Engel) mich ... und zeigte mir die heilige Stadt Jerusalem, wie sie von Gott her aus dem Himmel herabkam, erfüllt von der Herrlichkeit Gottes (ähnlich Offb 21,2).
    Vgl. auch Jes 65,16e-25: Neuer Himmel, neue Erde und neues Jerusalem;
    Jes 11,1-9: Geistbegabung und Herrschaft des Sprosses Isais; Jes 25,6-10a: Festmahl auf dem Berg Zion; Jes 35,1-10: Verheißung des Heils für Zion; Sach 9,9-10: Friedenskönig.

Botschaft:

Meine geliebten Kinder, die ihr mir nachfolgt, freut euch! Die Zeit ist nicht mehr fern, da ich wiederkomme und mein Reich errichte auf der Erde. Ich bereite jetzt schon viele Menschen darauf vor. Ich sende meine Propheten aus, damit sie mein Wort verkünden. Ich weihe sie ein in meine Geheimnisse, damit sie die Menschen zur Umkehr aufrufen. Nehmt ihre Worte ernst, verachtet sie nicht und lehnt sie nicht ab!

Ich werde meinen Geist ausgießen über alles Fleisch[157] und alles umwandeln nach meinem Willen. Die Welt wird zusammenstürzen, aber ich werde meine Kirche erneuern! Satan wird noch kurze Zeit wüten auf der Erde, aber es wird ihm bald alle Macht genommen. Mein Engel wird ihn fesseln und in den Abgrund stürzen.[158] Freut euch dann, meine Kinder, denn eine Zeit des großen Friedens und der Freude wird folgen! Die Menschen stehen nicht mehr unter der Macht des Bösen und werden deshalb offen sein für meinen Hl. Geist! Ein neues Pfingsten wird sich ausbreiten überall auf der Welt. Eine nie gekannte Liebe wird herrschen zwischen den Menschen, sie werden sich versöhnen und mir die Ehre geben. Sie werden auf meine Stimme hören und tun, was ich ihnen sage. Sie werden mich alle als ihren König anerkennen und mich loben und preisen.[159]

So freut euch, meine Kinder, denn groß ist meine Herrlichkeit! Amen.

---

157. Vgl. Apg 2,17: Ich werde von meinem Geist ausgießen über alles Fleisch (s. Joel 3,1).
158. Vgl. Offb 20,1-3: ... Er (ein Engel) überwältigte den Drachen, die alte Schlange - das ist der Teufel oder der Satan -, und er fesselte ihn für tausend Jahre. Er warf ihn in den Abgrund ...
159. Vgl. Offb 19,6-7: Halleluja! Denn König geworden ist der Herr, unser Gott, der Herrscher über die ganze Schöpfung. Wir wollen uns freuen und jubeln und ihm die Ehre erweisen.

53. Ich sende meine Mutter auf die Erde, damit sie mein Kommen vorbereitet!

8. April 2008

Mein geliebtes Kind, ich erkläre dir jetzt die Rolle meiner Mutter in der jetzigen und zukünftigen Zeit.

Bild:
Ich sehe die Muttergottes in weißem Kleid und blauem Mantel am Himmel erscheinen. Sie trägt eine goldene Krone auf ihrem Haupt und hält ein goldenes Zepter in der rechten Hand. Auch ihr Herz ist golden und leuchtet sehr hell. Einige Strahlen ihres Herzens treffen auf verschiedene Marienerscheinungsorte überall auf der Welt, wie Lourdes, Fatima, Medjugorje, Schio, Marpingen[160] usw. Daraufhin strahlen die Erscheinungsorte ebenfalls hell; sie senden ihr Licht in die ganze Umgebung, wo meist tiefste Finsternis herrscht.

Deutung:
Ich habe meine Mutter zur Königin des Himmels erkoren. Ich sende sie auf die Erde, damit sie mein Kommen vorbereitet. Sie tritt auf als Prophetin; sie ruft die Menschen zur Umkehr auf und verteilt viele Gnaden auf der Erde. Ich sammle mir ein heiliges Volk, meine Mutter spielt dabei eine bedeutende Rolle.

Botschaft:
Meine geliebten Kinder, meine Mutter ist in letzter Zeit an vielen Orten auf der Erde erschienen und sie erscheint immer noch. Hört auf ihre Worte, tut, was sie euch sagt; ihre Weisheit kommt von mir! Sie liebt euch mit überirdischer Liebe und möchte euch alle zurückbringen zu mir. Sie betreut

---

160. Bei den von der kath. Kirche noch nicht anerkannten Marienerscheinungen (Medjugorje, Schio und Marpingen) soll hier dem endgültigen Urteil der Kirche nicht vorgegriffen werden!

euch als gute Mutter und kümmert sich um euch.[161] Wenn ihr an einen ihrer Erscheinungsorte eine Wallfahrt macht, wird sie euch mit Gnaden überhäufen. Ich habe meine Pläne mit ihr; sie hilft mir, mein Volk zu sammeln in schwerer Zeit. Sie hat eine wichtige Stellung in meinem Heilsplan. Wenn ihr schon nicht auf mich hört, dann hört wenigstens auf meine Mutter! Sie tritt auf als Prophetin und bereitet die Menschen auf die Zukunft vor. Sie teilt ihnen große Geheimnisse mit und ruft sie eindringlich auf zur Umkehr. Großes habe ich schon bewirkt durch sie. Die Erscheinungen sind eine große Gnade; nehmt sie an und seid dankbar dafür!

Ihr Verantwortlichen in der Kirche, prüft die Erscheinungen[162] und erkennt sie möglichst schnell an! Seid nicht ungläubig, sondern gläubig![163] Fördert die Wallfahrten, behindert sie nicht länger! Widersetzt euch Satan, der euch angreift, um die Anerkennung zu verhindern! Durchschaut seine List und hört nicht auf ihn! Hört auf meinen Hl. Geist und ihr werdet die Wahrheit erkennen! Behindert meinen Gnadenstrom nicht länger, ihr werdet einmal dafür Rechenschaft vor mir ablegen müssen! So liebt meine Mutter und erkennt ihre Stellung an, die ich für sie vorgesehen habe! Amen.

---

161. Vgl. Joh 19,26-27: Als Jesus die Mutter sah und bei ihr den Jünger, den er liebte, sagte er zur Mutter: Frau, siehe, dein Sohn! Dann sagte er zu dem Jünger: Siehe, deine Mutter!
162. Vgl. 1 Thess 5,21: Prüft alles und behaltet das Gute!
163. Vgl. Joh 20,27: ... und sei nicht ungläubig, sondern gläubig!

54. Hört auf meine Propheten,
aber hütet euch vor den falschen Propheten!
9. April 2008

Mein geliebtes Kind, ich gebe dir wieder ein Bild über die Zukunft.

Bild:
Ich sehe auf einem belebten Stadtplatz eine Frau, die inmitten einer großen Menschenmenge laut das Wort Gottes verkündet. Auf ihrem Kopf sitzt eine weiße Taube. Die Frau ruft die Menschen zur Umkehr auf und spricht über die Ereignisse in der Zukunft. Aber ihre Worte gehen unter im Lärm auf dem überfüllten Platz; der Straßenlärm übertönt alles. Die Leute unterhalten sich, kaufen und verkaufen verschiedene Waren an den vielen Marktständen. Die meisten Menschen nehmen die Frau gar nicht wahr, nur ein paar in ihrer unmittelbaren Nähe hören ihr aufmerksam zu. Einige sehen betroffen aus und gehen anschließend in die nahe gelegene Kirche; andere werden zornig und beschimpfen die Frau. Aber diese redet weiter, sie lässt sich nicht beirren. Wieder andere werden handgreiflich und schlagen sie, bis ein Polizist kommt und die Frau abführt.

Deutung:
Ich berufe jetzt viele Prophetinnen und Propheten, die in meinem Auftrag die kommenden Ereignisse ankündigen und die Leute zur Umkehr aufrufen. Die meisten Menschen werden sich jedoch nicht um sie kümmern. Einige werden sich bekehren, andere wiederum werden sie verfolgen.

Botschaft:
Ich sende jetzt meine Propheten aus auf der ganzen Welt. Ich gebe ihnen großen Mut und große Kraft für ihren Auftrag. Ich tue nichts, ohne es vorher meinen Dienern, den Propheten,

mitzuteilen.[164] Sie werden verachtet, verleumdet, angegriffen und beschimpft, aber sie stehen unter meinem besonderen Schutz. Niemand kann ihnen ernsthaft schaden, denn sie sind mein Eigentum. Sie kündigen das Strafgericht an und rufen die Menschen auf zu einer radikalen Bekehrung.

Ihr Gläubigen, hört auf meine Diener, die Propheten; verachtet und verspottet sie nicht! Richtet euch nach ihren Worten und ändert euer Leben! Wenn ihr auf sie hört, wird es euch gut gehen in der kommenden Zeit; ihr werdet es nicht bereuen.
Aber hütet euch vor den falschen Propheten,[165] die ich nicht ausgesandt habe, die aber in meinem Namen Lügen verbreiten. Sie schmeicheln euren Ohren, sie verharmlosen die Sünde, sie leugnen die Wahrheit grundlegender Glaubenswahrheiten und versprechen allen mein Heil.[166] Glaubt ihnen nicht, denn sie sind Wölfe im Schafspelz![167] Betet viel um die Gabe der Unterscheidung der Geister, damit ihr die Wahrheit sofort erkennt! Die Welt lebt in der Lüge und im Irrtum, haltet euch davon fern! Der Geist der Lüge ist auch in die Kirche eingedrungen und richtet dort viel Unheil an. Aber ich werde jede Lüge aus der Kirche verbannen, es wird nichts Unwahres mehr Bestand haben in meinem Reich.
So freut euch, meine Kinder, denn das Heil ist nahe! Amen.

---

164. Vgl. Am 3,7: Nichts tut Gott, der Herr, ohne dass er seinen Knechten, den Propheten, zuvor seinen Ratschluss offenbart hat.
165. Vgl. Mt 24,11: Viele falsche Propheten werden auftreten und sie werden viele irreführen.
166. Vgl. Jer 23,17: Immerzu sagen sie denen, die mich verachten: Der Herr hat geredet: Das Heil ist euch sicher! ...
167. Vgl. Mt 7,15: Hütet euch vor den falschen Propheten; sie kommen zu euch in Schafskleidern, im Inneren aber sind sie reißende Wölfe.

55. Ich werde die Menschen der Kelter des Leidens unterziehen!
10. April 2008

Mein geliebtes Kind, ich habe wieder ein Bild über die Zukunft für dich.

Bild:
Ich sehe einen Weinberg mit vielen Weinstöcken, die eine große Anzahl von reifen grünen und blauen Weintrauben tragen. Es ist gerade Weinlese; viele Menschen arbeiten in dem Weinberg, sie schneiden die Trauben ab und werfen sie in Behälter.
In der Kelter wird der Saft aus den Trauben gepresst, aus dem dann durch einen Gärungsprozess Wein entsteht.

Deutung:
Die Zeit der Ernte ist da.[168] Ich werde kommen zum Gericht und die Menschen der Kelter des Leidens unterziehen.[169] Dann wird die Gesinnung jedes Menschen offenbar. Viele werden mich verfluchen, viele werden sich dadurch auch bekehren und reiche Frucht bringen.

Botschaft:
Meine geliebten Kinder, ihr lebt jetzt in einer besonderen Zeit. Die Zeit ist reif; ich werde die Geschichte ihrer Vollendung zuführen. Ich werde kommen zum Gericht und jedem vergelten nach seinen Taten.[170] Jetzt habt ihr noch Zeit zur Umkehr, schiebt sie nicht länger hinaus! Irgendwann wird es zu spät sein. Die Ereignisse werden sich überstürzen, seid dann nicht unvorbereitet!

---

168. Vgl. Offb 14,14-20: Die Stunde der Ernte.
     Offb 14,15: Denn die Zeit zu ernten ist gekommen: Die Frucht der Erde ist reif geworden.
169. Vgl. Offb 14,19: ... Da schleuderte der Engel seine Sichel auf die Erde, erntete den Weinstock der Erde ab und warf die Trauben in die große Kelter des Zornes Gottes.
170. Vgl. Mt 16,27: Der Menschensohn wird mit seinen Engeln in der Herrlichkeit seines Vaters kommen und dann wird er jedem nach seinen Taten vergelten.

Große Leiden werden kommen über die Menschheit, große Not wird überall sein.[171] Nichts Irdisches wird euch mehr helfen, nur ich kann euch erretten aus jeder Not! Sucht Zuflucht bei mir, nicht bei den Menschen; sie werden alle hilflos dem Gericht gegenüberstehen! Ich werde alles Gottlose und Böse ausmerzen auf der Erde; es wird nichts Bestand haben, was nicht meinem Willen entspricht. Ich reinige jetzt mein Volk, ja ich reinige die ganze Menschheit. Beklagt euch nicht, meine Kinder, denn die Zeit des Gerichts ist eine Zeit der großen Gnade! In der Kelter des Leidens werden viele Sünder umkehren und sich wieder an mich wenden. Wessen Herz aber verstockt bleibt, der muss leben in ewiger Finsternis! Wenn ihr das doch nur alle glauben würdet! Ich liebe euch mit unendlicher Liebe und es schmerzt mein Herz so sehr, wenn einer von euch auf ewig verloren geht! Ich möchte alle Menschen heimholen zu mir und zu meinem Vater, aber ich kann nicht gegen euren freien Willen handeln! Bedenkt, was auf dem Spiel steht, und kehrt um! Ich werde euch mit Gnaden überhäufen und mit ewiger Glückseligkeit belohnen.
So ändert euer Leben und bereut eure Sünden! Amen.

56. Ihr meine Priester, ich lehre euch den geistlichen Kampf für eure Herde!

11. April 2008

Mein geliebtes Kind, ich schenke dir wieder ein Bild.

Bild:
1. Szene:
Ich sehe einen Hirten mit einer großen Schafherde, die gerade auf einer Wiese weidet. Er trägt einen weiten Hut und hält einen

---

171. Vgl. Mt 24,21: Denn es wird dann eine große Drangsal sein, wie es sie nie gegeben hat, vom Anfang der Welt bis heute, und wie es auch keine mehr geben wird.

Hirtenstab in der Hand. Ein dunkler Hirtenhund bewacht die Herde. Zwischen den weißen Schafen befinden sich auch immer wieder schwarze. Ein schwarzes Schaf stößt mit dem Kopf ständig ein weißes. Ein anderes schwarzes Tier drängelt sich vor und schiebt die weißen Tiere beiseite, um zu einer guten Futterstelle zu kommen. Ein schwarzer Schafbock kämpft mit einem weißen Bock und stößt ihn mit seinen Hörnern, bis er ihn schließlich besiegt hat.[172] Der Hirte kümmert sich aber nicht um das Verhalten der schwarzen Schafe.

In der Nacht kommt ein Wolf und reißt mehrere Tiere. Der Hirte schläft und der Hirtenhund ist zu schwach, um den Wolf zu vertreiben. Als der Wolf immer öfter nachts Schafe reißt, wird die Herde immer kleiner. Der Hirte ist hilflos; er weiß nicht, was er tun soll. Auch hat er selbst Angst vor dem Wolf.[173] Da es der Wolf besonders auf die jungen Lämmer abgesehen hat, bleibt am Schluss nur noch eine kleine Herde älterer Schafe übrig.

Deutung:

Die Hirten meines Volkes sehen meistens hilflos zu, wenn Satan ihnen ein Schaf nach dem anderen entreißt und die Herde ihrer Gläubigen immer kleiner wird. Sie sind dem geistlichen Kampf nicht gewachsen; sie sind meist nicht in der Lage, mit den Waffen des Glaubens zu kämpfen.

2. Szene:

Ich sehe nun einen anderen Hirten bei dieser kleinen Schafherde. Dieser greift sofort ein, wenn ein schwarzes Schaf ein anderes Tier bedrängt, und schafft Frieden. Nachts wacht er und als der Hirtenhund Gefahr meldet, wirft er mutig einen großen Stein auf den Wolf,

---

172. Vgl. Ez 34,21-22: Weil ihr all die Schwachen mit Seite und Schulter zur Seite drängt und mit euren Hörnern wegstoßt, bis ihr sie nach draußen zerstreut habt, werde ich meinen Schafen zu Hilfe kommen.

173. Vgl. Joh 10,12: Der bezahlte Knecht aber, der nicht Hirt ist und dem die Schafe nicht gehören, sieht den Wolf kommen, lässt die Schafe im Stich und flieht; und der Wolf reißt sie und zerstreut sie.

der um die Herde schleicht, und verletzt ihn tödlich. Der Hirte erlegt auf dieselbe Weise noch mehrere Wölfe, bis keiner mehr kommt. Die Schafe vermehren sich daraufhin langsam wieder. Viele Mutterschafe mit jungen Lämmern sind zu sehen, die übermütig herumspringen.

Deutung:
Ich berufe neue Hirten, die meine Herde mutig verteidigen in jeder Gefahr.[174] Ich bilde sie aus im geistlichen Kampf, sodass sie jedem Feind gewachsen sind.

Botschaft:
Ihr meine geliebten Priester, ihr seht tatenlos zu, wie euch der Feind nach und nach immer mehr Gläubige entreißt! Ihr wisst nicht, was ihr dagegen tun sollt? Ich sage euch: Legt die Rüstung Gottes an, kämpft mit den Waffen des Glaubens! Denn ihr habt es in diesem Kampf nicht mit Menschen aus Fleisch und Blut zu tun, sondern mit Satan und seinen Helfershelfern, mit den bösen Geistern des himmlischen Bereichs![175] Kämpft nicht mit menschlichen Mitteln, ihr werdet dabei kläglich versagen! Sie nützen nichts in der geistlichen Welt. Erkennt eure eigene Ohnmacht und bittet mich um Hilfe!

Ich werde euch den geistlichen Kampf lehren: Meidet selbst die Sünde, betet ohne Unterlass und vereinigt euch ganz mit mir! Widersagt in meinem Namen allen Angriffen des Bösen auf euch und eure Gemeinde! Seid wachsam und erkennt rechtzeitig alle Gefahren! Betet mit Vollmacht für eure Gemeinden, lasst euch dabei von meinem Hl. Geist führen! Ruft auch alle Gläubigen zum inständigen Gebet auf, errichtet einen Schutzschild des Ge-

---

174. Vgl. Joh 10,11: Ich bin der gute Hirt. Der gute Hirt gibt sein Leben hin für die Schafe.
175. Vgl. Eph 6,11-12: Zieht an die Waffenrüstung Gottes, um den listigen Anschlägen des Teufels zu widerstehen! Denn wir haben nicht gegen Menschen aus Fleisch und Blut zu kämpfen, sondern … gegen die bösen Geister in den himmlischen Bereichen.

betes um eure Gemeinde![176] Warnt die Menschen vor der Sünde, verharmlost sie nicht länger! Ruft sie auf zur Umkehr und zur Beichte und lehrt sie wieder die volle Wahrheit der katholischen Kirche! Ändert die Lehre nicht ständig ab nach eurem Gutdünken! Fragt mich um Rat bei allen euren Entscheidungen, ich werde euch stets gut beraten durch meinen Hl. Geist! Kämpft in meiner Macht und mit meiner Kraft, nur so werdet ihr alle Angriffe des Feindes überwinden können!

Lernt wieder den geistlichen Kampf, lasst euch darin von erfahrenen Christen unterweisen! Wenn ihr das nicht wollt, werdet ihr weiterhin der Macht des Bösen unterliegen. Beklagt euch dann nicht bei mir!

Ich berufe jetzt neue Hirten, die meine Anforderungen erfüllen. Ich bilde sie aus im geistlichen Kampf, ich reinige sie und heilige sie. Sie werden gute Hirten sein und die Gemeinden wieder aufbauen nach meinem Willen. Ich lasse meine Kirche nicht im Stich, ich werde eine neue Kirche aufbauen. Und große Freude wird herrschen bei den Menschen! Amen.

57. Ich habe euch zur Freiheit der Kinder Gottes berufen!
12. April 2008

Mein geliebtes Kind, ich werde dir wieder ein Bild schenken.

Bild:
Ich sehe einen kleinen Vogel, der auf einem Ast sitzt und zwitschert. Er fliegt auf eine Wiese und sucht dort nach Nahrung. Nachdem er einen Wurm gefunden hat, fliegt er hoch in die Luft, bis er nicht mehr zu sehen ist.

---

176. Vgl. Eph 6,18: Hört nicht auf zu beten und zu flehen! Betet jederzeit im Geist; seid wachsam, harrt aus und bittet für alle Heiligen, ...

Deutung:
Ich möchte allen meinen Kindern eine große Freiheit schenken.[177]
Sie sollen sich wie ein Vogel erheben über alle irdischen Sorgen und
Bindungen und ganz unbekümmert in meiner Gegenwart leben.

Botschaft:
Meine geliebten Kinder, hört zu, was ich euch zu sagen habe!
Ihr leidet unter der Last des Lebens, viele Sorgen und Probleme
drücken euch nieder. Ihr lasst euch von der Sünde versklaven und
hängt euer Herz an Menschen und an eine Menge irdischer Dinge.
Ich aber habe euch zur Freiheit berufen, zur Freiheit der Kinder
Gottes![178] Wenn ihr euer Herz zu mir erhebt, werde ich euch nach
und nach von allen euren irdischen Bindungen und Abhängigkeiten befreien. Gebt mir die Erlaubnis dazu, sträubt euch nicht
dagegen! Jammert nicht, wenn ich euch etwas wegnehme, an dem
euer Herz zu sehr hängt und das euch versklavt! Ich schenke euch
dafür eine neue Freiheit. Lasst alles los, haltet nichts mehr fest,
ich werde euch den Weg dazu zeigen! Legt allen irdischen Ballast
ab, umgebt euch nicht mit so vielen unnötigen Dingen! Belastet
euch nicht mehr mit zu vielen Informationen, Filmen, Büchern
und weltlichen Veranstaltungen, sondern lebt ganz asketisch in
der Stille mit mir! Meidet den Lärm, in eurer lauten Welt werdet
ihr meine Stimme leicht überhören! Macht euch frei von der Welt,
macht euch ganz frei für mich! Habt keine Angst, es wird euch
nichts fehlen! Ich überschütte euch mit Gnaden und schenke euch
eine große Freiheit; ich erfülle euer Herz mit Freude und Frieden.
Sucht euer Glück nicht mehr in der Welt, ihr werdet es dort nicht
finden! Nur bei mir kommt eure Seele zur Ruhe!
So kommt zu mir und begegnet mir im Gebet! Ich werde euch
herausholen aus der Sklaverei der Welt. Amen.

---

177. Vgl. 2 Kor 3,17: Der Herr aber ist der Geist; wo aber der Geist des Herrn ist, da ist Freiheit.
178. Vgl. Gal 5,1.13: Zur Freiheit hat uns Christus befreit. ... Denn ihr seid zur Freiheit berufen, Brüder und Schwestern.

58. In meiner neuen, heiligen Kirche wird große Liebe herrschen!
14. April 2008

Mein geliebtes Kind, ich schenke dir heute ein sehr schönes Bild.

Bild:

Ich sehe ein kleines Mädchen in einem hellen Kleid und mit einem Kranz aus Margeriten im Haar. Es pflückt auf einer großen Wiese Blumen und bringt sie der Muttergottes, die eine goldene Krone trägt. Das Mädchen läuft sofort wieder zurück und beginnt von neuem mit dem Blumenpflücken. Auf der Wiese wachsen Tausende von Blumen in den verschiedensten Farben. Nun kommt eine große Schar Kinder aus allen Richtungen, jedes von ihnen pflückt einen Strauß Blumen. Ein Teil der Kinder überreicht ihn der Muttergottes, ein anderer Teil Jesus selbst, dem König. Er trägt eine goldene Krone und einen roten Königsmantel und hält ein Zepter in der Hand. Die Muttergottes überbringt die Blumen ihrem Sohn. Dieser legt die einzelnen Sträuße in einen großen See und befestigt an jedem ein kleines Schild mit dem Namen des Kindes, das den Strauß gebracht hat. Alle diese Vorgänge wiederholen sich immer wieder.

Als eines von den Kindern stirbt, sucht Jesus alle Blumensträuße dieses Kindes im See zusammen und legt sie in einen Korb. Er geht damit zu dem verstorbenen Kind und erweckt dieses zu neuem Leben. Jesus nimmt das Kind an der Hand, gibt ihm den Korb mit den Blumen und führt es zu Gott Vater. Als dieser die vielen Blumen sieht, spricht er: «Geh ein in meine Herrlichkeit!»

Deutung:

In meiner neuen Kirche wird große Liebe herrschen zwischen den Menschen. Im Laufe des Lebens werden mir alle viele Werke der Liebe überreichen und am Ende des Lebens wird sie mein Vater aufnehmen in sein Reich. Meine Mutter übergibt mir die guten Werke der Kinder, die sie ganz besonders verehren.

Botschaft:

Meine Kinder, freut euch, die Zeit des großen Friedens und der Liebe ist bald da! Alle Christen, die in der Zeit der Drangsal standgehalten haben, werde ich reich dafür belohnen. Ich habe sie geläutert wie Gold im Schmelzofen und habe sie meiner würdig befunden.[179] Ich habe sie zu großer Heiligkeit geführt, in der Not haben sie sich ganz auf mich ausgerichtet. Ich sammle mir ein heiliges Volk;[180] alle Mittelmäßigen, Lauen und Halbherzigen werden nicht mehr bestehen können. Ich schaffe eine heilige Kirche mit einer Heiligkeit, die ihr euch nicht vorstellen könnt. Nichts wird mehr so sein, wie es früher war. Ich verbanne alles Böse aus ihrer Mitte. Die Menschen werden wieder fähig sein zur Liebe und nicht mehr so viel sündigen. Sie werden sich gegenseitig übertreffen an Werken der Liebe, sie werden mich ehren und anbeten und sich führen lassen durch meinen Hl. Geist. Satan wird keine Macht mehr über sie haben.

Die Christen werden meine Mutter wieder mehr verehren und ihre Stellung in meinem Heilsplan anerkennen. Sie wird Fürbitte einlegen für alle, die sich ihr anvertrauen.

So freut euch auf diese Zeit der erneuerten Kirche, meine Kinder; die Zeit ist nicht mehr fern! Aber vorher müsst ihr euch noch bewähren in Angst und Not! Amen.

---

179. Vgl. Sir 2,5: Denn im Feuer wird Gold geprüft und die anerkannten Menschen im Schmelzofen der Erniedrigung.
180. Vgl. 1 Petr 1,15: Wie er, der euch berufen hat, heilig ist, so soll auch eure ganze Lebensführung heilig sein.

59. Betet für die Menschen in der Finsternis!
15. April 2008

Mein geliebtes Kind, ich gebe dir wieder ein Bild.

Bild:
Ich sehe einen Maulwurf, der mit seinen schaufelartigen Vorderfüßen einen Gang unter der Erde gräbt. Es herrscht dort völlige Dunkelheit. Manchmal drückt er die Erde nach oben und bildet einen Maulwurfs-hügel. Als er einmal an die Erdoberfläche zum Licht kommt, kehrt er sofort wieder um und wühlt wie vorher weiter in der Dunkelheit.

Deutung:
Die meisten Menschen verhalten sich wie ein Maulwurf: Sie leben und arbeiten in der Dunkelheit ohne Gott. Sie sind blind für alles Überirdische, für das Leben in meiner Gnade. Wenn sie ein Licht-strahl meiner Gnade trifft, wenden sie sich sofort ab, sie können ihn nicht ertragen. Sie leben lieber weiterhin in der Dunkelheit.[181]

Botschaft:
Die meisten Menschen leben in der Dunkelheit der Sünde und sind nicht offen für mein Licht. Satan hält sie gefangen, aber sie merken es nicht. Sie leben in der Sinnlosigkeit und sind ständig auf der Suche nach dem Glück. Aber sie finden es nirgendwo, denn ich habe sie geschaffen für mich. Nur bei mir werden sie Frieden finden für ihre Seele.

Alle meine Kinder, die ihr im Licht lebt, ich bitte euch inständig: Betet für die Menschen in der Finsternis! Nur durch euer Gebet kann ich ihre Herzen umwandeln, sodass sie langsam offen wer-den für meine Gnade. Habt Mitleid mit diesen Menschen, sie leiden

---

181. Vgl. Joh 3,19: Das Licht kam in die Welt, doch die Menschen liebten die Finsternis mehr als das Licht; denn ihre Taten waren böse.

unter ihren Sünden, aber sie finden den Weg nicht heraus! Ich möchte sie alle heimholen in mein Reich. Betet für die Bekehrung der Sünder, viele steuern direkt der ewigen Finsternis zu! Wenn ihr wüsstet, wie schrecklich die Hölle ist,[182] würdet ihr Tag und Nacht für eure Schwestern und Brüder beten! Ihr habt Verantwortung für eure Mitmenschen, lasst sie nicht allein in der Dunkelheit! Die Gottlosigkeit und der Glaubensabfall nehmen immer mehr zu, die Sünden der Menschen schreien zum Himmel. Die Welt liegt im Argen, nur intensives Gebet kann sie noch retten. Vergeudet eure Zeit nicht mehr mit Nebensächlichkeiten, sondern wirkt mit am Aufbau meines Reiches! Die Zeit ist ernst, meine geliebten Kinder! Gleicht euch nicht mehr der Welt an,[183] sondern arbeitet für mich! Großen Lohn werdet ihr dafür erhalten. Legt ab eure Lauheit und Gleichgültigkeit und erkennt den Ernst der Lage! Tut, was ich euch sage, und erweist euch als echte Jünger! Amen.

60. Überlasst euch ganz dem Feuer meiner Liebe!

16. April 2008

Mein geliebtes Kind, du wirst jetzt ein Bild über das Feuer der Liebe erhalten.

Bild:

Ich sehe ein großes Lagerfeuer, das hell in der Nacht brennt. Viele Menschen umringen es und wärmen sich auf. Da hält ein kleiner Junge einen Ast so lange in das Feuer, bis er brennt und wirft ihn anschließend in den nahe gelegenen Wald. Dieser geht innerhalb von

---

182. Vgl. Lk 16,24: Da rief er (ein reicher Mann): Vater Abraham, hab Erbarmen mit mir und schick Lazarus; ... denn ich leide große Qual in diesem Feuer.
183. Vgl. Röm 12,2: Und gleicht euch nicht dieser Welt an, sondern lasst euch verwandeln durch die Erneuerung des Denkens, damit ihr prüfen und erkennen könnt, was der Wille Gottes ist: das Gute, Wohlgefällige und Vollkommene!

kurzer Zeit in Flammen auf. Das Feuer breitet sich rasch überall auf der Welt aus, am Schluss steht der ganze Erdball in Flammen.
Die Herzen der Menschen werden ebenfalls in Brand gesetzt. Die Leute schauen mit brennendem Herzen zum Himmel auf, wo Jesus groß zu sehen ist. Sie beginnen damit, ihn begeistert zu loben und zu preisen. Sie strahlen vor Freude und umarmen sich gegenseitig.

Deutung:
Ich werfe mein Feuer auf die Erde; ich wünschte mir, dass es schon brennt![184]
Mein Feuer der Liebe wird alles verzehren, was meiner Liebe widerspricht, alles Gottlose, alle Sünden, alle Werke des Hochmuts und des Stolzes. Es wird die Herzen der Menschen entzünden, bis sie brennen in Liebe zu mir.

Botschaft:
Die meisten Menschen haben eine falsche Vorstellung von meiner Liebe. Meine Liebe ist wie Feuer,[185] sie ist gewaltig und mächtig, sie ist herrlich und gefährlich! Wer einmal von ihr erfasst worden ist, kann ihr nicht mehr widerstehen. Sie ist ansteckend und mitreißend, sie ist nicht vergleichbar mit eurer schwachen, egoistischen Liebe. An meinem Feuer der Liebe scheiden sich die Geister. Wer offen ist für meine Liebe, für den bedeutet sie höchstes Glück und Freude. Wer sie jedoch ablehnt, für den wird sie zum Gericht. Mein Feuer der Liebe verbrennt alles Böse auf der Welt, es stürzt alle Gottlosen von ihrem Thron, es zerstört alle Werke der Finsternis. Es setzt jedoch auch die Herzen der Gläubigen in Brand, sodass sie glühen in Liebe zu mir. Ich brenne die Wunden meiner Kinder aus durch meine Liebe, ich heile sie in meiner Macht.

---

184. Vgl. Lk 12,49: Ich bin gekommen, um Feuer auf die Erde zu werfen. Wie froh wäre ich, es würde schon brennen!
185. Vgl. Mt 3,11: Er (Jesus) wird euch mit dem Heiligen Geist und mit Feuer taufen.

So hört mir zu, meine Kinder: Überlasst euch ganz dem Feuer meiner Liebe![186] Ich werde euer Herz verwandeln und immer näher an mich ziehen. Ich reinige euch von allen Sünden und befreie euch von euren Götzen. In meiner Liebe werdet ihr jederzeit Trost und Kraft finden. Habt keine Angst vor meiner Liebe, sie bringt euch nur Glück und Heil! Lasst euch ganz erfüllen von ihr, nur dann werdet ihr mir nachfolgen können in jeder Situation! Liebt mit meiner Liebe, verzeiht mit meiner Liebe, betet in meiner Liebe! So werdet ihr das himmlische Glück schon auf Erden finden! Amen.

61. Seid bereit, Opfer zu bringen aus Liebe zu mir!

17. April 2008

Mein geliebtes Kind, ich möchte dich heute über das christliche Opfer belehren.

Bild:

Ich sehe mehrere Frauen in einer Kirche, die nacheinander eine Münze in einen Opferstock werfen. Ein Engel in weißem Kleid entleert ihn und überreicht den Inhalt Jesus im Himmel. Die Münzen haben sich inzwischen in Gold verwandelt. Jesus begibt sich an einen Ort im Jenseits, wo sich viele kleine, offene Räume mit einem Namensschild davor befinden. In den Räumen liegen unterschiedlich viele Goldmünzen, einige sind ganz leer. Jesus legt die Goldmünzen der Frauen in die jeweiligen Räume mit deren Namen, wo schon viele andere Münzen aufgehäuft sind.

---

186. Vgl. Apg 2,3: Und es erschienen ihnen Zungen wie von Feuer, die sich verteilten; ... (an Pfingsten).

Deutung:
Jedes kleinste Opfer, das die Menschen aus Liebe zu mir bringen, ist in meinen Augen Gold wert. Ich werde alle Opfer aufbewahren in meinem Herzen und die Menschen dafür belohnen.[187]

Botschaft:
Die Menschen von heute wollen keine Opfer mehr bringen; sie möchten das Leben genießen und auf nichts verzichten. Sie suchen ihr Glück in der Welt und wollen das Leben voll auskosten. Aber der Sinn des Lebens ist nicht der Genuss, sondern die Liebe, und jede Liebe ist auch mit Opfer verbunden. Je größer die Liebe eines Menschen ist, umso mehr ist er bereit zum Opfer.

Schaut auf mich, meine Kinder, ich war sogar bereit, mein Leben zu opfern für euch, denn meine Liebe zu euch ist unendlich! So ahmt mich nach und bringt wenigstens kleine Opfer der Liebe! Jeder Verzicht ist ein Gewinn und jedes Opfer verringert eure Selbstsucht. Tut den Menschen Gutes, teilt mit den Armen, helft den Mitmenschen in selbstloser Liebe![188] An solchen Opfern habe ich Gefallen. Bringt mir auch Opfer des Lobes[189] und des Dankes[190] und allgemein das Opfer des Gebetes! Mit solchen Opfern ehrt ihr mich, meinen Vater und meinen Hl. Geist.
Manche Menschen habe ich dazu berufen, mir ihr ganzes Leben zu opfern im Priesterberuf oder im Ordensstand, andere wiederum geben sogar ihr Leben hin im Martyrium.
Verzichtet immer wieder auf euren eigenen Willen und fügt euch ganz dem Willen meines Vaters! Betet darum, dass ihr ganz mit

---

187. Vgl. Offb 22,12: Siehe, ich komme bald und mit mir bringe ich den Lohn und ich werde jedem geben, was seinem Werk entspricht.
188. Vgl. Mt 25,35f: Denn ich war hungrig und ihr habt mir zu essen gegeben; ich war durstig und ihr habt mir zu trinken gegeben; ich war fremd und ihr habt mich aufgenommen; ...
189. Vgl. Hebr 13,15: Durch ihn also lasst uns Gott allzeit das Opfer des Lobes darbringen, nämlich die Frucht der Lippen, die seinen Namen bekennen.
190. Vgl. Ps 50,23: Wer Opfer des Dankes bringt, ehrt mich; ...

meiner Liebe erfüllt werdet; jeder Verzicht wird euch dann leichtfallen! Fastet zwischendurch immer wieder, lebt ein Leben in Einfachheit, verzichtet auf jeden Luxus und allen Ballast der Welt! Ich werde euch reich dafür belohnen. Bringt auch Opfer der Liebe für die Bekehrung der Sünder, Großes kann ich dadurch bewirken! So arbeitet ihr mit am Aufbau meines Reiches.

Ihr könnt auch jedes Gebet durch ein Opfer verstärken, dadurch wird es noch machtvoller und wirksamer! Opfert mir alle eure Krankheiten und Leiden auf zur Sühne für eure Sünden und die Sünden der ganzen Welt![191] Große Wirkung geht davon aus, großer Segen fließt dadurch herab auf euch und alle Menschen.

So achtet wieder mehr den Wert des Opfers, großen Lohn werdet ihr dafür erhalten! Amen.

62. Rüstet euch gut aus für eure Wanderung zum Gipfel des Lebens!

18. April 2008

Mein geliebtes Kind, ich schenke dir wieder ein Bild über die Zukunft.

Bild:

Ich sehe eine Gruppe von Wanderern mit Rucksack im Hochgebirge, die hintereinander auf einem Wanderweg gehen. Anfangs ist der Weg noch flach, hernach wird er aber immer steiler. Es wird jetzt gefährlich für die Leute: Vor ihnen ragt ein hoher Felsen auf. Sie sichern sich nun mit einem Seil und klettern die steile Felswand hinauf. Der Gipfel ist nicht zu sehen, er ist noch weit entfernt. Hinter jedem Wanderer befindet sich ein Schutzengel, der ihn beschützt.

---

191. Vgl. Röm 12,1: Ich ermahne euch also, ... eure Leiber als lebendiges, heiliges und Gott wohlgefälliges Opfer darzubringen – als euren geistigen Gottesdienst.

Als die Gruppe an eine unüberwindliche, tiefe Schlucht kommt, sind alle ratlos. Der Wanderführer fleht die Muttergottes um Hilfe an: «Maria, hilf!» Da erscheint die Muttergottes und legt eine lange Leiter waagrecht über den Abgrund. Die Wanderer überqueren nun nacheinander vorsichtig die Schlucht auf der Leiter. Der Schutzengel führt sie dabei an der Hand und bewahrt sie vor einem Absturz. Alle kommen heil hinüber und setzen gemeinsam ihre Route fort.

Bald ist kein Weg mehr zu sehen; die Wanderer müssen wieder klettern. Sie sind orientierungslos und bitten deshalb Jesus um Hilfe. Da erscheint Jesus und zeigt jedem Einzelnen, wohin er den nächsten Schritt setzen soll und wo er sich mit den Händen festhalten soll. Er selbst sichert nun alle mit einem Seil. Die Kletterer kommen nur langsam vorwärts, aber sie nähern sich dem Gipfel. Nach und nach erreichen alle Wanderer ihr Ziel, wo Gott Vater steht und spricht: «Kommt in mein Reich der Liebe!»

Deutung:
Euer Leben ist ein langer Wanderweg. Er wird in Zukunft immer steiler und gefährlicher, viele werden abstürzen oder sich verirren. Nur wer in enger Gemeinschaft mit mir lebt und meine Anweisungen befolgt, den kann ich sicher ans Ziel führen. Meine Mutter und meine Engel werden mir dabei behilflich sein.

Botschaft:
Meine geliebten Kinder, es liegt ein schwerer Weg vor euch. Die Zeit ist ernst, das Ende ist nahe. Stellt euch innerlich darauf ein und folgt mir radikal nach! Mit Oberflächlichkeit und Lauheit werdet ihr das Ziel nicht erreichen, ihr werdet euch in den Felsenklüften des Lebens verirren und abstürzen in die Schluchten Satans.

Rüstet euch gut aus für eure Wanderung zum Gipfel des Lebens! Macht euren Rucksack nicht zu schwer, übergebt mir alle Lasten und Sorgen,[192] entleert ihn von allem Ballast der Welt! Nehmt nur das Notwendigste mit auf die Reise, belastet euch mit nichts Überflüssigem mehr!

Lebt in einer christlichen Gemeinschaft[193] und sichert euch mit dem Seil der Liebe! Gemeinsam seid ihr stark, es wird euch niemand bezwingen können.

Zieht feste Bergschuhe an, die Schuhe des ständigen Gebets und des Vertrauens zu mir! Ohne sie könnt ihr den Weg nicht gehen! Mit ihnen werdet ihr festen Halt finden und nicht mehr so oft abrutschen in die Sünde! Nehmt einen Wanderstock mit, den Stock der Wahrheit und Gerechtigkeit; auf ihn könnt ihr euch stützen in allen Lebenslagen! Setzt einen großen Wanderhut auf, den Hut des starken Glaubens,[194] er wird euch behüten vor vielen Gefahren! Und schließlich bekleidet euch mit einer großen Liebe zu mir;[195] ihr werdet damit alle Unwetter des Lebens gut überstehen!

So hört auf mich und tut, was ich euch sage! Vertraut euch auch meiner Mutter und eurem Schutzengel an, sie werden euch beschützen in jeder Gefahr! So werdet ihr sicher ankommen am Ziel eures Lebens! Amen.

---

192. Vgl. Ps 55,23: Wirf deine Sorge auf den Herrn, er wird dich erhalten!
193. Vgl. Apg 2,42: Sie (die Christen) hielten an der Lehre der Apostel fest und an der Gemeinschaft, am Brechen des Brotes und an den Gebeten.
194. Vgl. 1 Thess 5,8: Wir aber, ... wollen uns rüsten mit dem Panzer des Glaubens und der Liebe und mit dem Helm der Hoffnung auf Rettung.
195. Vgl. Dtn 6,5: Darum sollst du den Herrn, deinen Gott, lieben mit ganzem Herzen, mit ganzer Seele und mit ganzer Kraft.

63. Mein Reich ist wie ein Wald mit einer Wasserquelle!
19. April 2008

Mein geliebtes Kind, ich schenke dir wieder ein Bild über die Zukunft.

Bild:
Ich sehe mehrere Menschen, die im Wald Pilze und Beeren sammeln und in einen Korb legen. Sie nehmen auch Äste zum Einheizen mit. Ein Jäger erlegt ein Reh; er trägt es anschließend auf den Schultern nach Hause.

In der Mitte des Waldes entspringt eine sprudelnde Quelle, deren Wasser als kleines Bächlein weiterfließt. Viele Tiere löschen ihren Durst an der Quelle, wie Vögel, Eichhörnchen und Hasen. Auch eine Frau kommt und füllt einen großen Krug mit frischem Wasser. Um die Quelle herum ist der Boden sehr fruchtbar, es grünt und blüht alles.

Deutung:
Ich bin die Quelle des Lebens. Mein Reich ist wie ein Wald mit einer Wasserquelle. Wer in meinem Reich lebt, wird genug geistliche Nahrung finden und Wasser für seinen Durst nach Leben. Es wird ihm an nichts fehlen; ich schenke ihm Wärme und Trost, Geborgenheit und Schutz. Ich möchte meine ganze Schöpfung zurückführen in mein Reich.

Botschaft:
Meine Kinder, sucht euer Glück nicht in der Welt, nichts Irdisches wird euch sättigen! Nur bei mir und in meinem Reich werdet ihr satt werden und wird euer Durst nach Leben gelöscht werden. Ich lade euch alle ein: «Kommt zu mir, ich werde eurer Seele Ruhe verschaffen!»[196] Helft alle mit am Aufbau meines Reiches,

---

196. Vgl. Ps 62,2: Bei Gott allein wird ruhig meine Seele, von ihm kommt mir Rettung.

verkündet meine Botschaft in der ganzen Welt! Bringt alle eure Verwandten und Bekannten zu mir, lasst sie nicht verhungern und verdursten in der Finsternis! Bei mir gibt es Nahrung genug, bei mir braucht niemand Durst zu leiden.[197] Ich möchte mein Reich errichten hier auf der Erde, eine Zeit des großen Glücks und des großen Friedens steht euch bevor. Seid mir alle behilflich, jeder trage seinen Teil dazu bei! Ich werde euch reich dafür belohnen. Betet, opfert, missioniert, geht mit gutem Beispiel voran! Widersteht allen Verlockungen des Bösen, geht den geradlinigen Weg! Ich mache jetzt mein Volk mobil, ich rüste es aus für den Kampf gegen die Mächte der Finsternis. Ich sammle mir ein heiliges Volk, das nur noch mich verehrt und mir dient. Die Zeiten gehen ihrem Ende entgegen, ihr lebt jetzt in einer besonderen Zeit. Erkennt die Zeichen der Zeit und handelt danach![198] Mein Reich ist im Kommen und Satan wütet dagegen, aber ich werde ihn bald entmachten und Friede wird herrschen auf der Welt. Ich werde meine Schöpfung zurückführen zu mir und große Freude wird überall sein. Amen.

64. Verehrt mein kostbares Blut, es ist eine Quelle der Gnade!
21. April 2008

Mein geliebtes Kind, ich schenke dir wieder ein Bild.

Bild:
Ich sehe Jesus an einem großen Holzkreuz hängen. Ein kleines Mädchen steht vor dem Kreuz und fängt mit einem goldenen Kelch den Blutstrahl auf, der aus der Seitenwunde Jesu fließt. Als der Kelch

---

197. Vgl. Joh 4,14: … wer aber von dem Wasser trinkt, das ich ihm geben werde, wird niemals mehr Durst haben; …
198. Vgl. Lk 12,56: … Warum könnt ihr dann diese Zeit der Entscheidung nicht deuten?
      Vgl. auch Mt 24,33: So erkennt auch ihr, wenn ihr das alles seht, dass das Ende der Welt nahe ist.

voll ist, trinkt es ein wenig daraus und trägt ihn anschließend in eine Ortschaft. Das Kind lässt alle Menschen, die es trifft, aus dem Kelch trinken. Die meisten Leute sind danach voll Freude, ihre Gesichter strahlen und es geht ihnen besser als zuvor. Nur einige sehen nachher sehr leidend aus. Das Mädchen kehrt wieder zu Jesus am Holzkreuz zurück und der Vorgang beginnt von vorne.

Deutung:

Durch mein kostbares Blut stärke ich meine Kinder unter dem Kreuz. Sie sind dadurch fähig, meine Liebe und meine Kraft weiterzugeben an die anderen Menschen. Wer jedoch hartnäckig in der Sünde verharrt, für den wird mein Kelch der Gnade zum Leidenskelch.

Botschaft:

Meine geliebten Kinder, kommt zu mir unter das Kreuz und trinkt aus dem Kelch der Gnade![199] Ich werde euch stärken und kräftigen durch mein kostbares Blut. Ich habe mein Blut für euch vergossen, es ist eine kostbare Quelle der Gnade für die ganze Menschheit. Mein kostbares Blut wird euch heilen und heiligen, es wird euch beschützen vor jeder Gefahr. Es wird euch reinigen von euren Sünden[200] und vor allen Mächten des Bösen bewahren.[201] Ich habe euch erlöst durch mein Blut;[202] was hätte ich noch Größeres für euch tun können? So verehrt noch mehr mein kostbares Blut, betrachtet mein Leiden, versenkt euch in meine Passion! Große Gnaden werdet ihr dadurch erhalten. Gebt diese Gnaden weiter an die Menschen in eurer Umgebung, gebt meine Liebe und meine Freude weiter an die Menschen, sie sehnen sich alle danach! Ich möchte sie durch euch umwandeln, aber lasst euch vorher selbst umwandeln von mir! Kommt immer

---

199. Vgl. Joh 6,53: Wenn ihr das Fleisch des Menschensohnes nicht esst und sein Blut nicht trinkt, habt ihr das Leben nicht in euch.
200. Vgl. 1 Joh 1,7: ... und das Blut seines Sohnes Jesus reinigt uns von aller Sünde.
201. Vgl. Offb 12,11: Sie haben ihn (Satan) besiegt durch das Blut des Lammes und ...
202. Vgl. Eph 1,7: In ihm (Jesus) haben wir die Erlösung durch sein Blut, ...

wieder zu mir und füllt euren Kelch mit Gnaden! Sucht Zeiten der Stille und des Gebets und zieht euch zurück von der Welt! Ganz angefüllt mit meiner Liebe könnt ihr wieder unter die Menschen gehen und euren Auftrag erfüllen. Lasst euch nicht entmutigen, wenn nicht alle Menschen meine Liebe annehmen! Wer in der schweren Sünde lebt, kann meine Liebe nicht ertragen; für sie wird meine Gnade zum Gericht. Betet für diese Menschen, damit sie langsam offen werden für mich! Ich gebe ihnen den Leidenskelch zu trinken, damit ihr erstarrtes Herz allmählich schmilzt. Mein größter Wunsch ist es, alle Menschen an mich zu ziehen, weil ich sie unendlich liebe! Helft mir alle dabei, die ihr mir nachfolgt, ich werde euch reich dafür belohnen! Amen.

65. Ich heile eure verwundeten Herzen!
22. April 2008

Mein geliebtes Kind, ich gebe dir wieder ein Bild.

Bild:

Ich sehe Jesus, wie er nacheinander neun verschiedene Herzen behandelt. Das erste Herz ist ganz mit Pfeilen bespickt. Jesus entfernt sie, streicht eine Salbe auf die Wunden und verbindet diese mit einem Wundverband.[203]
Im zweiten Herzen stecken viele Messer. Jesus behandelt es wie das erste Herz.
Das dritte Herz ist ganz aus Stein. Da schlägt Jesus mit einem Hammer und einem Meißel kleine Brocken heraus und setzt dafür Fleischstücke ein.
Beim vierten Herzen, das in mehrere Teile zerbrochen ist, klebt Jesus die einzelnen Stücke wieder zusammen.[204]

---

203. Vgl. Ijob 5,18: Denn er verwundet und er verbindet, er schlägt, doch seine Hände heilen auch.
204. Vgl. Ps 147,3: Er heilt, die gebrochenen Herzens sind, er verbindet ihre Wunden.

Auf dem fünften Herzen sieht man viele schwarze Flecken. Jesus nimmt einen goldenen Kelch mit seinem Blut und gießt dieses auf das Herz. Da verschwinden sofort alle dunklen Flecken.

Beim sechsten Herzen drückt Jesus den Eiter heraus, streicht eine Salbe darauf und verbindet die Wunde.

Das siebte Herz klopft sehr schnell. Als Jesus es streichelt, wird es ruhiger und schlägt langsamer.

Das achte Herz ist sehr heiß. Jesus gießt frisches Wasser darüber und kühlt es dadurch ab.

Das neunte Herz, das eiskalt ist, taucht Jesus in warmes Wasser, sodass es sich langsam erwärmt.

Deutung:

Ich bin der Arzt eurer Herzen;[205] ich stelle sie wieder her, wenn ihnen etwas fehlt. Ich behandle euch mit meiner Güte; meine Liebe ist die beste Medizin!

Botschaft:

Meine Kinder, kommt zu mir, wenn ihr etwas auf dem Herzen habt, ich werde euch weiterhelfen in jeder Not! Ich heile eure verwundeten Herzen, ich behandle euch mit dem Balsam meiner Liebe. Ich bin euer Arzt, bei mir werdet ihr die beste Hilfe erhalten. Habt keine Angst vor meiner Behandlung, ich werde stets schonend und einfühlsam vorgehen!

Ich heile auch die Wunden eurer Sünden. Bereut eure Sünden, bekennt sie vor dem Priester in der Beichte! So werde ich eure Herzen reinwaschen von jedem Makel.

Überlasst mir euer Herz aus Stein, ich werde euch Stück für Stück ein Herz aus Fleisch geben![206] Bedenkt, für mich ist nichts zu schwer! Wendet euch immer wieder an mich, ich werde euch nicht

---

205. Vgl. Ex 15,26: Denn ich bin der Herr, dein Arzt.
206. Vgl. Ez 36,26: Ich beseitige das Herz von Stein aus eurem Fleisch und gebe euch ein Herz von Fleisch.

enttäuschen! Ich wandle euer Herz immer mehr um, bis es dem meinen gleicht. Ich mache euch langsam fähig zur selbstlosen Liebe, ich erfülle euer Herz mit meiner göttlichen Liebe. Sagt Ja dazu, sträubt euch nicht dagegen, habt keine Angst! Ich habe für euch nur Pläne des Heils und nicht des Unheils.[207] Verschmäht meine Medizin nicht, auch wenn sie euch manchmal bitter erscheint! Sie gereicht euch zum Heil.

Betet auch für die verletzten Herzen eurer Mitmenschen! Verurteilt sie nicht, wenn sie sich gegen euch verfehlen, ihr kennt den Zustand ihres Herzens nicht! Aber ich schaue jedem in sein Herz und ich habe Mitleid mit ihm. Betet viel für eure Brüder und Schwestern, denn die Not der Menschen ist groß! Durch euer Gebet umgebe ich ihre Herzen mit dem Mantel meiner Liebe und ich tröste und heile sie.

So habt ein Herz für eure Mitmenschen! Durch das Gebet kann ich alle eure Herzen untereinander vereinen und auch mit mir. Amen.

66. Seid offen für meinen Hl. Geist und seine Gaben!
23. April 2008

Mein geliebtes Kind, ich schenke dir jetzt ein Bild über die Gaben des Hl. Geistes.[208]

Bild:

Ich sehe Jesus am Himmel mit einem goldenen Eimer in der Hand. Er schüttet den gesamten Inhalt, nämlich Tausende von in Goldpapier eingewickelte Bonbons, auf die Erde, v. a. in die Kirchen. In einer mit Gläubigen gefüllten Kirche liegen viele Bonbons am Boden, aber die meisten Kirchenbesucher nehmen sie gar nicht wahr. Einige sehen

---

207. Vgl. Jer 29,11: Denn ich, ich kenne die Gedanken, die ich für euch denke - Spruch des Herrn -, Gedanken des Heils und nicht des Unheils; denn ich will euch eine Zukunft und eine Hoffnung geben.
208. Vgl. 1 Kor 12,1-11: Der eine Geist und die vielen Gaben.

die goldenen Süßigkeiten zwar, interessieren sich aber nicht dafür. Ein einziger Mann hebt ein Bonbon auf, wickelt es aus und isst es. Da strahlt sein Gesicht plötzlich vor Freude und eine weiße Taube setzt sich auf seinen Kopf. Er beginnt nun, freudige Lieder zu singen und sie mit der Gitarre zu begleiten. Die anderen Kirchenbesucher schauen ihn böse und argwöhnisch an, weil er sie stört. Da verlässt er die Kirche und singt und spielt draußen auf dem Marktplatz. Viele Menschen bleiben stehen und hören ihm zu, einige schließen sich ihm an und singen mit.

Da schüttet Jesus wieder einen Eimer voll goldener Bonbons vom Himmel, diesmal landen sie aber auf dem Marktplatz. Viele Leute sind neugierig, heben die Bonbons auf und essen sie. Sie reagieren darauf genauso wie der Mann vorher in der Kirche. Sie strahlen vor Freude, eine Taube setzt sich auf ihren Kopf und sie werden aktiv. Einige breiten ihre Arme aus und beten andächtig, andere missionieren und verteilen Bibeln, wieder andere singen und musizieren, manche legen den Kranken die Hände auf, worauf diese geheilt werden. Eine Frau beginnt prophetisch zu reden und ermahnt die Menschen zur Umkehr. Große Freude herrscht überall auf dem Marktplatz. Als die Kirchenbesucher aus der Kirche herauskommen, schauen sie voller Neid auf die fröhlichen Menschen und beschimpfen sie.

Deutung:
Die meisten Menschen nehmen die Gaben meines Hl. Geistes nicht an, auch nicht in meiner Kirche. Sie interessieren sich nicht dafür, sie sind nicht offen für den Hl. Geist. Sie strengen sich lieber selbst an und arbeiten aus eigener Kraft und nach ihrem eigenen Willen für mich. So werde ich kommen und meinen Hl. Geist außerhalb der Kirche über Menschen ausgießen, die Sehnsucht haben und offen sind dafür.[209]

---

209. Vgl. Mt 21,43: Das Reich Gottes wird euch weggenommen und einem Volk gegeben werden, das die Früchte des Reiches Gottes bringt.

Botschaft:
Meine geliebten Kinder, öffnet euch für meinen Hl. Geist und er wird euch mit seinen Gaben überschütten! Er wird euch ausstatten mit seiner Kraft[210] und mit seiner Weisheit. Ihr werdet Wunder wirken, Kranke heilen und Dämonen austreiben, sogar Tote könnt ihr wieder zum Leben erwecken! Habe ich euch nicht den Auftrag dazu gegeben?[211] Nur in der Kraft meines Hl. Geistes werdet ihr all diese Werke vollbringen können. Gebt euch nicht zufrieden mit eurer geringen menschlichen Kraft und eurer begrenzten menschlichen Weisheit! Ihr werdet damit nicht viel zustande bringen in meinem Reich. Lasst euch mit meinem Hl. Geist erfüllen,[212] betet darum, ersehnt ihn, legt allen Eigensinn und Stolz ab und bereut eure Sünden! Seid offen für alles Neue, haltet nicht starr an euren Gewohnheiten fest! Lasst euch umwandeln von meinem Hl. Geist, er wird euch von Grund auf erneuern![213] Seid bereit, eure eigenen Pläne aufzugeben und euch ganz der Führung des Geistes zu überlassen! Ausgestattet mit vielen Gaben werdet ihr kraftvoll und machtvoll wirken in meinem Reich.

Ihr Verantwortlichen in der Kirche, warum seid ihr so wenig offen für die Gaben meines Hl. Geistes? Wenn ihr nicht umkehrt, wird mein Geist seine Gaben auf Menschen außerhalb der Kirche ausschütten, die offener sind als ihr. Verurteilt sie dann nicht, sondern lernt von ihnen! Verurteilt die Propheten nicht, die ich sende, sondern glaubt ihnen und kehrt um! Ihr werdet euch auf Dauer meinem Hl. Geist nicht widersetzen können. Ich werde auf jeden Fall meine Kirche erneuern, ob ihr damit

---

210. Vgl. Apg 1,8: Aber ihr werdet Kraft empfangen, wenn der Heilige Geist auf euch herabkommen wird; ...
211. Vgl. Mt 10,8: Heilt Kranke, weckt Tote auf, macht Aussätzige rein, treibt Dämonen aus! ...
212. Vgl. Apg 2,4: Und alle wurden vom Heiligen Geist erfüllt und begannen, in anderen Sprachen zu reden, wie es der Geist ihnen eingab.
213. Vgl. 2 Kor 5,17: Wenn also jemand in Christus ist, dann ist er eine neue Schöpfung: Das Alte ist vergangen, siehe, Neues ist geworden.

einverstanden seid oder nicht. Wenn ihr euch meinen Plänen widersetzt, werde ich euch absetzen und andere geisterfüllte Menschen an eure Stelle setzen, denn jetzt ist die Zeit des Gerichts über die Kirche.[214] So hört auf meine Worte, verschmäht sie nicht! In ihnen liegen Weisheit und Kraft. Amen.

67. Ich berufe jetzt viele zu einem kontemplativen Leben!

24. April 2008

Mein geliebtes Kind, ich schenke dir jetzt ein Bild über das innere Leben.

Bild:
Eine Frau sitzt alleine in einer Kirche und betet. Sie ist ganz in sich versunken und lässt sich durch nichts stören. Auf ihrem Kopf sitzt eine weiße Taube. Einige Leute kommen in die Kirche und schauen die Beterin verständnislos an. Als die Frau ihr Gebet beendet hat und die Kirche verlässt, wirkt sie etwas geistesabwesend. Sie geht schweigend auf einer belebten Straße heim.

Deutung:
Ich werde in Zukunft viele Menschen zu einem kontemplativen Leben berufen. Ihre Hauptaufgabe ist das Gebet. Ich schenke ihnen die Gnade des kontemplativen Gebets und ziehe sie ganz an mich.[215]

Botschaft:
Meine geliebten Kinder, ich berufe jetzt viele Menschen zu einem Leben des Gebets. Ich möchte meine Kirche erneuern; ich brauche

---

214. Vgl. 1 Petr 4,17: Denn jetzt ist die Zeit, in der das Gericht beim Haus Gottes beginnt; ...
215. Vgl. Lk 10,39: Maria setzte sich dem Herrn zu Füßen und hörte seinen Worten zu.

viele, die sich mir ganz hingeben im Gebet.[216] Ich werde sie mit Gebetsgnaden überhäufen, ich schenke ihnen auch die Gnade des kontemplativen Gebets. Ich löse sie ganz los von der Welt und führe sie in die Stille. Ganz im Schweigen werden sie mir dienen und der Welt. Ich werde viele Eremiten berufen, die allein in einer Klause leben, abgesondert von den Menschen. Aber es werden sich auch viele Eremitengemeinschaften bilden, die zwar zurückgezogen, aber mitten in der Welt leben. Viele Laien werde ich in ein kontemplatives Leben führen, sie werden die Welt heiligen.

Ihr alle, die ihr ein aktives Leben führt, habt Verständnis für eine kontemplative Berufung! Drängt die kontemplativen Menschen nicht zu Aktivitäten, zu denen ich sie nicht berufen habe! Schätzt vielmehr den Wert des Gebets, verachtet die Kontemplativen nicht, weil sie nicht so viel aktiv arbeiten wie ihr! Durch ihre Hingabe und ihr Gebet kann ich Großes bewirken in meinem Reich. Viele Menschen werden sich dadurch bekehren, viele Gnaden kann ich austeilen durch sie. Ihre Liebe erfreut ständig mein Herz und tröstet mich in meinem Kummer wegen der vielen Sünden der Menschen. Die kontemplativen Menschen leben ganz in der Vereinigung mit mir, sie sind berufen zur Heiligkeit. Bittet sie um ihr Gebet, wenn ihr Probleme habt, ich werde ihrer Fürbitte nicht widerstehen können und ihre Gebete gern erhören! Große Macht haben sie über mein Herz. Sie werden viel leiden müssen, denn ich prüfe sie auf Herz und Nieren und reinige sie von jeder Schuld. Ganz rein sollen sie vor mir stehen.

So seid alle offen für einen Ruf zur Kontemplation, sträubt euch nicht dagegen! Sucht euch einen guten geistlichen Begleiter, der diesen Weg gut kennt! Ohne Seelenführer werdet ihr leicht abgleiten auf einen Irrweg.

---

216. Vgl. Lk 2,37: Sie (die Witwe Hanna) hielt sich ständig im Tempel auf und diente Gott Tag und Nacht mit Fasten und Beten.

Nehmt euch die Mystiker zum Vorbild, vieles könnt ihr von ihnen lernen! Sie sind schon lange vor euch diesen Weg gegangen. Ich bilde jetzt viele neue Mystiker in einer Zeit der Dunkelheit und der Glaubenslosigkeit. Sie werden leuchten in der Finsternis und Pionierarbeit leisten für die neue Kirche. Amen.

68. Der Hl. Geist rettet das Schiff meiner Kirche im Sturm der Zeit!
25. April 2008

Mein geliebtes Kind, ich habe wieder ein Bild über die Zukunft für dich.

Bild:
Ich sehe auf dem Meer ein großes Segelschiff mit vielen Menschen an Bord. Der Papst steht am Steuer, seine Mannschaft bilden die Bischöfe und Priester. Da kommt plötzlich ein heftiger Sturm auf. Die Besatzung versucht verzweifelt, das Schiff unter Kontrolle zu halten. Die meisten Menschen haben Angst und flüchten in das Schiffsinnere. Das Schiff droht durch den hohen Wellengang und das eindringende Wasser unterzugehen. Einige Leute fangen an, um Rettung zu beten. Da kommen von überall her weiße Tauben angeflogen, die kleine Rettungsboote im Schnabel tragen. Sie setzen die Boote neben dem großen Schiff ab, wo ein paar Menschen unter großen Schwierigkeiten einsteigen. Der Papst gibt nun für alle auf dem Schiff den Befehl, sich in die Rettungsboote zu flüchten, aber viele Menschen gehorchen ihm nicht; sie bleiben lieber im vermeintlich sicheren Schiffsinneren. Es sind aber auch viele, die ihm gehorsam sind und es inmitten des Sturms wagen, in die kleinen Boote einzusteigen. Diese schaukeln zwar heftig auf und ab, können aber nicht untergehen, weil die Tauben sie an der Segelstange mit dem Schnabel festhalten. Auch der Papst und viele von seiner Mannschaft finden Rettung in einem der kleinen Boote. Das große Schiff geht nun unter mitsamt den Menschen, die noch an Bord sind.

Auf den Rat des Papstes hin versuchen alle Rettungsboote, möglichst nah beieinanderzubleiben. Die Tauben bringen jetzt Holz herbei und bauen aus den Rettungsbooten und dem neuen Holz ein großes neues Schiff; die Menschen helfen ihnen dabei. Da immer noch ein starker Sturm herrscht, ist die Arbeit mühselig und geht nur langsam voran. Aber am Schluss entsteht ein wunderschönes, stabiles, neues Segelschiff. Der Sturm hat sich inzwischen gelegt, die Menschen gehen voller Freude auf dem Deck auf und ab und loben und preisen Gott.

Deutung:

Die katholische Kirche ist in Gefahr unterzugehen, aber ich werde Hilfe schicken durch meinen Hl. Geist. Er wird zusammen mit den Menschen, die auf ihn hören und sich von ihm führen lassen, eine völlig neue Kirche aufbauen.

Botschaft:

Meine geliebten Kinder, ihr lebt jetzt in einer schweren Zeit. Meine Kirche wird von allen Seiten angegriffen, sie wird geschüttelt vom Sturm der Zeit. Ihr steht erst am Anfang dieser Phase, stellt euch auf noch Schlimmeres ein! Satan möchte meine Kirche vernichten, aber es wird ihm nicht gelingen.[217] Er wird zwar immer mehr die Herrschaft übernehmen auf der Erde, aber am Schluss werde ich siegen. Ich sammle jetzt schon mein Volk, das auf meinen Hl. Geist hört und sich willig von ihm führen lässt. Der Hl. Geist ist die Rettung für meine Kirche! Wer sich ganz auf ihn einlässt, trägt bei zum Aufbau meiner neuen Kirche! Wer nicht auf ihn hört, wird untergehen mit dem alten System! Alle lauen, mittelmäßigen, eigensinnigen und nur auf den eigenen Vorteil bedachten Christen werden nicht bestehen können am Tag der Prüfung. Die Menschen werden massenweise abfallen vom Glauben zur

---

217. Vgl. Mt 16,18: Ich aber sage dir: Du bist Petrus und auf diesen Felsen werde ich meine Kirche bauen und die Pforten der Unterwelt werden sie nicht überwältigen.

Zeit der Verfolgung.[218] Dann wird sich zeigen, wer mich wirklich liebt und wer nicht!

Hört stets auf meinen Stellvertreter auf Erden, den Papst, er wird die Kirche in die richtige Richtung führen! Mein Hl. Geist wird ihn belehren und ihm große Weisheit schenken. Betet für den Papst, hört auf seine Lehre, leistet ihm Gehorsam! Hört nicht auf die Stimmen der falschen Propheten, die ihm den Gehorsam verweigern! Sie werden untergehen in ihrem Irrtum.

Meine lieben Christen, bereitet euch vor auf die kommende stürmische Zeit in der Kirche! Durchschaut die Entwicklung und handelt klug! Verliert die Orientierung nicht, betet viel um Weisheit und Einsicht! Vertraut ganz auf mich und meinen Hl. Geist,[219] setzt euer Vertrauen nicht mehr auf Menschen! Nehmt das Irdische nicht mehr so wichtig, hängt euer Herz nicht mehr daran! So werdet ihr gut gewappnet sein für die Zukunft. Amen.

69. Stellt euch unter den Schutz meiner Mutter, vor ihr muss alles Böse weichen!
26. April 2008

Mein geliebtes Kind, ich schenke dir wieder ein Bild für die Zukunft.

Bild:
Ich sehe eine große Schlange, die sich an einem Bachufer im Wald dahinschlängelt und im Gebüsch wieder verschwindet. Überall zwischen den Gräsern, Steinen und Sträuchern tauchen die verschiedensten Schlangen auf. Sie verlassen nun den Wald und kriechen in

---

218. Vgl. 2 Thess 2,3: Denn zuerst muss der Abfall von Gott kommen und der Mensch der Gesetzwidrigkeit offenbar werden, ...
219. Vgl. Ps 40,5: Selig der Mann, der auf den Herrn sein Vertrauen setzt, ...

die umliegenden Dörfer, wo sie in die Häuser, Keller und Scheunen schleichen. Es wimmelt überall von Schlangen, aber die Menschen bemerken sie nicht.

Ich sehe jetzt eine alte Bauernstube, in der eine große Familie beim Essen sitzt. Eine riesige Schlange schleicht auf dem Boden heran und beißt einen jungen Mann ins Bein. Da beginnt dieser zu fluchen und fängt eine große Auseinandersetzung an. Innerhalb von kürzester Zeit herrscht Streit in der ganzen Familie, einige verlassen verärgert den Raum. Immer dort, wo im Dorf eine Schlange angreift, entsteht Streit oder die Menschen sündigen auf andere Art und Weise.

In einer anderen Stube sitzt eine Familie am Esstisch mit einer brennenden Kerze in der Mitte und betet zusammen den Rosenkranz. Als einige Schlangen beim Fenster oder bei der Türe hineinschauen, kehren sie sofort wieder um und verschwinden. Das Innere der kleinen Dorfkirche meiden die Kriechtiere ebenfalls, aber sie lauern außen an der Kirchenmauer den Kirchgängern auf und fallen sie an.

Alle Dorfbewohner sind jetzt in der Kirche versammelt; sie beten miteinander und weihen sich alle der Muttergottes. Als daraufhin Maria vom Himmel her in das Dorf kommt, fliehen alle Schlangen vor ihr. Einigen großen Tieren, die sich gerade in ihrer Nähe befinden, zertritt sie den Kopf. Nun herrscht wieder mehr Frieden unter den Menschen, sie sündigen nicht mehr so viel.

Deutung:

Satan und seine Helfershelfer verführen die Menschen ständig zur Sünde. Aber wer sich dem unbefleckten Herzen meiner Mutter weiht, wird besser geschützt sein vor ihren Angriffen. Sie hat der Schlange den Kopf zertreten, sie hat große Macht über alles Böse.[220]

---

220. Vgl. Gen 3,14-15: Da sprach Gott, der Herr, zur Schlange: … Und Feindschaft setze ich zwischen dir und der Frau, zwischen deinem Nachkommen und ihrem Nachkommen. Er trifft dich am Kopf und du triffst ihn an der Ferse.
Anmerkung: Maria hat indirekt durch Jesus der Schlange den Kopf zertreten!

Botschaft: 27. April 2008

Meine geliebten Kinder, Satan übernimmt immer mehr die Herrschaft auf der Erde. Er verbreitet überall Hass, Krieg und Zwietracht und verführt die Menschen zu allen anderen Sünden.[221] Die
meisten durchschauen seine List nicht und fallen ihm ahnungslos
zum Opfer. Sie können sich nicht wehren gegen ihn, weil niemand
sie den geistlichen Kampf gelehrt hat. Wer nicht unter meinem besonderen Schutz und dem Schutz meiner Mutter steht, mit dem
hat der Böse leichtes Spiel.

Meine Kinder, versucht nicht, aus eigener Kraft gegen die Mächte der Finsternis zu kämpfen; ihr werdet auf jeden Fall unterliegen! Alle eure psychologischen Methoden werden in diesem Fall
versagen. Kämpft mit geistlichen Waffen, stellt euch unter den
Schutz meines kostbaren Blutes und weiht euch dem unbefleckten Herzen meiner Mutter! Ich habe meiner Mutter große Macht
über Satan und alle Dämonen übertragen. Sie ist die Unbefleckte,
die ganz Reine, nie hat eine Sünde ihr Herz verunreinigt. Sie hat
ganz in der Liebe und in der Hingabe gelebt; sie ist die Makellose,
das reinste Geschöpf. Vor ihr muss alles Böse weichen; Satan hasst
sie[222] und fürchtet sie, er versucht ständig, die Menschen von der
Marienverehrung abzubringen.

Hört nicht auf ihn, gebt meiner Mutter die Ehre, pflegt eine innige
Freundschaft mit ihr! Betet den Rosenkranz, großer Segen geht
aus von diesem Gebet! Der Kampf zwischen Gut und Böse wird
in Zukunft immer heftiger werden. Stellt euch deshalb alle unter
den Schutz meiner geliebten Mutter! So wird euch niemand mehr
ernsthaft schaden können, denn ihr seid geborgen in ihrem Herzen
und in ihrer Liebe. Sie legt Fürbitte für euch ein und liebt euch mit

---

221. Vgl. Offb 12,9: Er wurde gestürzt, der große Drache, die alte Schlange, die Teufel oder Satan heißt
und die ganze Welt verführt; der Drache wurde auf die Erde gestürzt und mit ihm wurden seine Engel
hinabgeworfen.

222. Vgl. Offb 12,17: Da geriet der Drache in Zorn über die Frau und er ging fort, um Krieg zu führen
mit ihren übrigen Nachkommen, die die Gebote Gottes bewahren und an dem Zeugnis für Jesus
festhalten.

einer fürsorglichen Mutterliebe. Verschmäht sie nicht, sondern vertraut euch ihr mit einem kindlichen Herzen an! Amen.

70. Das Ökosystem «Teich» ist ein Bild für meine Kirche!
28. April 2008

Mein geliebtes Kind, ich habe wieder ein Bild für dich.

Bild:

Ich sehe einen Teich, auf dem Stockenten mit vielen jungen Enten schwimmen. Eine Ente gründelt gerade im seichten Wasser. Viele verschiedene Fische tummeln sich im Teich. Libellen schwirren in der Luft und jagen Insekten, Mücken tanzen auf und ab, viele Wasserläufer bewegen sich flink an der Wasseroberfläche. An mehreren Stellen im Teich blühen wunderschöne Seerosen, im Uferbereich wachsen Schwertlilien, Rohrkolben und Schilf, in dem gerade Vögel nisten. In der Nähe des Ufers stehen überall Weiden und Erlen, die etwas Schatten spenden. Bunte Schmetterlinge und Bienen fliegen von Blüte zu Blüte und suchen nach Nahrung. Ein Frosch sitzt auf einem Stein. Wenn man das Wasser näher betrachtet, kann man Wasserschnecken und andere oft winzige Wasserlebewesen beobachten. Es ist herrliches Wetter, es scheint gerade die Sonne.

Deutung:

Das Ökosystem «Teich» ist ein Bild für meine Kirche. Alle Lebewesen des Teiches leben eng zusammen und sind aufeinander angewiesen; jedes hat seinen bestimmten Platz und erfüllt seine besondere Aufgabe. Sie bilden eine große Gemeinschaft, die die Sonne am Leben erhält. Ich selbst bin die Sonne, die die Gemeinschaft der Kirche am Leben erhält.[223]

---

223. Vgl. Ps 84,12: Denn Gott der Herr ist Sonne und Schild.

Botschaft:
Meine geliebten Kinder, der Lebensraum «Teich» mit seinen vielen
Lebewesen ist ein Symbol für meine Kirche. Jede Pflanze und jedes
Tier hat eine andere Lebensweise, sie haben die unterschiedlichsten
Farben und Formen und erfüllen die verschiedensten Aufgaben.
Sie wirken in Einheit zusammen in ihrer Vielfalt. So sollte es im
Idealfall auch in der Kirche sein![224]

Liebe Christen, erkennt einander an in eurer Eigenart, jeder hat
eine andere Aufgabe zu erfüllen in der Kirche![225] Glaubt nicht,
dass eure Arbeit am wichtigsten ist und erhebt euch nicht über die
anderen *(gemeint: innerhalb der Kirche)*! Jeder von euch lebe seine
eigene Berufung und lasse sich führen von meinem Hl. Geist! Er
wird alle in Einheit zusammenführen, sodass eine geordnete Gemeinschaft entsteht. Versucht nicht, die Aufgaben der anderen zu
übernehmen, zu denen ihr nicht berufen seid! Schaut auch nicht
voller Neid auf eure Brüder und Schwestern, die vielleicht mehr
Gaben haben als ihr! Jedes Lebewesen im Teich ist wichtig, der
kleinste Wurm ist notwendig und die kleinste Blüte ist von Bedeutung. So ist es auch in meiner Kirche. Schätzt die verschiedenen
Gaben der Menschen, mögen sie noch so klein sein![226] Wenn sich
die Menschen mit meinem Hl. Geist erfüllen lassen, können sie
auch mit einer kleinen Gabe Großes bewirken. Ich selbst werde
wirken durch meinen Hl. Geist.
Ich baue jetzt eine neue Kirche auf, eine Kirche, ganz erfüllt von
meinem Hl. Geist. Macht euch keine Vorstellung davon, sie wird
alle eure Vorstellungen übertreffen! Ihre Heiligkeit wird strahlen

---

224. Vgl. 1 Kor 12,12-31: Der eine Leib und die vielen Glieder.
    1 Kor 12,13.27: Durch den einen Geist wurden wir in der Taufe alle in einen einzigen Leib aufgenom-
    men, ... Ihr aber seid der Leib Christi und jeder Einzelne ist ein Glied an ihm.
225. Vgl. Röm 12,4: Denn wie wir an dem einen Leib viele Glieder haben, aber nicht alle Glieder dieselbe
    Aufgabe haben, ...
226. Vgl. 1 Kor 12,22: Im Gegenteil, gerade die schwächer scheinenden Glieder des Leibes sind unent-
    behrlich.

in die ganze Welt; ich errichte jetzt mein Reich hier auf der Erde. Betet um eine Erneuerung der Kirche, betet um die Bekehrung der Menschen! Seid offen für den Hl. Geist und lasst euch mit Liebe erfüllen! So werdet ihr mitwirken am Aufbau meines Reiches. Amen.

71. Reinigt euer Herz, bevor ihr zur hl. Kommunion geht!

29. April 2008

Mein geliebtes Kind, ich schenke dir wieder ein geistliches Bild.

Bild:

Ich sehe einen Priester während einer hl. Messe am Altar stehen. Er zeigt dem Volk gerade die Hostie und spricht dabei die Wandlungsworte: «... Das ist mein Leib, der für euch hingegeben wird.»[227] In diesem Augenblick verwandelt sich die Hostie in die sichtbare Gestalt Jesu Christi. Dieser schwebt hell leuchtend als Auferstandener mit den verklärten Wunden und einer Siegesfahne über dem Altar. Durch ihn wird das ganze Kircheninnere in helles Licht getaucht. Die Strahlen treffen auch auf die Kirchenbesucher, bewirken aber bei den meisten keine Veränderung. Nur ein paar ernste Gesichter beginnen zu strahlen.

Nun teilt der Priester die hl. Kommunion aus. Ich sehe die Herzen der Menschen vor und nach dem Kommunionempfang. Bei vielen wird das Herz, das vorher mit einigen schwarzen Flecken verunreinigt gewesen ist, wieder ganz rein. Bei einigen mit einem vorher schon reinen Herzen wird das Herz vergoldet und es strahlt hell. Bei anderen jedoch mit einem überwiegend schwarzen Herzen bleibt es unverändert, manchmal wird es sogar ganz schwarz.

---

227. Vgl. Lk 22,19: Und er nahm Brot, sprach das Dankgebet, brach es und reichte es ihnen mit den Worten: Das ist mein Leib, der für euch hingegeben wird. Vgl. auch Mt 26,26 und Mk 14,22.

Deutung:
Welche Wirkung meine hl. Eucharistie auf die einzelnen Christen
hat, kommt auf den Zustand ihres Herzens an. Je mehr mich
jemand liebt, umso mehr Gnaden kann ich ihm beim Empfang
der hl. Kommunion schenken. Wer meinen Leib unwürdig emp-
fängt, dem wird er zum Gericht.[228]

Botschaft:
Meine lieben Kinder, groß ist das Geheimnis der hl. Eucharistie.
Mit eurem menschlichen Verstand werdet ihr sie nie ganz be-
greifen können. Aber euer Herz könnt ihr öffnen dafür und
meinen Leib in Liebe empfangen. Oh, wie unterschiedlich ist der
Zustand der Herzen, die mich empfangen! Viele Menschen sind
zwar guten Willens, aber ihre Natur ist schwach. Ihr Herz ist lau
und befleckt mit Sünden. Ich werde sie reinwaschen von ihren
Sünden, wenn sie beim Empfang meines Leibes einen Akt der
Liebe zu mir setzen.
Nur wenige Herzen sind ganz rein und brennen in Liebe zu
mir. Diese werde ich bei der hl. Kommunion mit Gnaden überhäufen und ganz hineinziehen in meine innergöttliche Liebe.
Ich werde sie ganz vereinigen mit mir und sie reich beschenken.
Wie wünschte ich mir, alle Menschenkinder würden mich mit
reinem Herzen empfangen! Wie glücklich wäre ich darüber! Jede
Sünde, die euer Herz befleckt, ist ein Schmerz für mich. Aber in
meiner übergroßen Liebe werde ich euch alle eure Sünden vergeben, wenn ihr mich um Verzeihung bittet.
Wie betrübt bin ich über die Menschen, die meinen Leib in
schwerer Sünde empfangen! Betet darum, meine Kinder, dass
dies nicht mehr so oft geschieht! Diese Menschen beleidigen
mich und schlagen mich noch einmal ans Kreuz. Jede unwürdige

---

228. Vgl. 1 Kor 11,27-29: Wer also unwürdig von dem Brot isst und aus dem Kelch des Herrn trinkt,
macht sich schuldig am Leib und am Blut des Herrn ... Denn wer davon isst und trinkt, ohne den
Leib zu unterscheiden, der zieht sich das Gericht zu, indem er isst und trinkt.

Kommunion wird ihnen zum Gericht. Ich muss sie züchtigen, damit sie ablassen von ihrer Sünde. So wird selbst das Gericht für sie zur Gnade. Aber wehe denen, deren Herz ganz verstockt ist!

So bitte ich euch, meine Kinder, reinigt euer Herz, bevor ihr zur hl. Kommunion geht! Bereut eure Sünden, bereitet euch darauf vor! Empfangt meinen Leib nicht so oft mit lauem und gleichgültigem Herzen! Ich kann euch sonst nicht viele Gnaden schenken. Beklagt euch nicht bei mir, dass ihr zu wenig Gnaden bekommt bei der hl. Kommunion! Es liegt nicht an mir, sondern an euch selbst. Kehrt um und gebt mir die Ehre, die mir gebührt! So werde ich euch mit Gnaden überschütten. Amen.

72. Nehmt euch die Sportler zum Vorbild!
30. April 2008

Mein geliebtes Kind, ich schenke dir wieder ein schönes Bild.

Bild:

Ich sehe ein großes Sportstadion, in dem internationale Leichtathletikwettkämpfe durchgeführt werden. Ein Athlet stößt gerade die Kugel, ein anderer wirft einen Speer. Es finden auch Wettkämpfe in Stabhochsprung, Weitsprung und Kurzstreckenlauf statt. Das Stadion ist vollbesetzt; die Zuschauer feuern die Sportler an und klatschen Beifall. Zwischendurch findet eine Siegerehrung statt. Die drei besten Sportler in einer Disziplin steigen auf ein Podest und werden geehrt; am Schluss wird eine Nationalhymne gespielt. Großer Jubel herrscht im Stadion.

Deutung:

Die Sportler versuchen, durch möglichst gute Leistungen den ersten Platz zu erreichen. Genauso sollten sich die Christen anstrengen, den Willen meines Vaters zu tun und ihr Ziel, das ewige Leben, zu erreichen![229]

Botschaft: 1. Mai 2008
Ihr Christen, nehmt euch die Sportler zum Vorbild! Sie trainieren lange und nehmen viele Mühen auf sich, um ihre Leistungen zu verbessern und um ihr Ziel zu erreichen. Vor den Wettkämpfen verzichten sie auf vieles und leben ganz asketisch.[230] Sie konzentrieren sich ganz auf den Sport, nichts anderes ist ihnen jetzt wichtig.

So sollte es auch bei euch Christen sein! Konzentriert euch ganz auf den Glauben, stellt mich in den Mittelpunkt eures Lebens! Ich werde euer Leben ordnen nach meinem Willen. Ich zeige euch den Weg zur Heiligkeit, ich möchte euch ganz an mich ziehen. Verzichtet auf den Ballast der Welt, lasst alles los, was euch hindert auf dem Weg zu mir! Lebt ganz asketisch; ohne Training und Übung ist auch ein christliches Leben nicht möglich! Übt die christlichen Tugenden ein und gewöhnt euch die schlechten Verhaltensweisen ab! Ich werde euch mit meiner Gnade zu Hilfe kommen und eurer Schwachheit aufhelfen. Ohne mich könnt ihr nichts tun![231] So kommt stets zu mir mit euren Problemen, ich werde euch weiterhelfen in jeder Not! Der Weg als Christ ist auch oft mühselig; Warum seid ihr so wenig bereit, irgendeine Anstrengung auf euch zu nehmen?[232] Ihr wollt ein bequemes Leben; so werdet ihr euer Ziel aber nicht erreichen! Ein Sportler, der sich nicht anstrengt und sich nicht einsetzt, wird niemals den Sieg davontragen. Die

---

229. Vgl. 1 Kor 9,24: Wisst ihr nicht, dass die Läufer im Stadion zwar alle laufen, aber dass nur einer den Siegespreis gewinnt? Lauft so, dass ihr ihn gewinnt!
230. Vgl. 1 Kor 9,25: Jeder Wettkämpfer lebt aber völlig enthaltsam; jene tun dies, um einen vergänglichen, wir aber, um einen unvergänglichen Siegeskranz zu gewinnen.
231. Vgl. Joh 15,5: … , denn getrennt von mir könnt ihr nichts vollbringen.
232. Vgl. Hebr 12,1-2: Lasst uns mit Ausdauer in dem Wettkampf laufen, der vor uns liegt, und dabei auf Jesus blicken, …

Sportler kämpfen um ihrer eigenen Ehre willen, ihr aber sollt um meiner Ehre und um der Ehre meines Vaters willen kämpfen! Lasst euch mit meiner Liebe erfüllen, so wird euch der Weg nicht schwerfallen! Die Liebe macht euch stark und sie überwindet alle Hindernisse. In meiner Liebe werdet ihr freudig alle Lasten tragen, nichts wird euch zu schwer sein. Bittet meinen Hl. Geist um eine große Liebe! Mit ihr werdet ihr euer Ziel, das ewige Leben, auf jeden Fall erreichen! Amen.

73. Lebt sorglos in meiner Gegenwart wie ein kleines Kind!

2. Mai 2008

Mein geliebtes Kind, ich habe wieder ein Bild für dich.

Bild:

Ich sehe ein Baby in einer Wiege schlafen. Seine Mutter sitzt daneben und schaukelt die Wiege. Als das Baby aufwacht und zu schreien anfängt, hebt es die Mutter liebevoll aus dem Bett und stillt es. Anschließend wechselt sie die Windeln und legt ihr Kind wieder in die Wiege. Das Baby ist nun zufrieden und schläft bald wieder ein.

Deutung:

Ich versorge euch mit allem, was ihr braucht, wie eine Mutter ihr Kind. Überlasst euch mir ganz wie ein kleines Kind, bei mir werdet ihr Geborgenheit und Frieden finden!

Botschaft:

Meine lieben Christen, seht auf die kleinen Kinder, sie machen sich keine Sorgen, sie denken nicht an die Vergangenheit und machen keine Pläne für die Zukunft! Sie leben ganz in der Gegenwart und verlassen sich auf die Hilfe ihrer Mutter, wenn ihnen etwas fehlt. Sie freuen sich über die Anwesenheit ihrer Eltern und fühlen sich ganz geborgen in ihrer Liebe.

So sollt auch ihr leben in meiner Gegenwart![233] Macht euch keine Sorgen, habt keine Angst vor der Zukunft, ich bin doch immer bei euch, wenn ihr meine Hilfe braucht![234] Ich lasse euch nicht im Stich, wenn ihr in Not seid. Denkt nicht ständig an eure Vergangenheit, an eure Verletzungen und an die schlimmen Ereignisse von früher! Übergebt mir eure Vergangenheit, ich werde eure Verletzungen heilen! Konzentriert euch ganz auf die Gegenwart, nur in der Gegenwart kann ich euch begegnen! Grübelt nicht mehr so viel, sondern macht euren Geist frei für mich! Ich möchte euch beschenken alle Tage eures Lebens, aber ihr müsst offen sein dafür. Wenn ihr Kummer habt, kommt zu mir, ich werde euch trösten durch meinen Hl. Geist![235] Ich schenke euch wieder Hoffnung und Mut für die Zukunft. Wenn ihr nicht mehr weiterwisst und einen Rat braucht, fragt mich und ich werde euch meinen Geist senden! Er wird euch in jeder Lebenssituation guten Rat geben.

Werdet wieder wie die Kinder, nehmt das Leben an, wie es ist![236] Stellt keine Ansprüche, überlasst alles der Vorsehung meines Vaters! Mein Vater im Himmel wird besser für euch sorgen als jeder irdische Vater. Er hat seine Pläne mit euch, durchkreuzt sie nicht durch euren Eigenwillen! Er liebt euch mit unendlicher Liebe; er weiß am besten, was gut für euch ist. Sein größter Wunsch ist es, euch alle einmal in der Ewigkeit bei sich aufzunehmen. Er sehnt sich nach eurer Gegenliebe, enttäuscht ihn nicht!
So seid sorglos wie ein Baby, überlasst euch meiner Gnade und nichts wird euch fehlen! Amen.

---

233. Vgl. Hos 11,4: Ich war da für sie wie die, die den Säugling an ihre Wangen heben.
234. Vgl. Mt 6,31: Macht euch also keine Sorgen und fragt nicht: Was sollen wir essen? …
235. Vgl. Jes 66,13: Wie einen Mann, den seine Mutter tröstet, so tröste ich euch; in Jerusalem findet ihr Trost.
236. Vgl. Mt 18,3: Wenn ihr nicht umkehrt und werdet wie die Kinder, werdet ihr nicht in das Himmelreich hineinkommen.

74. Nehmt euer Kreuz auf euch und folgt mir nach!
3. Mai 2008

Mein geliebtes Kind, ich schenke dir heute ein Bild über das Kreuz.

Bild:
Ich sehe auf dem Kalvarienberg Jesus am Kreuz, neben ihm die Kreuze der zwei Schächer. Jesus spricht: «Jeder nehme sein Kreuz auf sich und folge mir nach!»
Es sind nun mehrere Menschen zu sehen, die ganz verschiedene Kreuze auf ihrer Schulter tragen.

1. Szene:
Ein Mann schleppt ein großes, schweres Kreuz, das ihn fast zu Boden drückt. Als er laut zu Jesus um Hilfe schreit, nimmt ihm dieser das Kreuz ab. Erleichtert richtet er sich auf, wendet sich von Jesus ab und zerstreut sich im Vergnügungsviertel einer Stadt. Da legt Jesus dem Mann das Kreuz wieder auf die Schulter und führt ihn heraus aus der Stadt.
Deutung:
Für manche Menschen ist die Last des Kreuzes notwendig, damit sie sich nicht in der Sünde verlieren. Ohne Kreuz würden sie ein leichtfertiges, vergnügungssüchtiges Leben führen und mich vergessen.

2. Szene:
Eine Frau trägt ein kleines Kreuz auf ihrer Schulter; sie versucht ständig, es abzuwerfen, aber es gelingt ihr nicht. Sie ist ganz verärgert und beginnt zu fluchen. Daraufhin legt ihr Jesus ein viel größeres Kreuz auf den Rücken und entfernt das kleine. Die Frau bricht unter dieser Last fast zusammen, aber sie betet jetzt und bittet Jesus um Hilfe.
Deutung:
Viele Menschen wehren sich gegen ihr kleines Kreuz im Alltag. Erst wenn ich ihnen ein wirklich großes Kreuz auferlege, bekehren sie sich und suchen Hilfe bei mir.

3. Szene:

Eine andere Frau trägt mehrere kleinere, verschieden große Kreuze. Sie ist gottergeben und nimmt die Lasten an. Manchmal entfernt Jesus ein Kreuz von ihr; da freut sie sich und dankt ihm dafür.

Deutung:

Wer seine Leiden annimmt und sich mir ganz hingibt, dem werde ich manchmal auch eine Freude machen und ihm eine Last abnehmen.

4. Szene:

Ich sehe nun einen Mann, der wegen seines schweren Kreuzes am Boden liegt. Jesus legt nun den hinteren Teil des langen Balkens auf die Schulter einer Frau, die danebensteht, und bittet sie, dem Mann tragen zu helfen. Der Mann steht jetzt wieder auf und sie tragen zusammen das schwere Kreuz.

Deutung:

Ich habe euch gesagt: «Einer trage des anderen Last!»[237] So steht den schwer beladenen Menschen in ihrer Not bei und helft ihnen, ihre Lasten zu tragen!

5. Szene:

Ein alter Mann leidet unter einem großen Kreuz. Als ein junger Mann den alten sieht, lacht er ihn aus, verspottet ihn und drückt das Kreuz sogar noch nieder, sodass es noch schwerer wird. Da kommt Jesus und lädt auch dem jungen Mann ein schweres Kreuz auf. Dieser ist nun sehr bedrückt, er erkennt seine Sünden und bereut sie.

Deutung:

Wer leidende Menschen verspottet und ihnen ihre Last noch erschwert, dem werde ich ein großes Kreuz auferlegen, damit er umkehrt und seine Sünden bereut.

---

237. Vgl. Gal 6,2: Einer trage des anderen Last; so werdet ihr das Gesetz Christi erfüllen.

6. Szene:

Eine Frau mit einem kleinen Kreuz tauscht dieses freiwillig aus gegen ein größeres, weil Jesus sie darum bittet. Gelassen geht sie nun mit ihrer Last hinter Jesus her.

Deutung:

Manche auserwählte Seelen bitte ich, ein Sühneleiden auf sich zu nehmen zur Bekehrung der Menschen. Wenn sie es geduldig tragen, werde ich sie reich belohnen dafür.

7. Szene:

Ich sehe einen Mann mit einem großen Kreuz auf der Schulter, der Jesus um Hilfe anfleht. Dieser hilft ihm sofort tragen und eine weiße Taube setzt sich auf den Kopf des Mannes. Da ist der Mann erleichtert und lächelt.

Deutung:

Kommt alle zu mir, die ihr schwere Lasten zu tragen habt, ich werde euch Erleichterung verschaffen! Ich sende euch meinen Hl. Geist, er wird euch trösten und stärken.

Botschaft:

Meine geliebten Kinder, alle Menschen haben irgendein Kreuz zu tragen, aber nicht alle Kreuze stammen von mir. Ihr legt euch oft selbst viele Lasten auf oder ihr lasst sie euch von den Menschen aufbürden. Auch die Last eurer Sünden würde ich euch gerne ersparen. Wenn ihr zu mir kommt und eure Sünden bereut, werde ich euch verzeihen und euch eure Last abnehmen. Ich habe euch zur Freiheit berufen, ihr sollt als freie Kinder Gottes leben! Löst euch deshalb von allen Menschen los, befreit euch von allen unguten Abhängigkeiten! Ich befreie euch auch von allem Ballast der Welt, der euch belastet und beschwert; ihr müsst es nur zulassen! Ich habe euch gesagt: «Kommt alle zu mir, die ihr schwere Lasten zu tragen habt, ich werde euch Ruhe verschaffen!»[238] Ihr könnt in

---

238. Vgl. Mt 11,28: Kommt alle zu mir, die ihr mühselig und beladen seid! Ich will euch erquicken.

jeder Not zu mir kommen, ich werde euch trösten und erfreuen, sodass ihr eure Last leichter tragen könnt. Manchmal kann ich euch eure Last auch ganz abnehmen.

Ich habe euch aber auch gesagt: «Wer mein Jünger sein will, der verleugne sich selbst, nehme sein Kreuz auf sich und folge mir nach!»[239] Das Kreuz, das ihr auf euch nehmen sollt, ist das Kreuz der Nachfolge! Ihr sollt euch selbst verleugnen, d. h. ihr sollt nicht mehr nach eurem eigenen Willen leben, sondern den Willen Gottes erfüllen und mir nachfolgen! Aber habt keine Angst davor, denn mein Joch drückt nicht und meine Last ist leicht![240] Ich werde euch stets die nötige Kraft und den nötigen Mut geben, wenn ihr in meiner Nachfolge steht. Versucht nicht mehr, eure eigenen Pläne und Wünsche zu verwirklichen in eurem Leben, sondern fragt nach eurer Berufung, nach dem Weg, wie ihr persönlich für mich und mein Reich leben und arbeiten könnt! Jede Nachfolge bringt viele Kreuze mit sich, wie Anfeindung, Unverständnis, Verfolgung, Angriffe Satans, Verzicht auf eigene Lebenspläne usw. Dem Jünger geht es nicht anders als seinem Meister![241] Aber ich bin stets bei euch und tröste euch in jeder Not. Übergebt mir euer Leben und ich werde euch den richtigen Weg zeigen, den ihr gehen sollt!

5. Mai 2008

Wenn Menschen in der Sünde leben, muss ich ihnen manchmal ein Kreuz auferlegen, damit sie zur Besinnung kommen und sich bekehren. Manche denken nur an mich, wenn sie in großer Not sind. So muss ich sie züchtigen zu ihrem Heil; das Kreuz wird so zur Gnade für sie.

---

239. Vgl. Mt 16,24: Darauf sagte Jesus zu seinen Jüngern: Wenn einer hinter mir hergehen will, verleugne er sich selbst, nehme sein Kreuz auf sich und folge mir nach.
240. Vgl. Mt 11,30: Denn mein Joch ist sanft und meine Last ist leicht.
241. Vgl. Mt 10,25: Der Jünger muss sich damit begnügen, dass es ihm geht wie seinem Meister, und der Sklave, dass es ihm geht wie seinem Herrn.

Nehmt euer Kreuz an, das ihr nicht ändern könnt, wehrt euch nicht dagegen! Kommt zu mir, ich werde euch die Gnade dazu geben! Bedenkt, denen, die mich lieben, gereicht alles zum Heil![242] Ich werde euch reinigen und reifen lassen durch dieses Kreuz, es wird so zum Segen werden für euch und alle Menschen um euch herum!

Ich habe euch das Gebot der Nächstenliebe gegeben. So habt Geduld miteinander und helft euch gegenseitig, eure Lasten zu tragen! Verzeiht einander, macht das Kreuz eurer Mitmenschen nicht noch schwerer, als es schon ist!

Einige Menschen habe ich dazu berufen, stellvertretend für die Sünden anderer Menschen zu leiden. Sie nehmen aus Liebe zu mir ein großes Kreuz auf sich und helfen mir damit, mein Reich aufzubauen. Ich liebe diese Sühneseelen mit besonderer Liebe, ihr Lohn im Himmel wird groß sein.

Ihr meine Jünger, die ihr mir nachfolgt, wenn ihr ein Kreuz zu tragen habt, schaut auf mich am Kreuz, betrachtet meine Leiden, ich bin euch den Weg vorausgegangen! Vereinigt euch mit meinen Leiden und opfert euer Kreuz auf für den Aufbau meines Reiches! So wird großer Segen fließen auf die Kirche und die ganze Menschheit. Amen.

75. Der Obstbaum ist ein Bild für meine Kirche!
6. Mai 2008

Mein geliebtes Kind, ich habe wieder ein schönes Bild für dich.

Bild:

Ich sehe einen Obstbaum mit Tausenden von wunderschönen, weißen Blüten. Überall fliegen Bienen, die nach Nektar suchen und dabei die Blüten bestäuben. Als ein heftiges Gewitter mit Hagel kommt,

---

242. Vgl. Röm 8,28: Wir wissen aber, dass denen, die Gott lieben, alles zum Guten gereicht, …

schlagen die Hagelkörner viele Blüten vom Baum, der Sturm bricht ganze Äste ab. Aus den übrig gebliebenen Blüten wachsen allmählich die Früchte heran. Schmetterlinge legen an den jungen Früchten ihre Eier ab, aus denen «Würmer» (richtiger: Raupen) ausschlüpfen, die sich von dem Obst ernähren. Manche Früchte verfaulen und fallen vorzeitig ab. Ein Teil des Obstes wird von Vögeln und anderen Tieren gefressen. Es bleiben nur noch wenige schöne, reife Früchte übrig.

Deutung:
Der Obstbaum ist ein Bild für meine Kirche, die Blüten stellen die getauften Christen dar. Nur wenige bilden im Laufe ihres Lebens eine schöne, reife Frucht. Satan bringt viele zum Glaubensabfall oder er verführt die Gläubigen zur Sünde, d. h. ihre Frucht wird von «Würmern» aufgefressen.

Botschaft:
Ich habe alle Christen dazu berufen, reiche Frucht zu bringen.[243] Aber wie spärlich sind oft die Früchte am Ende ihres Lebens, wie «wurmstichig» sind ihre guten Werke, wie sind ihre guten Taten von Sünden durchsetzt! Ihre Früchte sind «angefault» von Egoismus und Gleichgültigkeit, von Lauheit und Eigensinn. Manche fallen in den Stürmen des Lebens ganz vom Glauben ab und bringen überhaupt keine Frucht.

So rufe ich euch auf, meine Kinder, trachtet danach, reiche Frucht in eurem Leben zu bringen! Hört auf meine Worte in der Hl. Schrift und tut, was ich euch sage! Meidet die Sünde in jeder Form, lasst euch von Satan nicht verführen! Kämpft mit den Waffen des Glaubens und haltet allen Stürmen des Lebens stand![244] Helft

---

243. Vgl. Joh 15,16: Nicht ihr habt mich erwählt, sondern ich habe euch erwählt und dazu bestimmt, dass ihr euch aufmacht und Frucht bringt und dass eure Frucht bleibt.
244. Vgl. Eph 6,13: Darum legt die Waffenrüstung Gottes an, damit ihr am Tag des Unheils widersteht, alles vollbringen und standhalten könnt!

mit am Aufbau meines Reiches und an der Erneuerung meiner Kirche! Lasst euch von meinem Hl. Geist führen und betet ohne Unterlass![245] Vor allem aber haltet euch an das Gebot der Nächstenliebe, pflegt Gemeinschaft miteinander, unterstützt euch gegenseitig, verzeiht einander! Seid ein Vorbild für alle Außenstehenden! Kommt zu mir in jeder Situation, ich werde euch stets weiterhelfen! Stärkt euch durch meine Sakramente, sucht innige Gemeinschaft mit mir![246] Pflegt auch Gemeinschaft mit meiner Mutter und allen Engeln und Heiligen, sie werden euch stets behilflich sein! So werdet ihr reiche Frucht bringen. Amen.

76. Vergesst die leidende Kirche im Fegfeuer nicht!
7. Mai 2008

Mein geliebtes Kind, ich schenke dir heute ein etwas anderes Bild.

Bild:
1. Szene:
Ich sehe im Innern der Erde ein Hochhaus mit vielen Stockwerken. Im untersten Stockwerk herrscht fast völlige Finsternis. Es leben viele Menschen dort, die recht leidend aussehen und schreien und jammern. Nur ihre Gesichter sind schwach zu erkennen, sonst ist alles schwarz. Sie haben keinen Kontakt miteinander.
Im nächsthöheren Stockwerk ist es nicht ganz so dunkel, es brennt bereits eine Kerze. Die Leute können sich im Schein der Kerze wahrnehmen und miteinander reden. Sie klagen und seufzen und sehnen sich nach mehr Licht.

---

245. Vgl. 1 Thess 5,17: Betet ohne Unterlass!
246. Vgl. 1 Kor 1,9: Treu ist Gott, durch den ihr berufen worden seid zur Gemeinschaft mit seinem Sohn Jesus Christus, unserem Herrn.

Im zweiten Stock brennen schon mehrere Kerzen. Man kann die Menschen schon deutlicher erkennen, auch die Einrichtung. Sie klagen einander ihr Leid und helfen sich gegenseitig.

Das dritte Stockwerk ist von gedämpftem Licht erfüllt. Die Bewohner dieser Wohnung sehen nicht mehr so leidend aus. Es gehen Engel ein und aus und bringen ihnen Krüge mit Wasser zum Trinken.

Im vierten Stock scheint etwas helleres Licht, auch die dort wohnenden Menschen wirken freundlicher, sie tragen bunte Kleider.

Von Stockwerk zu Stockwerk nimmt das Licht zu und damit verbunden auch die Freude der darin wohnenden Menschen.

In den obersten Stockwerken leuchtet strahlendes Licht, das die Leute fast blendet. Sie befinden sich in großer Freude, sie loben und preisen Gott und haben Sehnsucht nach noch mehr Licht.

Die Muttergottes und die Engel besuchen manchmal die Menschen im Hochhaus und bringen ihnen etwas zum Essen und zum Trinken.

Alle Stockwerke sind durch Treppen miteinander verbunden. Alle Bewohner des Hochhauses streben danach, in die nächsthöhere Wohnung zu ziehen. Es steht aber an jeder Tür ein Engel, der nur bestimmte Leute durchlässt. Sie müssen normalerweise in jedem Stockwerk eine gewisse Zeit bleiben.

Die Menschen im obersten Stockwerk werden von den Engeln und der Muttergottes abgeholt und in eine unbegrenzte Weite mit unendlich hellem Licht geführt, das von der Heiligsten Dreifaltigkeit ausgeht.[247]

Deutung:

Die Menschen, die nach ihrem Tod noch der Reinigung bedürfen, kommen ins Fegfeuer. Dieses ist wie ein Haus mit vielen Stockwerken, wobei das Licht von Stockwerk zu Stockwerk zunimmt.

---

247. Vgl. Offb 21,23-24: Die Stadt braucht weder Sonne noch Mond, die ihr leuchten. Denn die Herrlichkeit Gottes erleuchtet sie und ihre Leuchte ist das Lamm. Die Völker werden in diesem Licht einhergehen und die Könige der Erde werden ihre Pracht in die Stadt bringen.

Mein Licht[248] erleuchtet die Herzen und vertreibt in ihnen jede
Finsternis und jeden Makel der Sünde. Meine Mutter und meine
Engel kümmern sich um die Menschen im Fegfeuer und begleiten
sie auch in den Himmel.

2. Szene: 8. Mai 2008
*Ich sehe eine Kirche, in der gerade eine hl. Messe gefeiert wird. Der
Priester steht am Altar und liest die Intention der Messe vor; er betet
für eine verstorbene Frau. Da kommt ein Engel in das «Hochhaus»
des Fegfeuers und lässt diese Frau in die nächsthöhere, hellere Wohnung ziehen. Die Frau freut sich sehr darüber.*
*Eine ältere Frau betet vor einer Marienstatue einen Rosenkranz für
ihren verstorbenen Mann. Daraufhin bringt die Muttergottes dem
betreffenden Mann ein Stück Torte in die Hochhauswohnung. Der
Mann ist sehr erfreut darüber.*
*Eine Frau in Trauerkleidung steht am Grab ihrer verstorbenen
Mutter, zündet ein Grablicht an und betet für sie. Ihre Mutter erhält
in diesem Augenblick von einem Engel ein Glas Wasser zu trinken,
sodass sie nicht mehr so viel Durst hat.*
*Ein Mann gewinnt in einer Kirche den Allerseelenablass für seinen
verstorbenen Vater. Dieser darf deshalb in eine der obersten Wohnungen im Hochhaus ziehen. Er freut sich sehr über das helle Licht
dort.*

Deutung:
Wenn Menschen für ihre Verstorbenen beten, erhalten diese im
Fegfeuer spürbare Gnaden. Sie werden gestärkt und getröstet und
zum Teil von ihren Leiden befreit. Besonders wirksam sind das hl.
Messopfer und der Allerseelenablass.

---

248. Vgl. Joh 8,12: Als Jesus ein andermal zu ihnen redete, sagte er: Ich bin das Licht der Welt.
Wer mir nachfolgt, wird nicht in der Finsternis umhergehen, sondern wird das Licht des Lebens
haben.

Botschaft:
Viele Christen glauben heute nicht mehr an die Existenz des Fegfeuers. Aber sie irren sich, sie haben falsche Vorstellungen von
meiner Liebe. Das Fegfeuer ist eine Gnade für die Menschen, die
bei ihrem Tod noch nicht ganz gereinigt sind. Niemand, der unrein
ist, kann die Herrlichkeit Gottes schauen.
Jede Reinigung ist mit Leid und Schmerz verbunden, auch bereits
auf der Erde. Die Verstorbenen erkennen klar ihre Sünden und bereuen es, die Liebe Gottes so oft beleidigt zu haben. Sie wissen,
dass sie gerettet sind, und das ist ihr großer Trost.[249]

Ihr Menschen auf der Erde könnt viel für die Verstorbenen im
Reinigungsort tun![250] Nehmt die Gnadenschätze der Kirche in
Anspruch für sie, lasst diese nicht brachliegen!
Bestellt hl. Messen für sie, diese empfinden sie als große Wohltat!
Betet für die Verstorbenen, bringt Opfer und Werke der Liebe für
sie! Gewinnt wieder Allerseelenablässe für sie!
Ihr Priester, erklärt den Gläubigen wieder den Wert und die Bedeutung eines Ablasses, verschweigt nicht mehr länger die Existenz
eines Fegfeuers in euren Predigten! Haltet die Gläubigen an zum
Gebet für die Verstorbenen und geht selbst mit gutem Beispiel
voran! Ihr werdet vor mir einmal darüber Rechenschaft ablegen
müssen, ob ihr die ganze Wahrheit verkündet habt oder nicht.
Die Verstorbenen werden euch Lebenden für jede Wohltat dankbar
sein. Sie werden Fürbitte für euch einlegen, wenn ihr in Not seid,
und euch viele Gnaden erbitten. Schafft euch Freunde im Jenseits,
sie werden treuer zu euch stehen als eure irdischen Freunde!
Manche Seelen im Fegfeuer bekommen die Gnade, die Lebenden um bestimmte Hilfeleistungen zu bitten. Seid offen für ihre

---

249. Vgl. 1 Kor 3,15: Er selbst aber wird gerettet werden, doch so wie durch Feuer hindurch.
250. Vgl. 2 Makk 12,42.45: Anschließend hielten sie einen Bittgottesdienst ab und beteten, dass die
     begangene Sünde (der Gefallenen) wieder völlig ausgelöscht werde. ... Darum ließ er (Judas der
     Makkabäer) die Toten entsühnen, damit sie von der Sünde befreit werden.

Impulse, nehmt ihre leisen Anregungen ernst! Überhört sie nicht im Lärm der Welt, sondern nehmt sie wahr! Sie machen sich meist in Form von Gedanken bemerkbar, manchmal erscheinen sie auch direkt. Erfüllt ihnen ihre Wünsche, sie werden sich stets erkenntlich dafür zeigen! So vergesst die leidende Kirche im Jenseits nicht! Versucht, ihre Leiden zu lindern; bedenkt, sie gehört auch zu meinem Leib! Großen Lohn werdet ihr dafür erhalten. Amen.

77. Im Himmel werden alle mit hineingenommen in unseren göttlichen Liebesstrom!

9. Mai 2008

Mein geliebtes Kind, ich schenke dir heute eine Vision des Himmels.

Bild:
1. Szene:
Ich sehe die Heiligste Dreifaltigkeit. Gott Vater und sein Sohn Jesus sitzen auf einem goldenen Thron und tragen eine goldene Königskrone auf ihrem Haupt. Jesus befindet sich zur Rechten seines Vaters;[251] über ihnen schwebt eine weiße Taube. Die Dreifaltigkeit ist in loderndes Feuer getaucht, von ihr strahlen blendend weißes Licht und große Wärme aus.

Alle Wesen im Himmel sind auf die Heiligste Dreifaltigkeit hin ausgerichtet. Die Muttergottes kniet vor den drei göttlichen Personen; sie trägt ein blaues Kleid und eine goldene Krone auf ihrem Haupt. Hinter ihr schweben eine große Schar von Engeln in weißen Kleidern und das Heer aller Heiligen. Sie alle strahlen vor Freude, fallen auf ihre Knie nieder und beten Gott an.

---

251. Vgl. Eph 1,20: Gott ließ sie (seine Macht) wirksam werden in Christus, den er von den Toten auferweckt und im Himmel auf den Platz zu seiner Rechten erhoben hat.

Die Engel haben verschiedene Aufgaben: Ein Teil singt Lobgesänge, ein anderer Teil wird auf die Erde zu den Menschen gesandt, um verschiedene Dienste zu verrichten.

Deutung:

Im Himmel ist alles auf uns, die Dreifaltigkeit, ausgerichtet. Groß ist unsere Macht und Herrlichkeit, unendlich das Feuer unserer Liebe,[252] strahlend hell das Licht unserer Heiligkeit. Alle Bewohner des Himmels knien vor uns nieder und beten uns an.[253]

2. Szene:

Ich sehe große, schöne Häuser mit Gärten,[254] in denen viele Leute wie in einer Familie zusammenleben. Auch die Mitglieder von Ordensgemeinschaften wohnen zusammen. Es wirkt alles gläsern und durchsichtig; die Menschen können durch die Wände hindurchgehen. Sie sind mit großer Liebe zu allen anderen erfüllt, es gibt keinen Streit und keinen Hass mehr zwischen ihnen, sie sind alle voller Freude und voller Glück. Sie gehen in ihren Häusern ständig aus und ein und besuchen sich gegenseitig; sie begrüßen sich und umarmen sich. Diejenigen, die auf der Erde eng miteinander verbunden waren, sind es auch im Himmel.

Die Häuser unterscheiden sich in ihrer Schönheit und Größe je nach dem Grad der Heiligkeit der Bewohner.

Die Engel haben ihre Wohnungen in aneinandergereihten prachtvollen Häusern. Es leben immer diejenigen mit ähnlichen Aufgaben zusammen.

Die Muttergottes wohnt in einem großen Palast zusammen mit allen, die sie auf Erden besonders geliebt haben. Rund um den Palast

---

252. Vgl. Apg 2,3-4: Und es erschienen ihnen Zungen wie von Feuer, die sich verteilten; auf jeden von ihnen ließ sich eine nieder. Und alle wurden vom Heiligen Geist erfüllt ...

253. Vgl. Offb 19,4: Und die vierundzwanzig Ältesten und die vier Lebewesen fielen nieder vor Gott, der auf dem Thron sitzt, beteten ihn an und riefen: Amen, halleluja!

254. Vgl. Joh 14,2: Im Haus meines Vaters gibt es viele Wohnungen.

erstreckt sich ein riesiger Garten mit den schönsten Blumen und Früchten. Maria pflückt viele davon und streut sie auf die Erde. Die Heiligste Dreifaltigkeit wohnt im allerschönsten und größten Palast im Himmel; er besteht ganz aus Feuer.

Deutung:
Bei uns im Himmel gibt es viele Wohnungen, ich habe euch den Weg dazu bereitet. Es leben alle in liebender Gemeinschaft zusammen, aber der Unterschied an Heiligkeit ist groß. Meine Mutter übertrifft alle an Heiligkeit, sie kann deshalb viele Gnaden an die Erdenbewohner austeilen.

Botschaft: 10. Mai 2008
Meine geliebten Kinder, freut euch auf die Zukunft, die ich euch bereitet habe! «Kein Auge hat es gesehen, kein Ohr hat es gehört, was Gott denen bereitet hat, die ihn lieben!»;[255] so steht es schon in der Hl. Schrift. Mein Vater, mein Hl. Geist und ich, wir stehen in einem ständigen Austausch von unendlich großer Liebe. Alle Bewohner des Himmels werden mit hineingenommen in diesen göttlichen Liebesstrom. Als Folge davon empfinden alle ein unvorstellbares Glück, eine unsagbare Freude und einen unendlichen Frieden; sie erhalten Anteil an unserer göttlichen Herrlichkeit. Einen Vorgeschmack davon gebe ich manchen Menschen schon auf Erden. Im Himmel werden alle eure Wünsche erfüllt, keine Not und kein Leid erfüllen mehr euer Herz![256] Ihr werdet ein göttliches Leben führen und mit göttlicher Liebe lieben.

---

255. Vgl. 1 Kor 2,9: Nein, wir verkünden, wie es in der Schrift steht, was kein Auge gesehen und kein Ohr gehört hat, was in keines Menschen Herz gedrungen ist, was Gott denen bereitet hat, die ihn lieben (s. Jes 52,15).

256. Vgl. Offb 21,4: Er wird alle Tränen von ihren Augen abwischen: Der Tod wird nicht mehr sein, keine Trauer, keine Klage, keine Mühsal. Denn was früher war, ist vergangen.

Aus Dankbarkeit und Liebe werden uns alle Ehrfurcht und Anbetung entgegenbringen. Die Anbetung ist die angemessene Haltung des Geschöpfes gegenüber seinem Schöpfer. So wird die Anbetung eine Ewigkeit lang nicht aufhören, in großer Demut beugen alle Engel und Heiligen ihre Knie vor unserer großen Heiligkeit.

So bitte ich euch alle, beginnt bereits auf der Erde mit der Anbetung, pflegt vor allem die eucharistische Anbetung! Große Gnaden gehen davon aus; durch die Anbetung werdet ihr bereits jetzt schon erfasst vom Feuer der göttlichen Liebe! Ich wandle eure menschliche Natur um und ihr werdet allmählich «vergöttlicht». Wenn ihr das doch nur begreifen würdet! Ihr würdet keine Zeit mehr vergeuden mit Nebensächlichkeiten und irdischem Tand, sondern eurem Gott die Ehre geben und mich anbeten im Allerheiligsten. Eure edelste Aufgabe ist die Anbetung, dazu habe ich euch erschaffen.

Die Bewohner des Himmels haben nicht nur eine innige Gemeinschaft mit uns, der Heiligsten Dreifaltigkeit, sondern auch untereinander. Die Beziehungen sind geprägt von großer Liebe und großem Verständnis, sie werden nicht mehr getrübt durch die Sünde. Die Liebesbeziehungen auf der Erde werden im ewigen Leben fortgeführt, aber jetzt in großer Reinheit. Die Heiligkeit der verschiedenen Menschen ist aber unterschiedlich groß. Je heiliger jemand bereits auf der Erde gelebt hat, umso größer wird seine Heiligkeit auch im Himmel sein. Ich werde jeden belohnen nach seinen Taten, kein Werk der Liebe und kein aufrichtiges Gebet wird umsonst sein!

Meine Mutter ist das heiligste aller Geschöpfe, sie war ganz rein von Anbeginn ihres Lebens. Keine Sünde hat je ihr Herz befleckt. Ich kann ihr keine Bitte abschlagen, mächtig ist ihre Fürbitte. Sie kann in meiner Vollmacht unzählige Gnaden austeilen an Menschen, die sie lieben und die sich an sie wenden. Haltet also Freundschaft mit meiner Mutter und bittet sie um ihre Fürsprache!

Wendet euch auch an meine Engel, ich habe sie zum Dienst an euch bestellt!

Euer irdisches Leben ist nur eine Vorbereitung auf euer ewiges Leben. Der Sinn eures Lebens wird sich euch erst in der Ewigkeit bei uns ganz erschließen. Strebt auf der Erde nach Heiligkeit; es ist nicht gleichgültig, wie ihr gelebt habt! Freut euch auf unsere gemeinsame Zukunft, freut euch auf das ewige Leben, denn euer Glück wird unbeschreiblich groß sein! Amen.

78. Eure Strahlkraft ist nur gering; ihr lebt zu wenig die Heiligkeit!
15. Mai 2008

Mein geliebtes Kind, ich habe heute wieder ein Bild für dich.

Bild:
1. Szene:
Ich sehe den Erdball ganz in Finsternis gehüllt. Es sind aber auch sehr viele kleine Lichtpunkte auf der Erde zu sehen; manche sind etwas größer, die meisten sind aber winzig klein. Das helle Feuer außerhalb der dunklen Erdhülle kann diese nicht durchdringen; nur einzelne Strahlen treffen auf der Erdkugel auf.
Deutung:
Die Welt liegt im Argen; Finsternis umhüllt die ganze Erde. Satan hat fast überall die Macht übernommen. Das Feuer meiner Liebe kann nicht durchdringen durch die Finsternis wegen der Sünden der Menschen. Nur wo Menschen ganz für mich leben, wird es hell auf der Welt.

2. Szene:
Ein Priester steht am Altar und hält die Monstranz mit dem Aller-heiligsten empor. Von der Hostie geht strahlendes Licht aus, das die ganze Kirche erfüllt und alle Dunkelheiten und Nebelschwaden,

die vorher da waren, vertreibt. Die Herzen der Menschen reagieren unterschiedlich auf das Licht. Die meisten bleiben befleckt, wie sie vorher waren, einige werden rein, andere bleiben schwarz.

Deutung:

Auch meine Kirche liegt im Argen. Viele Menschen sind nicht mehr offen für meine Gnaden, sie haben keine Liebe zu mir. Sie erledigen ihre religiösen Pflichten, führen aber ein ganz weltliches Leben.

3. Szene:

Ich sehe dieselbe Kirche wie in der 2. Szene. Das Licht der hl. Eucharistie strahlt auch noch außerhalb der Kirche, aber die meisten Menschen, die vorbeigehen, nehmen es nicht wahr. Als die Kirchgänger die Kirche verlassen, strahlen die meisten von ihnen nur schwach oder überhaupt nicht, nur einige wenige sind ganz erfüllt mit Licht.

Deutung:

Das Licht meiner hl. Eucharistie strahlt zwar in die Welt, diese nimmt es jedoch meist nicht wahr; sie ist nicht offen dafür. Die meisten Kirchgänger tragen mein Licht nicht weiter in die Welt,[257] sie strahlen selbst zu wenig oder überhaupt nicht. Die Strahlkraft meiner Kirche ist zu schwach, sodass sie die Außenstehenden nicht erreicht.

Botschaft: 16. Mai 2008

Ihr meine geliebten Kinder, die ihr mir nachzufolgen glaubt, überlegt, ob euer Leben vollwertig ist in meinen Augen!

Tut ihr alles aus Liebe zu mir? Hegt ihr eine große Liebe zu mir in eurem Herzen? Was ist euer Beitrag zum Aufbau meines Reiches auf dieser Erde? Haltet ihr euch von der Sünde fern? Habt ihr Mitleid mit eurem Nächsten, der in Not ist, und unterstützt ihr

---

257. Vgl. Mt 5,16: So soll euer Licht vor den Menschen leuchten, damit sie eure guten Taten sehen und euren Vater im Himmel preisen.

ihn? Wollt ihr euren eigenen Willen durchsetzen oder fragt ihr in jeder Situation nach dem Willen meines Vaters?[258] Lasst ihr euch von meinem Hl. Geist leiten und fragt ihr ihn stets um Rat? Meine Kinder, ihr lebt zu wenig die Heiligkeit![259] Nur heilige Menschen können die Welt heute noch überzeugen. Durch eure Lauheit und Mittelmäßigkeit kommt niemand zum Glauben. Eure Strahlkraft ist nur gering, so werdet ihr niemanden überzeugen können von meiner übergroßen Liebe. Die Menschen suchen ihr Glück meist in der Welt, weist ihr ihnen den Weg zu mir, ihrem wahren Glück! Finsternis umhüllt die Erde, Satan verführt die Menschen zur Gottlosigkeit und zu den schlimmsten Sünden. Die meisten Menschen sind nicht offen für meine Liebe und meine Gnade. So betet für sie, damit ich ihr Herz erreiche und sie verwandeln kann! Ich habe große Sehnsucht danach, alle Menschen aus der Finsternis in mein Licht zu holen. Seid ihr mir dabei behilflich, lebt nicht mehr so gleichgültig dahin und verfolgt nicht nur eure irdischen Interessen! Legt ab euren Eigensinn und eure Eigenmächtigkeit und überlasst euch mir ganz! Lasst euch verwandeln von meinem Hl. Geist, so werdet ihr mehr Frucht bringen für die Kirche! Amen.

79. Kommt zu mir, ich bin die Quelle des Lebens!
17. Mai 2008

Mein geliebtes Kind, ich schenke dir wieder ein Bild.

Bild:

Inmitten einer ausgedehnten Sandwüste sehe ich eine kleine Oase, wo Palmen, Kakteen und andere Pflanzen wachsen. In der Mitte

---

258. Vgl. Mt 6,9-10: Unser Vater im Himmel, … dein Wille geschehe wie im Himmel, so auf der Erde.
259. Vgl. 2 Kor 7,1: Reinigen wir uns also von aller Unreinheit des Leibes und des Geistes und streben wir in Gottesfurcht nach vollkommener Heiligung.

sprudelt das Wasser einer Quelle hoch empor wie bei einem Spring-brunnen.[260] Das Wasser fließt in verschiedene Richtungen und be-wässert die Oase.

Draußen in der Wüste befinden sich viele Menschen, die sich in der Hitze abmühen und großen Durst leiden. Die wenigsten aber finden den Weg zur Oase. Eine Familie mit kleinen Kindern kommt zur Quelle und alle trinken von dem frischen Wasser. Die Kinder spielen am Wasser, sie benützen die Quelle als Dusche und erfrischen sich am ganzen Körper. Die Frau füllt einen großen Krug mit Wasser und hebt ihn zum Transportieren auf ihren Kopf.

Hernach gehen alle erfrischt wieder hinaus in die Wüste und erzählen den Leuten dort begeistert von der Quelle in der Nähe, aber die meisten glauben ihnen nicht. Sie plagen sich lieber weiterhin ohne Wasser in der Hitze ab, manche brechen fast zusammen vor Durst. Nur wenige schenken der Familie Glauben und suchen die Oase, mit deren Quellwasser sie ihren Durst löschen können.

Deutung:
Ich bin die Quelle des Lebens.[261] Aus mir strömt alles Leben her-vor, ohne mich hat nichts Bestand. Ich allein kann euren Durst nach Leben löschen.[262] Ich stille euer Verlangen nach Liebe, Glück, Zufriedenheit, Friede und Freude; sucht nicht mehr verzweifelt woanders danach! Verlasst die Wüste der Gottlosigkeit, ihr werdet dort verdursten!

Botschaft: 18. Mai 2008
Ihr meine Menschenkinder, die ihr Durst nach Leben habt, kommt zu mir, ich werde euren Durst stillen! Bei mir bekommt ihr kühles, frisches Wasser, das ganz rein ist. Begnügt euch nicht mit dem abgestandenen, verunreinigten Wasser der Welt und verabscheut

---

260. Vgl. Jes 35,6: ... denn in der Wüste sind Wasser hervorgebrochen und Flüsse in der Steppe.
261. Vgl. Ps 36,10: Denn bei dir ist die Quelle des Lebens, in deinem Licht schauen wir das Licht.
262. Vgl. Joh 7,37-38: Wer Durst hat, komme zu mir und es trinke, wer an mich glaubt!

das vergiftete, schmutzige Abwasser Satans! Ich werde euch stets erfrischen und stärken; ich reinige euch auch, wenn es notwendig ist. Sucht nicht mehr woanders euer Glück, ihr werdet es nirgends finden! Nur ich kann euer großes Verlangen nach Liebe und Frieden stillen.

Ich bin die Quelle allen Lebens; nur bei mir findet ihr Leben in Fülle. Warum müht ihr euch ab ohne Wasser in der Hitze des Lebens? Kommt zu mir, ich werde euch einen frischen Trunk reichen. Wohin mein Wasser fließt, dort sprießt alles Leben, es grünt und blüht alles, es kann alles wachsen und gedeihen.[263] Mein Wasser ist der Hl. Geist, der alles Leben hervorbringt, der alles durchdringt und am Leben erhält. Ihr lebt alle in der Wüste, ihr habt mein Wasser so notwendig. Warum trinkt ihr es nicht? Ihr bekommt es umsonst![264] Warum gebt ihr so viel Geld aus für Dinge, die euren Durst nicht stillen?[265] Ich bin Jesus, euer Gott, der euch unendlich liebt und der nur euer Glück will! Lasst euch beschenken durch meinen Hl. Geist, seid offen dafür! Ihr werdet große Wohltaten empfangen.

So kehrt um und erfrischt euch an der Quelle eures Lebens! Amen.

---

263. Vgl. Offb 22,1-2: Und er zeigte mir einen Strom, das Wasser des Lebens, klar wie Kristall; er geht vom Thron Gottes und des Lammes aus. ...

264. Vgl. Offb 22,17: ... Wer durstig ist, der komme! Wer will, empfange unentgeltlich das Wasser des Lebens!
Vgl. auch Offb 21,6: Wer durstig ist, den werde ich unentgeltlich aus der Quelle trinken lassen, aus der das Wasser des Lebens strömt.

265. Vgl. Jes 55,1-2: Auf, alle Durstigen, kommt zum Wasser! ... Warum bezahlt ihr mit Geld, was euch nicht nährt, und mit dem Lohn eurer Mühen, was euch nicht satt macht?

80. Das Leben der meisten Menschen ist wie ein großes Labyrinth!
19. Mai 2008

Mein geliebtes Kind, ich lasse dich wieder ein Bild erkennen.

Bild:

Ich sehe in einem Garten ein riesiges, quadratisches Labyrinth, dessen Wege durch hohe, grüne Hecken begrenzt sind. Viele Menschen irren darin umher und suchen den Ausgang, über dem das Schild «Glück» angebracht ist. Der Irrgarten ist voller Bilder und Schilder, die den Menschen den Weg weisen wollen.

Eine Frau biegt an einer Stelle rechts ab, weil sie dort ein Bild mit einem schönen Haus erblickt. Als sie aber weitergeht, gerät sie in eine Sackgasse und sie muss wieder umkehren. Bei der nächsten Weggabelung schlägt sie den linken Weg ein, denn dort zieht ein Bild mit einem großen goldenen Ring ihre Aufmerksamkeit auf sich. Aber auch dieser Weg ist ein Irrweg. So kehrt sie um und entscheidet sich für eine andere Richtung.

Ein Mann geht einen langen, verwinkelten Weg, an dem immer wieder Bilder von Fußballspielen stehen. Doch er kommt dabei nicht bis zum Ausgang. Als er daraufhin den Gang mit dem Schild «Karriere» wählt, landet er erneut in einer Sackgasse.

Eine kleine, alte Frau achtet nicht auf alle diese Zeichen. Sie orientiert sich an einer weißen Taube, die ihr vorausfliegt. Die Taube führt sie zu einer abgelegenen Gebetsstätte mit einem großen Holzkreuz. Nachdem die Frau einige Zeit dort gebetet hat, fliegt die Taube weiter und lässt sich auf einem Opferstock nieder. Die alte Frau wirft ein Geldstück hinein und sogleich fliegt der Vogel zu einem alten Mann, der am Boden liegt und selbst nicht mehr aufstehen kann. Die Frau hilft dem Mann auf die Füße und setzt ihren Weg fort. Zwischendurch macht sie Rast auf einer Bank. Sie füttert die Taube und streichelt sie liebevoll. Als sie aber eine Person, die gerade vorbeigeht, beschimpft, fliegt der Vogel sofort davon. Die alte Frau ist deswegen recht betrübt und bittet die Person um Verzeihung. Da kommt die Taube wieder herbeigeflogen und weist der Frau weiterhin den Weg. So kommt diese ohne große Irrwege zum Ausgang mit dem Schild «Glück».

Deutung:

Das Leben der meisten Menschen ist wie ein großes Labyrinth. Sie irren orientierungslos umher und folgen den vielen Wegweisern der Welt, die sie in eine Sackgasse führen.[266] Sie finden nicht das Glück, nach dem sie verzweifelt suchen. Nur die Menschen, die sich von meinem Hl. Geist führen lassen, kommen ohne große Irrwege ans Ziel, dem ewigen Glück bei mir, das schon auf Erden beginnt.

Botschaft:

Meine geliebten Kinder, sucht euer Glück nicht mehr in der Welt, ihr werdet es dort nicht finden! Nur **ich** kann euch euer Lebensglück verschaffen.[267] Warum irrt ihr ständig umher und lasst euch täuschen von den Verlockungen der Welt? Nichts Irdisches kann euch im Grunde befriedigen, alles Weltliche wird euch letztlich enttäuschen, denn ich habe euch geschaffen für mich. Ich habe euch eine große Sehnsucht nach mir ins Herz gelegt, aber vielen ist dies nicht bewusst. Nur bei mir werdet ihr Ruhe finden für eure Seele.[268] Lasst euch führen von meinem Hl. Geist, so könnt ihr euch viele Irrwege ersparen! Er wird euch geradewegs zu mir führen, eurem ewigen Glück. Fragt ihn ständig um Rat, erhebt eure Augen und euren Sinn zum Himmel, schaut nicht nach links oder rechts! Lasst euch nicht mehr ablenken von den Freuden der Welt, ihr landet sonst immer wieder in einer Sackgasse! Jammert nicht über die vielen Enttäuschungen in eurem Leben! Sie machen euch bewusst, wie oft ihr euch verirrt habt. Ihr habt zu viel erwartet von den Menschen und von den Dingen der Welt, ihr habt euer

---

266. Vgl. 2 Petr 2,15: Sie haben den geraden Weg verlassen und sind in die Irre gegangen.
267. Vgl. Ps 16,2: Ich sagte zum Herrn: Mein Herr bist du, mein ganzes Glück bist du allein.
268. Vgl. Ps 62,2: Bei Gott allein wird ruhig meine Seele, von ihm kommt mir Rettung.

Glück von ihnen erhofft.[269] Jede Enttäuschung, jede Sackgasse ist ein Aufruf zur Umkehr zu mir. Ich werde euch mit offenen Armen aufnehmen, wenn ihr euch mir zuwendet, denn ich liebe euch mit unendlicher Liebe. Wie gern würde ich euch die vielen Umwege in eurem Leben ersparen, aber euer Herz ist verstockt und es hängt zu sehr an der Welt! Nur die vielen negativen Erfahrungen lösen euch langsam los von der Welt, sodass ihr offen werdet für mich.

Mein Hl. Geist wird euch den richtigen Weg zeigen, den Weg des Gebets und der Nächstenliebe. Betrübt nicht meinen Hl. Geist! Durch jede Sünde wird er von euch weichen und durch jede Reue wird er zu euch zurückkommen. Er wird euch reich beschenken mit seinen Gaben und euch bereits auf Erden großes Glück verschaffen. So irrt nicht mehr herum im Labyrinth eures Lebens, sondern lasst euch führen von meinem Hl. Geist! Amen.

81. Ich gehe wie ein Holzschnitzer vor in eurem Leben!
20. Mai 2008

Mein geliebtes Kind, ich schenke dir wieder ein Bild.

Bild:
Ich sehe einen Holzschnitzer bei der Arbeit. Er schnitzt gerade eine Marienstatue mit dem Leichnam Jesu, eine Pietà. Aus einem großen Stück hellem Holz arbeitet er zuerst die groben Umrisse der Figur heraus, hernach beginnt er mit der Feinarbeit. Das Gesicht der Muttergottes wird immer feiner und schöner. Auch die anderen Teile des Kunstwerks nehmen immer mehr Gestalt an.

---

269. Vgl. 1 Joh 2,15: Liebt nicht die Welt und was in der Welt ist! Wer die Welt liebt, in dem ist die Liebe des Vaters nicht.

Deutung:

Ich gehe wie ein Holzschnitzer vor in eurem Leben. Ich arbeite so lange an euch, bis euer wahres Wesen zum Vorschein kommt. Ihr nehmt immer mehr die Gestalt an, die ich für euch vorgesehen habe. Jeder Mensch ist ein Kunstwerk, das durch meine Hände im Laufe des Lebens noch mehr vervollkommnet wird, wenn er sich mir ganz überlässt.[270]

Botschaft:

Meine geliebten Kinder, überlasst euch ganz meinem Wirken, ich möchte ein großes Kunstwerk aus euch machen! Jeder von euch ist einmalig, ich möchte jeden von euch zu seiner ganz besonderen Heiligkeit führen. Beklagt euch nicht, wenn ihr mancherlei Leiden erdulden müsst, wenn Krankheiten auf euch zukommen oder wenn ihr Verfolgung, Verleumdung, Misserfolg und die Mühsal eures Lebens ertragen müsst! Diese Wechselfälle des Lebens benütze ich als Schnitzmesser, um alle Sünden, Schwächen, Fehler und schlechten Gewohnheiten aus dem Holz eures sündhaften Wesens herauszuschnitzen. Ich behaue euch, damit eure Heiligkeit immer mehr zum Vorschein kommt. Ihr empfindet dies als schmerzhaft, aber es ist notwendig zu eurer Reifung. Bedenkt, ich tue alles aus Liebe; ich würde euch die Schmerzen gerne ersparen, wenn es eine andere Möglichkeit gäbe! Aber die Sünde sitzt zu tief in euch, ihr könnt nur durch eine schmerzhafte Reinigung davon befreit werden.[271]

Übergebt mir euer Leben, gebt mir die Erlaubnis, an eurem Herzen zu arbeiten! Aber beklagt euch nicht, wenn alle möglichen Leiden

---

270. Vgl. Jer 18,6: Kann ich nicht mit euch verfahren wie dieser Töpfer, Haus Israel? – Spruch des Herrn. Siehe, wie der Ton in der Hand des Töpfers, so seid ihr in meiner Hand, Haus Israel.

271. Vgl. Hebr 12,11: Jede Züchtigung scheint zwar für den Augenblick nicht Freude zu bringen, sondern Leid; später aber gewährt sie denen, die durch sie geschult worden sind, Gerechtigkeit als Frucht des Friedens.

über euch kommen! Verlasst mich dann nicht, hadert dann nicht mit mir, denn ich gewähre euch eine große Gnade! Wenn ihr die Zusammenhänge erkennt, könnt ihr alles besser annehmen. Denkt daran: Ich bin der Künstler, der gerade dabei ist, ein wunderschönes Kunstwerk aus euch zu machen! Amen.

82. Stärkt euch immer wieder in der Stille bei mir wie ein einsamer Bergsteiger!
21. Mai 2008

Mein geliebtes Kind, ich habe wieder ein Bild für dich.

Bild:
Ich sehe einen Bergsteiger, der bei herrlichem Wetter allein auf dem Gipfel eines Berges steht und die wunderschöne Aussicht rundherum genießt. Er setzt sich auf einen Felsen, holt seinen Proviant aus dem Rucksack hervor und stärkt sich. Anschließend zieht er ein kleines Buch aus dem Gepäck und liest einige Zeit darin. Als er müde wird, legt er sich auf seinen Rucksack und schläft ein. Nach einem kurzen Schlaf begibt er sich vor das Gipfelkreuz und betet.

Deutung:
Macht es wie ein einsamer Bergsteiger: Zieht euch von Zeit zu Zeit vom Alltag zurück und begebt euch in die Stille! Erhebt euer Herz zu mir, stärkt euch in meiner Gegenwart, ruht euch etwas aus in meinen Armen![272] So werdet ihr mit frischer Kraft zurückkehren zu euren Aufgaben.

---

272. Vgl. Mk 6,31: Da sagte er zu ihnen: Kommt mit an einen einsamen Ort, wo wir allein sind, und ruht ein wenig aus! ...

Botschaft:

Meine geliebten Kinder, verliert euch nicht in der Arbeit! Unterbrecht eure Arbeit immer wieder und zieht euch zurück in die Stille! Überdenkt euer Leben und besinnt euch wieder auf mich! Pflegt Kontakt mit mir, betet und vertraut mir eure Probleme an! Ich werde euch weiterhelfen auf eurem Lebensweg, ich schenke euch Klarheit und Einsicht. Bei mir könnt ihr euch fallenlassen und ausruhen von euren Mühen. Ich befreie euer Herz von aller Unruhe, Hektik und Angst; ich schenke euch dafür Ruhe, Zuversicht und Hoffnung. Ich gebe euch wieder Kraft und Stärke und neuen Lebensmut, sodass ihr ganz erfrischt wieder zu euren Aufgaben zurückkehren könnt.

Haltet auch während eurer Arbeit öfter inne und richtet euren Sinn auf mich! Sprecht ein Stoßgebet, ich werde euer Gebet erhören! Denkt während des Tages öfter an mich, macht euch stets meine Gegenwart bewusst! Ich bin doch immer bei euch und ich verlasse euch nicht![273] Ich bin euer Herr und Gott, ich helfe euch weiter in jeder Not! Pflegt eine innige Freundschaft mit mir, betrachtet mich als euren Freund! Ich werde euch nicht enttäuschen, sondern treu zur Seite stehen.

Opfert mir eure Arbeit auf, verrichtet sie zu meiner Ehre! So werde ich euer Werk segnen und heiligen. Gönnt euch aber auch genügend Ruhepausen, ich überfordere euch nicht! Amen.

---

273. Vgl. Ps 9,11: Darum vertrauen dir, die deinen Namen kennen, denn du, Herr, hast keinen, der dich sucht, je verlassen.

83. Die Zeit der Ernte ist da, ich werde bald kommen zum Gericht!
23. Mai 2008

Mein geliebtes Kind, ich schenke dir jetzt ein Bild zur Ernte.

Bild:
Ich sehe einen großen Obstgarten mit den verschiedensten Bäumen. Es ist Zeit der Ernte. Eine Frau pflückt von einem Baum Äpfel; mehrere kleine Kinder sammeln die heruntergefallenen Äpfel auf. Die guten, schönen Äpfel legen sie in große Körbe, die angefaulten und «wurmigen» werfen sie in Abfalleimer.[274] Zwei Männer kommen und tragen die Körbe weg.

Im Obstgarten sind viele Menschen mit der Obsternte beschäftigt, manche ernten Zwetschgen, andere Birnen. Sie gehen alle ähnlich vor wie die Leute bei der Apfelernte.

Deutung:
Die Zeit der Ernte ist da, ich werde bald kommen zum Gericht.[275] Ich werde die Menschen auslesen und jedem vergelten nach seinen Taten. Ich werde diejenigen sammeln, die vor meinen Augen bestehen können, und sie bereits jetzt auf der Erde ganz in meinem Reiche wohnen lassen. Die Übeltäter, die Mörder, die Ehebrecher, die Gottlosen und alle anderen Sünder, die sich mir hartnäckig widersetzen, werde ich der gerechten Strafe überlassen.[276]

Botschaft:
Die Zeiten gehen ihrem Ende entgegen, ich werde bald kommen zum Gericht.

---

274. Vgl. Mt 13,48: ... sie (die Fischer) setzten sich, sammelten die guten Fische in Körbe, die schlechten aber warfen sie weg.

275. Vgl. Offb 14,7: Er (ein Engel) rief mit lauter Stimme: Fürchtet Gott und erweist ihm die Ehre! Denn die Stunde seines Gerichts ist gekommen.

276. Vgl. Mt 13,49-50: So wird es auch bei dem Ende der Welt sein: Die Engel werden kommen und die Bösen aus der Mitte der Gerechten aussondern und sie in den Feuerofen werfen.

Meine Menschenkinder, hört auf das, was ich euch zu sagen habe! Jetzt ist noch die Zeit der Gnade, jetzt ist noch die Zeit der Umkehr. Nützt die Zeit und bekehrt euch, überdenkt euer Leben und überlegt, ob ihr bestehen könnt vor mir! Lasst ab von der Sünde und wendet euch mir zu; es bleibt euch nicht mehr viel Zeit! Ich komme jetzt auf die Erde und stelle Recht und Gerechtigkeit wieder her. Niemand wird meinem Gericht entfliehen können. Satan wird noch kurze Zeit wüten auf der Erde, aber ich werde ihn bald entmachten. Alle Sünder, die sich nicht bekehren wollen, werden untergehen in den Wirren der Zeit. Ich schicke meine Engel zum Strafgericht, große Not wird überall herrschen auf der Welt. Dann werdet ihr den Unterschied sehen zwischen den Guten und den Bösen, zwischen den Heiligen und den hartnäckigen Sündern.[277] Meine Kinder, die mir nachfolgen, werde ich beschützen und trösten und sie jetzt schon in meinem Reiche wohnen lassen. Die Sünder jedoch werden fluchen und verzweifelt sein, sie werden vor Angst vergehen.[278] Ich werde alle Bösen ausrotten auf der Erde,[279] die Bosheit wird keinen Bestand haben. Wehe denen, die ihre Sünden vor dem Tod nicht noch bereuen, sie werden in die ewige Finsternis geworfen werden!

Die Zeit ist ernst, das Ende ist nahe! Vergeudet eure Zeit nicht mehr mit nutzlosem Tand, sondern nützt die Zeit zur Umkehr und Buße! Achtet darauf, dass euch mein Gericht nicht ahnungslos überrascht! Bereitet euch darauf vor, stellt euch innerlich darauf ein! So werdet ihr nichts zu befürchten haben. Ich werde bald meine Ernte einbringen. Trachtet danach, dass euer Leben viele gute Früchte bringt! Ich werde euch reichlich dafür belohnen. Amen.

---

277. Vgl. Mal 3,18: Dann werdet ihr wieder den Unterschied sehen zwischen dem Gerechten und dem Frevler, zwischen dem, der Gott dient, und dem, der ihm nicht dient.
278. Vgl. Spr 12,21: Kein Unheil trifft den Gerechten, doch die Frevler erdrückt das Unglück.
279. Vgl. 2 Petr 3,7: Sie (Himmel und Erde) werden bewahrt für den Tag des Gerichts und des Verderbens der gottlosen Menschen.

84. Durch das Feuer meines Hl. Geistes wandle ich euch um und reinige ich euch!
24. Mai 2008

Mein geliebtes Kind, ich lasse dich wieder ein Bild erkennen.

Bild:

Ich sehe einen Chemiker in einem Chemielabor. Er vermischt zwei verschiedenfarbige Feststoffe in Pulverform in einem Reagenzglas und erhitzt anschließend das Gemisch über dem Bunsenbrenner, sodass eine chemische Reaktion stattfindet und ein völlig neuer Feststoff entsteht. Dieser hat eine andere Farbe und auch ganz andere Eigenschaften als die Ausgangsstoffe. Da das Produkt noch verunreinigt ist, unterzieht es der Chemiker verschiedenen Reinigungsverfahren.

Deutung:

Wie der Chemiker durch Zufuhr von Wärme vorhandene Stoffe in ganz neue Stoffe umwandeln kann, so wandle ich euch durch das Feuer meines Hl. Geistes in eine ganz neue Kreatur um.

Ich reinige euch auch so lange von allen Verunreinigungen des «alten» Menschen, bis ihr ganz rein vor mir steht.

Botschaft: 25. Mai 2008

Meine geliebten Kinder, durch das Feuer meines Hl. Geistes wandle ich euer Wesen ganz um, ich schaffe etwas völlig Neues. Das Alte ist vergangen, das Neue kommt zum Vorschein.[280] Widersetzt euch meinem Wirken nicht, sondern überlasst euch mir ganz! Ich möchte euch im Laufe eures Lebens von allen Verunreinigungen durch die Sünde reinigen.[281] Das neue göttliche Leben soll immer

---

280. Vgl. 2 Kor 5,17: Wenn also jemand in Christus ist, dann ist er eine neue Schöpfung: Das Alte ist vergangen, siehe, Neues ist geworden.
281. Vgl. Mal 3,2-3: Denn er (der Herr) ist wie das Feuer des Schmelzers und wie die Lauge der Walker.

mehr Gestalt annehmen in euch. Wenn ihr euch ständig dem Feuer meines Hl. Geistes aussetzt, geschieht die Reinigung schneller. Ihr werdet den Prozess als sehr schmerzhaft empfinden, denn die Sünde sitzt tief in euch. So klagt und jammert nicht, wenn ihr Schmerzen erleiden müsst, wenn eure Lebenspläne durchkreuzt werden und wenn euch Unglück und Schicksalsschläge treffen, denn es gereicht euch alles zum Heil! Haltet euch in dieser Zeit ganz an mich, ich kann euch am besten helfen in eurer Not! Sucht nicht Hilfe in der Welt, ihr werdet sie dort nicht finden! Wer am Ende des Lebens noch nicht vollständig gereinigt ist, kommt an den Reinigungsort im Jenseits. Niemand, der noch befleckt ist von der Sünde, kann mein Angesicht schauen. Die Reinigung ist eine große Gnade, so widersetzt euch ihr nicht! Wenn ihr das doch alle verstehen würdet! Die meisten Menschen verstehen dieses Geheimnis nicht, auch meine Priester nicht. Sie geben keine Lehre darüber und stehen dem Leiden meist hilflos gegenüber.

So nehmt alles an, was im Leben auf euch zukommt, es hat alles einen Sinn! Ich kann alles zu eurem Besten benützen; im Jenseits werdet ihr alles erkennen und ihr werdet mir für alles dankbar sein. Amen.

85. Entdeckt wieder die Hl. Schrift!
26. Mai 2008

Mein geliebtes Kind, ich habe wieder ein Bild für dich.

Bild:
1. Szene:
Ich sehe einen Mann in altertümlicher, langer Kleidung an einem Tisch sitzen und schreiben; auf seinem Kopf sitzt eine weiße Taube.

Er setzt sich, um das Silber zu schmelzen und zu reinigen: Er reinigt die Söhne Levis, er läutert sie wie Gold und Silber.

Von dieser strahlt helles Licht aus, das auch auf das Papier fällt, auf dem der Mann schreibt.

2. **Szene:**
Eine Frau in moderner Kleidung sitzt an einem Tisch und liest in einem umfangreichen Buch, der Hl. Schrift. Von dem Buch gehen helle Strahlen aus, die den ganzen Raum erfüllen. Die Frau liest mit großem Interesse, sie freut sich und ihre Augen strahlen. Nach der Bibellesung steht sie auf, umarmt ihren Ehemann und kümmert sich mit Liebe und Freude um ihre Kinder. Anschließend besucht sie die hl. Messe.

Deutung:
Die Verfasser der Hl. Schrift waren inspiriert von meinem Hl. Geist. Sie schrieben Worte der Wahrheit und der Weisheit auf. Eine große Wirkung geht aus von der Hl. Schrift. Wer mit offenem Herzen darin liest, zu dem werde ich selbst sprechen und sein Herz anrühren. Ich werde ihn ganz umwandeln und ihn zu einem wahrhaft christlichen Leben auffordern und ihn auch dazu befähigen.

Botschaft:
Meine geliebten Kinder, entdeckt wieder die Hl. Schrift! Lest täglich darin, es soll euer tägliches Brot sein! Ich nähre euer geistliches Leben mit den Worten der Schrift, ich begegne euch direkt in der Bibel. Öffnet euer Herz und lasst euch ansprechen von meinen Worten! Betet vor jeder Bibellektüre zu meinem Hl. Geist, damit ihr alles richtig versteht und Satan euch nicht in Versuchung führt! Ich möchte euch Wegweisung geben für euer Leben, ich möchte euch meine Botschaft erklären. Ich erfülle euer Herz mit meinem Hl. Geist, ich stärke und tröste euch, ich gebe euch Ermahnung zur rechten Zeit. Hebt die Schätze, die in der Bibel sind, lasst sie nicht ungenützt liegen! Bereichert euch an den Worten der Bibel, ungeheuer groß sind die Gnaden, die darin verborgen sind!

Aber hört die Worte nicht nur an, sondern handelt danach![282] Ich werde euch dabei helfen. Setzt euch nicht mehr dem Geschwätz der Welt aus, es ist nichtig vor mir! Es schadet euch nur und führt euch nicht zum Guten. Meidet alles überflüssige Gerede und alle nichtssagenden Worte[283] und vertieft euch in meine heiligen Worte! Sie werden euch nützlich sein[284] und euch weiterbringen in eurem Leben.

Sagt meine Worte auch weiter an die Menschen, die mich noch nicht kennen und noch nicht an mich glauben! Verkündet mein Wort, ob man es hören will oder nicht! Macht es überall bekannt, zögert nicht, sondern seid mutig! Bekennt euch zu mir und meinem Wort, schämt euch nicht deswegen![285] Ich werde euch reich belohnen dafür. Schätzt meine Worte mehr als alle anderen Worte! Alle menschlichen Worte sind vergänglich, meine Worte aber bleiben in Ewigkeit.[286]

Warum glaubt ihr den Menschen immer noch mehr als mir? Warum lasst ihr euch von den Menschen so leicht verführen? Steht fest in meinem Wort, beruft euch auf mein Wort, kämpft mit meinem Wort gegen alle Versuchungen des Bösen! So werdet ihr den Sieg davontragen in allen Lagen des Lebens. Lebt mit meinem Wort, so werdet ihr ewig leben! Amen.

---

282. Vgl. Jak 1,22: Hört das Wort nicht nur an, sondern handelt danach; sonst betrügt ihr euch selbst (Einheitsübersetzung, Katholische Bibelanstalt GmbH, Stuttgart 1980).

283. Vgl. Mt 12,36-37: Ich sage euch aber: Über jedes unnütze Wort, das die Menschen reden, werden sie am Tag des Gerichts Rechenschaft ablegen müssen; denn aufgrund deiner Worte wirst du freigesprochen und aufgrund deiner Worte wirst du verurteilt werden.

284. Vgl. 2 Tim 3,16: Jede Schrift ist, als von Gott eingegeben, auch nützlich zur Belehrung, zur Widerlegung, zur Besserung, zur Erziehung in der Gerechtigkeit, damit der Mensch Gottes gerüstet ist, ausgerüstet zu jedem guten Werk.

285. Vgl. Mk 8,38: Denn wer sich vor dieser treulosen und sündigen Generation meiner und meiner Worte schämt, dessen wird sich auch der Menschensohn schämen, wenn er mit den heiligen Engeln in der Herrlichkeit seines Vaters kommt.

286. Vgl. Mt 24,35: Himmel und Erde werden vergehen, aber meine Worte werden nicht vergehen.

86. Verehrt wieder mein Herz!
27. Mai 2008

Mein geliebtes Kind, ich habe wieder ein Bild für dich.

Bild:
Ich sehe Jesus, von dessen rotem Herzen helle Strahlen in alle Richtungen ausgehen. Vor ihm kniet eine Ordensschwester im schwarzen Habit und schaut zu ihm auf. Jesus legt sein Herz in ihre Hände mit dem Auftrag, es weiterzugeben. Freudestrahlend kehrt die Schwester zurück in ihr Kloster und möchte das Herz Jesu weiterschenken, aber sie stößt überall auf Ablehnung. Erst nach längerer Zeit legt sie das Herz Jesu in eine goldene Monstranz und zeigt diese der Öffentlichkeit.

Deutung:
Ich habe die Verehrung meines Herzens meiner Dienerin, der hl. Margareta Maria Alacoque,[287] anvertraut mit dem Auftrag, sie überall zu verbreiten. Erst nach vielen Schwierigkeiten hat diese Verehrung Eingang gefunden in meine Kirche. Heutzutage wird diese Verehrung kaum noch gepflegt. Verehrt wieder mein Herz, verehrt wieder meine große Liebe zu euch! Große Gnaden werden euch dadurch verliehen.

Botschaft:
Meine geliebten Kinder, die Verehrung meines Herzens ist nicht veraltet, sie ist immer aktuell. Meine Liebe zu euch ist zu allen Zeiten unendlich groß,[288] verehrt deshalb diese Liebe und seid

---

287. Hl. Margareta Maria Alacoque, Ordensfrau
Margareta Maria, * 1647 zu Lauthecour in Burgund, trat 1671 in den Orden der Heimsuchung zu Paray-le-Monial ein. Begnadet durch mystisches Miterleben des Leidens Christi, erhielt sie in Visionen der Jahre 1673-75 den Auftrag, die Verehrung des Herzens Jesu zu fördern. + 16. Oktober 1690 zu Paray-le-Monial (aus dem Stundenbuch, dritter Band, im Jahreskreis, Verlag Herder, Freiburg 2010, S. 946).
288. Vgl. Jer 31,3: Mit ewiger Liebe habe ich dich geliebt, darum habe ich dir die Treue bewahrt.

dankbar dafür! Ich habe allen Herz-Jesu-Verehrern durch die hl. Margareta Maria Alacoque viele Gnaden versprochen. Meine Versprechen von damals sind heute noch genauso gültig (s. Anhang). So bitte ich euch: Haltet die Herz-Jesu-Freitage, haltet längere Gebetszeiten und gebt mir die Ehre an diesem Tag! Meine Freude darüber ist groß. Feiert mit der Kirche das Herz-Jesu-Fest; ich kann euren Bitten an diesem Tag nicht widerstehen! Dies ist ein besonderer Gnadentag, viele Sünder bekehren sich an diesem Tag. Nützt die Tage der Gnade, schöpft meine Liebe voll aus! Wenn ihr nicht wisst, wie ihr mein Herz verehren sollt, so fragt meinen Hl. Geist um Rat! Er wird euch Gebete eingeben, die aus dem Herzen kommen. Erklärt mir einfach eure Liebe zu mir, beteuert mir diese Liebe immer wieder! So werde ich euch mit Gnaden überhäufen. Amen.

Anhang:
Die zwölf Verheißungen unseres Herrn für die Verehrer seines heiligsten Herzens *(eine Kurzfassung)*

1. Ich werde ihnen alle in ihrem Stand notwendigen Gnaden geben.
2. Ich werde Frieden in ihre Familien bringen.
3. Ich werde sie in all ihren Leiden trösten.
4. Ich werde ihr sicherer Zufluchtsort sein während ihres Lebens und besonders in ihrer Sterbestunde.
5. Ich werde überreichen Segen über alle ihre Unternehmungen ausgießen.
6. Die Sünder werden in meinem Herzen die Quelle und das unendliche Meer der Barmherzigkeit finden.
7. Die lauen Seelen werden eifrig werden.
8. Die eifrigen Seelen werden zu großer Vollkommenheit aufsteigen.
9. Ich werde die Häuser segnen, in denen das Bild meines heiligsten Herzens aufgestellt und verehrt wird.
10. Ich werde denen, die für das Heil der Seelen arbeiten, die Gabe geben, die verhärtetsten Herzen anzurühren.

11. Die Namen aller, die diese Andacht verbreiten, werden in mein Herz eingeschrieben sein und niemals daraus gelöscht werden.

12. Im Übermaß der Barmherzigkeit meines Herzens verspreche ich, dass meine allmächtige Liebe allen, die neun Monate nacheinander am ersten Freitag des Monats die hl. Kommunion empfangen, die Gnade eines bußfertigen Endes *(gemeint: Lebensendes)* gewähren wird. Sie werden weder in meiner Ungnade sterben noch ohne die Sakramente zu empfangen, und mein Herz wird für sie in dieser letzten Stunde ihre sichere Zuflucht darstellen.

(Internet: Promesses de Jésus à Sainte Marguerite-Marie – Chrétien web. Aus dem Französischen übersetzt von Walburga.)

87. Verehrt das unbefleckte Herz Mariens!
28. Mai 2008

Mein geliebtes Kind, ich habe wieder ein Bild für dich.

Bild:
Ich sehe die Muttergottes in weißem Kleid und hellblauem Mantel am Himmel schweben. Über ihr steht Jesus. Von seinem Herzen gehen helle Strahlen aus, die auch das Herz der Muttergottes hell zum Leuchten bringen. Die Strahlen des Herzens Mariens tauchen eine große Menschenmenge in Licht.

Deutung:
Das Herz meiner Mutter ist ganz erfüllt von Liebe. Sie liebt euch Menschen mit einer göttlichen Liebe, die sie von mir empfangen hat. Ihre Liebe erstreckt sich auf die Heiligste Dreifaltigkeit und auf alle Wesen des Himmels, des Reinigungsortes und der Erde. Ihr Herz ist ganz rein, ganz ohne Sünde von Anfang an. So verehrt das unbefleckte Herz Mariens wieder mehr, verehrt ihre große Liebe zu euch!

Botschaft:

Meine geliebten Kinder, ich habe euch meine Mutter zur Mutter gegeben.[289] Sie hat ein Herz für euch, sie hat Mitleid mit euch und möchte euch alle zu mir führen. Erwidert ihre Liebe, verehrt ihre große Liebe, weiht euch ihrem unbefleckten Herzen! In ihrem Herzen seid ihr sicher und geborgen und seid geschützt vor allem Bösen.

An den Herz-Marien-Samstagen und am Herz-Marien-Fest kann sie besondere Gnaden verteilen; verehrt sie also an diesen Tagen und bringt ihr eure Anliegen vor! Sie wird eintreten für euch vor meinem Thron. Ich kann ihr keine Bitte abschlagen, große Macht hat sie über mein Herz. Habt ein kindliches Vertrauen zu ihr, sie wird euer Vertrauen belohnen! Sie nimmt euch an der Hand und führt euch geradewegs zu mir. Sie wird euch bewahren vor vielen Umwegen und Irrwegen, sie führt euch auf dem schmalen Pfad zum Heil. Sie kennt eure Nöte und Schmerzen, sie war selbst nicht verschont vom Leid. Sie versteht alles mit ihrem Mutterherzen und eilt euch zu Hilfe in jeder Not. Betrübt ihr Herz nicht durch eure Sünden, betrübt sie nicht durch eure Ablehnung und Gleichgültigkeit! Viele Christen kümmern sich nicht um ihre Mutterliebe, sie sehnt sich aber nach der Liebe der Menschen.

So enttäuscht sie nicht, sondern erweist ihr die Ehre! Sie wird es euch hundertfach vergelten und euch mit Gnaden überhäufen! Amen.

---

289. Vgl. Joh 19,26-27: Als Jesus die Mutter sah und bei ihr den Jünger, den er liebte, sagte er zur Mutter: Frau, siehe, dein Sohn! Dann sagte er zu dem Jünger: Siehe, deine Mutter! Und von jener Stunde an nahm sie der Jünger zu sich.

88. Jedes irdische Glück ist wie eine Seifenblase!
29. Mai 2008

Mein geliebtes Kind, schau auf das Bild, das ich dir heute zeige!

Bild:
Ich sehe ein kleines Mädchen, das mithilfe einer Seifenlösung viele Seifenblasen in die Luft bläst. Sie sind wunderschön, sie schillern in allen Farben. Auf jeder Seifenblase ist ein anderes Bild zu sehen: ein schönes Haus, ein Garten, ein modisches Kleid, ein goldenes Armband, eine Urlaubsreise, ein Buch, ein Pferd, ein Fußball, ein Chefsessel, ein Geldschein, ein Computer usw. Als das Mädchen versucht, eine Kugel in die Hand zu nehmen und festzuhalten, zerplatzt die Seifenblase sofort. Genauso geht es dem Kind mit allen anderen Kugeln.

Deutung:
Die meisten Menschen sind wie kleine Kinder, die Seifenblasen produzieren und sich an ihnen erfreuen. Ihre Freude ist aber nur von kurzer Dauer. Wollen sie eine Blase festhalten, so zerplatzt sie sofort. Sogleich jagen sie wieder einer anderen Seifenblase nach und suchen dort ihr Glück. Alles Irdische ist vergänglich, jedes irdische Glück ist wie eine Seifenblase, die schnell zerplatzt.

Botschaft: 30. Mai 2008
Meine geliebten Kinder, jagt nicht ständig irgendwelchen irdischen Dingen nach, ihr werdet euer Glück dort nicht finden! Zügelt eure Habgier, haltet nichts fest, hängt euer Herz an nichts Irdisches![290] Sobald ihr etwas festhalten wollt, wird eure Freude daran verschwinden, euer Glück wird zerplatzen wie eine Seifenblase.

---

290. Vgl. Mt 6,19.21: Sammelt euch nicht Schätze hier auf der Erde, wo Motte und Wurm sie zerstören ... Denn wo dein Schatz ist, da ist auch dein Herz.

Geht verantwortungsvoll um mit den Gütern der Erde, ich habe sie euch gegeben zu eurem Nutzen! Hütet euch vor Verschwendung und Habgier,[291] beutet die Erde nicht aus!

Sucht euer Glück nicht mehr auf der Erde, sondern nur noch bei mir! Ich überhäufe euch mit Gnaden und schenke euch überirdisches Glück. Ich sende euch zu euren Brüdern und Schwestern, damit ihr ihnen von meiner übergroßen Liebe erzählt. Ich möchte alle Menschen in mein Reich holen, bereits hier auf der Erde. Mein Reich ist Friede, Gerechtigkeit, Liebe, Freude und Gottesfurcht.[292] Und ich werde euer Glück vollenden in der Ewigkeit bei mir!

So seid meine gehorsamen Kinder und tut, was ich euch sage! Kommt zu mir und ich werde euch die Kraft dazu geben! Amen.

89. Alle nahen Verwandten sitzen im gleichen Boot!
30. Mai 2008

Mein geliebtes Kind, schreibe das Bild auf, das ich dir jetzt zeigen werde!

Bild:

Ich sehe eine Familie mit zwei Kindern und ihrer nächsten Verwandtschaft in einem Ruderboot sitzen. Jeder Erwachsene bewegt ein Ruder, aber ihre Bewegungen sind nicht aufeinander abgestimmt! Sie rudern nicht im selben Rhythmus und auch nicht in die gleiche Richtung, manche sogar in die entgegengesetzte Richtung. Das Boot schaukelt deshalb hin und her, es dreht sich manchmal im Kreis, bleibt stehen oder fährt im Zickzack.

---

291. Vgl. Lk 12,15: Dann sagte er zu den Leuten: Gebt Acht, hütet euch vor jeder Art von Habgier! Denn das Leben eines Menschen besteht nicht darin, dass einer im Überfluss seines Besitzes lebt.
292. Vgl. Röm 14,17: ... denn das Reich Gottes ist nicht Essen und Trinken, sondern Gerechtigkeit, Friede und Freude im Heiligen Geist.

*Als sich eine weiße Taube in das Boot setzt und alle auf sie schauen,
rudern plötzlich alle synchron in die gleiche Richtung, sodass das
Boot schnell vorankommt.*

Deutung:

Die Menschen einer Familie und der näheren Verwandtschaft
sitzen alle in einem Boot. Wenn einige Mitglieder in der Sünde
leben und den guten Absichten und Zielen der anderen entgegen-
steuern, wird die ganze Verwandtschaft große Probleme bekommen. Nur wenn alle auf meinen Hl. Geist schauen und sich von
ihm führen lassen, werden alle schnell vorankommen.

Botschaft:

Meine geliebten Kinder, der geistliche Einfluss innerhalb der Verwandtschaft ist groß. Jede Sünde wirkt sich auf alle anderen aus
und belastet sie, auch wenn sie keine offensichtlichen Probleme
miteinander haben. Auch viele körperliche und seelische Krankheiten können ihre Ursache in unbereuten Sünden der Verwandten haben.

So meidet selbst die Sünde, verzeiht einander, denkt und redet
nicht schlecht voneinander![293] Jedes gehässige Gerede und alle
bösen Gedanken wirken wie ein Fluch auf den anderen. Bereut
diese Sünden sofort und segnet den betreffenden Menschen![294]
Betet intensiv für eure Verwandtschaft, eure vorrangigste Aufgabe ist die Bekehrung eurer nächsten Angehörigen! Ihr werdet einmal vor mir darüber Rechenschaft ablegen müssen. Macht euch
auf einen großen geistlichen Kampf gefasst! Satan wird wüten
und euch ständig bekämpfen, wenn ihr mit dem Gebet um Bekehrung beginnt. Aber habt keine Angst, ich bin immer bei euch und

---

293. Vgl. Eph 4,32: Seid gütig zueinander, seid barmherzig, vergebt einander, wie auch Gott euch in
     Christus vergeben hat.
294. Vgl. 1 Petr 3,9: Vergeltet Böses nicht mit Bösem oder Schmähung mit Schmähung! Im Gegenteil:
     Segnet, denn dazu seid ihr berufen worden, dass ihr Segen erbt.

verhelfe euch zum Sieg! Widersetzt euch in meinem Namen allen
Anfechtungen des Bösen und stellt euch unter den Schutz meines
kostbaren Blutes! Legt den Menschen, für den ihr betet, in mein
heiligstes Herz; ich werde Erbarmen mit ihm haben! Geht oft zur
Beichte, bereut eure Sünden immer wieder und verzeiht einander!
Nur so kann Friede einkehren in eurer Verwandtschaft.
Schaut alle auf meinen Hl. Geist, lasst euch von ihm führen und
geht alle in die gleiche Richtung! So werdet ihr rasch voranschrei-
ten auf dem Weg zum Heil. Amen.

90. Ich möchte euch von der Generationsschuld befreien!
31. Mai 2008

Mein geliebtes Kind, ich schenke dir wieder ein Bild.

Bild:
1. Szene:
*Ich sehe ein Haus mit Garten, in dem eine Familie wohnt. Die Frau
ist durch mehrere schwarze Stricke gebunden. Ein Strick ist um ihre
Taille gebunden, ein anderer um ihre Arme und ihren Oberkörper,
ein drittes Seil schlingt sich um ihren Hals, sodass sie kaum Luft
bekommt. Sie ist deshalb in ihrer Lebensweise recht behindert. Die
drei Stricke kommen herauf aus einem unterirdischen Hochhaus,
das direkt unter ihrem eigenen Wohnhaus liegt. In jedem Stockwerk
befinden sich mehrere Wohnungen, in denen die Vorfahren der Frau
leben. Die Wohnungen sind unterschiedlich hell, auch die Bewohner
darin. Je tiefer die Stockwerke liegen, umso weiter liegt die Lebenszeit
der Ahnen zurück. Die Stockwerke werden von oben nach unten gezählt, in jeder Etage leben die Menschen einer Generation. Der erste
schwarze Strick nimmt unterirdisch seinen Anfang bei einer traurig
blickenden Frau aus dem dritten Stockwerk (aus der dritten Generation). Bei dieser ist das Seil ebenfalls um die Taille gewickelt. Der
zweite und der dritte Strick gehen von Männern im vierten bzw. sech-*

zehnten Stockwerk aus (aus der vierten bzw. sechzehnten Generation). Die Männer sehen dunkel und leidend aus.

2. Szene:

Die gebundene Frau auf der Erde steht vor einem Kreuz und betet für ihre verstorbenen Verwandten. Da freut sich die Frau aus dem dritten Stock. Jesus schneidet mit einer großen Schere den Strick durch, der die Frauen verbindet, sodass sich beide wieder frei bewegen können. Als die Frau auf der Erde eine hl. Messe für ihre verstorbenen Verwandten besucht und für den Mann aus dem vierten unterirdischen Stockwerk einen Allerseelenablass gewinnt, schneidet Jesus die restlichen zwei Stricke durch. Die Frau und auch die beiden Männer im unterirdischen Hochhaus werden dadurch von ihrer Gebundenheit befreit. Alle freuen sich sehr darüber!

Deutung:

Der geistliche Einfluss von der verstorbenen Verwandtschaft her ist ebenfalls groß *(s. Botschaft Nr. 89: großer geistlicher Einfluss der lebenden Verwandtschaft).* Viele Menschen leiden an der Generationsschuld, die Sünden der Verstorbenen beeinträchtigen ihr Leben sehr. Sie leiden an verschiedenen körperlichen und seelischen Krankheiten oder sie sind an bestimmte Sünden gebunden. Kommt zu mir, ich möchte euch davon befreien![295] Ich werde euch den Weg dazu zeigen.

Botschaft: 2. Juni 2008

Meine geliebten Kinder, viele Probleme und Krankheiten, an denen ihr leidet, haben ihre Ursache in den Sünden eurer Vorfahren. Bittet den Hl. Geist, dass er euch diese Sünden aufdecken möge! Verzeiht euren Ahnen dann diese konkreten Sünden und bittet mich stellvertretend für eure Vorfahren um Verzeihung dieser Sünden! Trennt euch in meinem Namen von allen negativen

---

295. Vgl. Joh 8,36: Wenn euch also der Sohn befreit, dann seid ihr wirklich frei.

Einflüssen dieser Vorfahren und legt diese hinein in mein gütiges, verzeihendes Herz! Seid gewiss, ich werde mich ihrer erbarmen! Lasst euch weiterhin führen von meinem Hl. Geist! Er wird euch zeigen, welche Gebete noch notwendig sind. Bittet ihn darum, dass er euer Herz und die Herzen eurer Ahnen ganz mit seinem Licht erfüllen möge! So werde ich kommen und euch von euren negativen Bindungen an eure Vorfahren befreien. Ich durchtrenne die Stricke der Sünden durch meinen Erlösertod und werde euch allen große Erleichterung verschaffen.

Sehr hilfreich für eure verstorbenen Verwandten sind hl. Messen und Allerseelenablässe. Enthaltet ihnen diese nicht vor, sondern nützt diese Gnadenschätze der Kirche! Betet viel für sie, sie gehören auch zu meinem Leib, der Kirche!

Bereinigt alle Konflikte mit den verstorbenen Verwandten, die ihr noch gekannt habt, wie mit den Eltern, Geschwistern, Großeltern usw. Versöhnt euch nach ihrem Tod noch mit ihnen, wenn es euch vorher nicht möglich war! Es ist nie zu spät, verzeiht ihnen alle ihre Sünden, die sie gegen euch begangen haben![296] So wird eine große Last von euch abfallen. Bittet sie auch darum, dass sie euch eure Sünden verzeihen, durch die ihr sie verletzt habt! Die Liebe wird euch befreien und die Liebe reicht über den Tod hinaus.

Wenn es möglich ist, sucht euch einen Seelsorger, der mit der Befreiung von der Generationsschuld Erfahrung hat! Er wird euch hilfreiche Anweisungen geben, wie ihr genau vorgehen sollt. Ich schenke dieses Charisma immer mehr Menschen zum Aufbau und zur Heilung meines Leibes.

So beherzigt meine Worte; tut, was ich euch sage, denn ich habe Mitleid mit euch und habe nur euer Heil im Sinn! Amen.

---

296. Vgl. Kol 3,13: Ertragt einander und vergebt einander, wenn einer dem anderen etwas vorzuwerfen hat! Wie der Herr euch vergeben hat, so vergebt auch ihr!

91. Ich werde viele Wunder der Heilung wirken in meinem Leib!

3. Juni 2008

Mein geliebtes Kind, ich habe wieder ein Bild für dich.

Bild:

Ich sehe in einer überfüllten Kirche vor den Kirchenbänken mehrere Rollstuhlfahrer sitzen. Es wird gerade eine hl. Messe gefeiert; die Menschen klatschen und singen freudige Lieder. Am Schluss beten alle um Heilung der Kranken und der Priester geht segnend mit dem Allerheiligsten durch die Kirche. Da steht ein Mann im Rollstuhl plötzlich auf und geht umher. Er freut sich sehr und mit ihm alle Menschen, die ihn sehen. Es kommen mehrere Leute nach vorne und legen Zeugnis ab von ihrer Heilung: Eine am rechten Ohr taube Frau hört wieder mit diesem Ohr, eine andere Frau berichtet von der Heilung ihres blinden linken Auges und bei einem Mann sind die heftigen Schmerzen im Knie plötzlich verschwunden. Alle Kirchenbesucher loben und preisen Gott für die vielen wunderbaren Heilungen.

Deutung:

Ich werde in Zukunft große Zeichen geben und viele Wunder wirken in meinem Leib. Wenn die Menschen einen großen Glauben haben und auf mich vertrauen, kann ich Großes in ihrem Leben bewirken. Ich heile viele durch meine hl. Eucharistie; in Heilungsgottesdiensten werde ich meine Herrlichkeit zeigen.

Botschaft:

Meine lieben Kinder, ich möchte mein Reich aufbauen auf der Erde. Ich werde meine Herrlichkeit immer mehr sichtbar machen, große Zeichen und Wunder werden überall auf der Erde geschehen.[297] Sie werden unübersehbar sein, viele Menschen werden sich dadurch bekehren.

---

297. Vgl. Apg 2,19: Ich werde Wunder erscheinen lassen droben am Himmel und Zeichen unten auf der Erde ... (s. Joel 3,3).

Erzählt allen Menschen von meinen wunderbaren Taten, verschweigt sie nicht! Legt Zeugnis ab von meiner Allmacht und von meiner großen Liebe zu euch! Seid offen für alle Gaben meines Hl. Geistes, auch für die Gabe der Heilung![298] Das Charisma der Heilung werde ich jetzt vielen schenken, sie sollen es einsetzen für den Dienst an den Kranken.

Ihr Priester und alle Verantwortlichen in meiner Kirche, lehnt die Menschen nicht ab, denen ich die Heilungsgabe verliehen habe! Ihr würdet dadurch mich ablehnen und meinen Hl. Geist! Erkennt ihren Dienst an und lobt und preist mich dafür! Glaubt wieder an Wunder und Heilungen und gebt diesen Glauben an meine Allmacht auch weiter an die Menschen! Betrübt mich nicht durch euren Unglauben und Kleinglauben! Haltet Heilungsgottesdienste, betet um Heilung für die Kranken und segnet sie mit meiner hl. Eucharistie! Großes kann ich dadurch bewirken. Lasst euch führen durch meinen Hl. Geist, bittet ihn um Erkenntnis, er wird euch alles lehren, was ihr wissen müsst! Bittet auch meine Mutter um Fürsprache für die Kranken! Sie hat schon vielen Menschen Heilung erwirkt.

Wenn euer Glaube auch nur so groß wie ein Senfkorn wäre, so könntet ihr Berge versetzen![299] Bittet um viel und ihr werdet viel erhalten! Ehrt mich durch euren großen Glauben! Ich werde euch reich beschenken dafür. So seid nicht ungläubig, sondern gläubig! [300]Amen.

---

298. Vgl. 1 Kor 12,8-9: Dem einen wird vom Geist die Gabe geschenkt, Weisheit mitzuteilen, dem anderen durch denselben Geist … die Gabe, Krankheiten zu heilen, …
299. Vgl. Mt 17,20: Denn, Amen, ich sage euch: Wenn ihr Glauben habt wie ein Senfkorn, dann werdet ihr zu diesem Berg sagen: Rück von hier nach dort! und er wird wegrücken. Nichts wird euch unmöglich sein. Vgl. auch Lk 17,6.
300. Vgl. Joh 20,27: Dann sagte er zu Thomas: … Streck deine Hand aus und leg sie in meine Seite und sei nicht ungläubig, sondern gläubig!

92. Euer geistliches Leben soll wachsen und aufblühen wie eine Blume!
4. Juni 2008

Mein geliebtes Kind, schreib das Bild auf, das ich dir zeigen werde!

Bild:
Ich sehe eine Frau, die eine Blume in ihrem Garten pflanzt. Sie gräbt ein Loch in die Erde, setzt das junge Pflänzchen ein und gießt es. Die Gartenpflanze wächst heran, sie vergrößert ihre Blätter und bildet viele Blütenknospen. Die Frau entfernt die Schnecken, die die Blätter fressen, sie jätet das Unkraut, sie gießt die Pflanze immer wieder und lockert die Erde auf. Es entfalten sich bald wunderschöne Blüten. Nachdem sie verblüht sind, sammelt die Frau die Samen ein, um sie auszusäen.

Deutung:
Euer geistliches Leben soll wie eine Pflanze sein, die langsam wächst, sich immer mehr entwickelt und voll zur Blüte kommt. Ich lasse die Blume wachsen, ihr aber sollt sie pflegen und die nötigen Voraussetzungen für das Wachstum schaffen. So werden die Blüten eures geistlichen Lebens viele Menschen erfreuen und viele Samen hervorbringen.

Botschaft:
Meine geliebten Kinder, pflegt euer geistliches Leben sorgfältig, damit es wachsen kann! Lasst es nicht verkümmern inmitten des Unkrauts der Sorgen und Probleme des Alltags und des Unkrauts der Sünde! Übergebt mir alle eure Sorgen, ich werde mich darum kümmern![301] Ihr sollt ganz sorglos leben in meiner Gegenwart, ich mache euch immer wieder frei. Jätet täglich das Unkraut der Sünde, reißt sofort jedes kleinste Pflänzchen aus! Lasst es nicht

---

301. Vgl. 1 Petr 5,7: Werft alle eure Sorge auf ihn, denn er kümmert sich um euch!

wachsen, bis es euer geistliches Leben verdirbt! Geht immer wieder zur Beichte und bereut eure Sünden! Haltet euch rein, widersteht allen Anfechtungen des Bösen! Widersetzt euch mutig allen Angriffen der Dämonen,[302] den Schnecken, die euer Leben mit mir bedrohen! Trennt euch in meinem Namen von ihnen! Gießt euer geistliches Leben mit dem Wasser des täglichen Gebets, lasst es nicht eintrocknen und verdorren! Bittet täglich um das Wasser des Hl. Geistes, er wird es euch reichlich schenken! Düngt euer Leben mit mir mit der hl. Messe, den Sakramenten und der Lektüre der Hl. Schrift! Düngt es auch mit der Nächstenliebe!

So wird euer geistliches Leben wachsen und aufblühen und viele Samen hervorbringen! Amen.

93. Großer Aufruhr wird bald herrschen in der kath. Kirche!

5. Juni 2008

Mein geliebtes Kind, ich schenke dir wieder ein Bild.

Bild:

Ich sehe einen südländisch aussehenden Papst[303] in Rom, der von vielen Schweizer Gardisten beschützt wird. Diese geleiten ihn zu einem großen weißen Auto, mit dem er unter Begleitschutz weggefahren wird.

Auf dem Petersplatz herrscht ein großer Tumult. Viele Menschen sind gewalttätig und bekämpfen einander. Andere tragen Transparente und demonstrieren mit lauten Sprechchören. Wieder andere stehen in einer Gruppe beisammen und beten den Rosenkranz. Einige Jugendliche werfen Steine auf den Petersdom und die umliegenden Gebäude.

---

302. Vgl. Lk 10,17: Die Zweiundsiebzig kehrten zurück und sagten voller Freude: Herr, sogar die Dämonen sind uns in deinem Namen untertan.

303. Ich hatte den Gedanken, dass es sich um einen Südamerikaner handeln könnte (2008!).

Deutung:
Es wird bald ein großer Aufruhr entstehen innerhalb meiner Kirche. Die Christen werden sich gegenseitig bekämpfen und auch gewalttätig werden. Satan sät Zwietracht und Feindschaft zwischen den Menschen; er möchte die Kirche vernichten, aber es wird ihm nicht gelingen. Mein Stellvertreter auf Erden wird fliehen müssen, großes Chaos wird herrschen innerhalb der katholischen Kirche.

Botschaft:
Ihr meine Gläubigen, nehmt euch in Acht! Satan versucht ständig, Zwietracht zwischen euch zu säen. Er hetzt euch gegeneinander auf und benützt dazu eure Sünden. Durchschaut sein böses Spiel und widersteht ihm in meiner Vollmacht! Verzeiht einander immer wieder und versöhnt euch! Der Böse hat sonst leichtes Spiel mit euch.

Eine schwere Zeit wird jetzt hereinbrechen über die Kirche, die verschiedenen Richtungskämpfe werden sie immer mehr schwächen. Viele Bischöfe und Priester werden bekämpft, ja sogar vertrieben werden. Viele möchten die Kirche erneuern nach ihren eigenen Vorstellungen, die meisten hören nicht auf meinen Hl. Geist. Sie kümmern sich nicht um den Willen meines Vaters. Sie möchten ein bequemes, leichtes Christentum, das ganz angepasst ist an die Welt.

Ich aber sage euch: Widersetzt euch dem Zeitgeist, widersetzt euch den Ideologien und den Moderströmungen eurer Zeit![304] Verändert meine Lehre nicht nach eurem Gutdünken, haltet meine Lehre rein! Hört auf den Papst, meinen Stellvertreter auf Erden; stellt euch nicht gegen ihn! Ich werde darauf achten, dass er die richtige Lehre verkündet. Betet deshalb viel für ihn, kritisiert ihn nicht nur!

Ihr Papstfreunde, nehmt euch in Acht vor den Papstgegnern! Sie möchten euch schaden in jeder Hinsicht. Es wird eine Zeit

---

304. Vgl. Röm 12,2: Und gleicht euch nicht dieser Welt an, ...

kommen, in der der Papst wegen ihnen sogar fliehen muss. Haltet euch in dieser Zeit ganz an mich, meidet die Sünde und bittet den Hl. Geist inständig um Führung! Die Menschen werden orientierungslos sein, sie schließen sich meist einfach der Masse an. Aber ich werde meine Kirche beschützen und von innen her erneuern. Strahlend rein wird sie hervorgehen aus den Wirren der Zeit. Nach der Zeit der Reinigung wird eine Zeit des großen Friedens und der Freude kommen. So freut euch trotz allem auf die Zukunft! Amen.

94. Die Gewaltbereitschaft der Jugendlichen wird zunehmen!
6. Juni 2008

Mein geliebtes Kind, ich habe wieder ein Bild für dich.

Bild:
Ich sehe in einer Stadt viele Jugendliche, die randalieren. Sie schlagen Fensterscheiben ein, setzen Autos in Brand und verprügeln viele Passanten. Die Polizei greift zwar ein und nimmt einige Randalierer fest, aber sie bekommt die Ausschreitungen nicht unter Kontrolle. Es finden regelrechte Straßenschlachten statt. Einige Jugendliche sind auch bewaffnet, sie schießen wild um sich.

Deutung:
Die Gewaltbereitschaft der Jugendlichen wird immer mehr zunehmen. Viele Jugendbanden werden die Bewohner von Städten bedrohen und in Angst und Schrecken versetzen. Die Polizei wird oft nicht mehr Herr der Lage sein. Der Hass Satans entfesselt sich in den Jugendlichen und richtet viel Unheil an.

Botschaft:
Ihr Eltern, beklagt euch nicht, wenn eure Kinder immer aggressiver und immer mehr zur Gewalt bereit werden! Ihr seid z. T. selbst

schuld daran! Bringt euren Kindern von klein auf eure Liebe entgegen, liebt sie mit meiner Liebe und schenkt ihnen viel von eurer Zeit! Und v. a. betet viel für sie, stellt sie unter den Schutz meines kostbaren Blutes und vertraut sie meiner Mutter an! Seid ihnen ein gutes Vorbild und lehrt sie ein christliches Leben! So werden eure Kinder nicht entarten, sondern aufwachsen in Liebe und Geborgenheit. Haltet sie möglichst fern von allen Medien, die die Gewalt verherrlichen; sie richten viel Schaden an in einer Kinderseele! Achtet auch auf den Umgang eurer Kinder, haltet sie fern von schlechten Freunden!

Satan versucht verstärkt, die Jugend zu gewinnen, und es gelingt ihm meistens.[305] Er appelliert an ihre Freiheit und verführt sie zu schweren Sünden.

So rufe ich euch auf, mein ganzes Volk: Kümmert euch um die Jugendlichen, führt sie zu mir, betet intensiv um ihre Bekehrung! Sonst habt ihr keine Zukunft mehr! Wie soll eine Gesellschaft Bestand haben mit einer gottlosen und gewalttätigen Jugend? Wie soll eine Kirche Bestand haben mit meist ungläubigen, in Sünde lebenden Jugendlichen? Bildet christliche Jugendgruppen und Jugendgebetskreise und führt sie zu einem wahrhaft christlichen Leben! Lasst euch dabei führen von meinem Hl. Geist, tut nichts aus eigener Kraft! Leitet sie an zum Gebet und erzählt ihnen von meiner übergroßen Liebe zu ihnen! Ich habe Sehnsucht nach der Liebe der Kinder und Jugendlichen. Wie würde es mich betrüben, wenn sie verloren gehen würden!

So hört auf meine Ratschläge und ihr werdet gesegnet sein! Amen.

---

305. 1 Petr 5,8: Seid nüchtern, seid wachsam! Euer Widersacher, der Teufel, geht wie ein brüllender Löwe umher und sucht, wen er verschlingen kann.

95. Ich reinige und heilige jetzt meine Braut, die Kirche!
7. Juni 2008

Mein geliebtes Kind, ich zeige dir jetzt wieder ein Bild.

Bild:

Ich sehe eine junge Braut in einem wunderschönen, weißen Braut-kleid mit Schleier. Sie geht in einer mit Menschen gefüllten Kirche vor zum Altar. Da kommt Jesus auf sie zu, steckt ihr einen goldenen Ring an den Finger und spricht: «Ich nehme dich als meine Braut. Sei mir treu bis in den Tod!» Anschließend setzt sich eine weiße Taube auf den Kopf der Braut und diese leuchtet nun strahlend hell. Das Licht der Braut breitet sich in der ganzen Umgebung aus, ja sogar in der ganzen Welt.

Deutung:

Ich werde jetzt meine Braut, die Kirche,[306] zur vollen Heiligkeit führen. Sie soll ohne Flecken und Falten vor mir erscheinen, ich werde alles Böse ausmerzen aus ihrer Mitte.[307] Die Heiligkeit meiner Kirche wird ausstrahlen in die ganze Welt, viele Menschen werden sich ihr anschließen.

Botschaft: 8. Juni 2008

Meine geliebten Kinder, ich reinige jetzt meine Braut, die Kirche, von allen Unreinheiten, Fehlern und Sünden. In strahlender Schönheit wird sie leuchten auf der ganzen Welt.[308] Sie wird mir, ihrem Bräutigam, wieder die Treue halten und mich allein als ihren

---

306. Vgl. Offb 19,7-8: Denn gekommen ist die Hochzeit des Lammes und seine Frau hat sich bereit gemacht. Sie durfte sich kleiden in strahlend reines Leinen.
Vgl. auch Offb 21,9: ... Komm, ich will dir die Braut zeigen, die Frau des Lammes.
307. Vgl. Eph 5,27: So will er die Kirche herrlich vor sich hinstellen, ohne Flecken oder Falten oder andere Fehler; heilig soll sie sein und makellos.
308. Vgl. Offb 21,2: Ich sah die heilige Stadt, das neue Jerusalem, von Gott her aus dem Himmel herab-kommen; sie war bereit wie eine Braut, die sich für ihren Mann geschmückt hat.

Herrn und Meister anerkennen. Ich heile sie von ihrer Untreue und verzeihe ihr ihre Sünden. Ich schmücke sie selbst mit einem Kleid der Unschuld und mit kostbaren Perlen der Heiligkeit. Ich erleuchte sie mit meinem Hl. Geist, ihr helles Licht vertreibt jede Finsternis. Ich verbanne jede Eigenmächtigkeit und jeden Egoismus aus meiner Kirche, sie wird nur noch auf mich hören und für mich leben. Nichts Böses wird mehr Bestand haben in ihr; ich rotte jede Bosheit und jeden Götzendienst in ihr aus. Ich liebe meine Braut und sie wird meine Liebe erwidern! Ich lasse keine Nebenbuhler mehr zu, keine Götzen und keine Frevler.

Meine Kinder, ich rufe euch auf: Arbeitet mit am Aufbau meiner neuen Kirche, meiner geliebten Braut! Beginnt bei euch selbst, lasst euch von mir verwandeln zur Heiligkeit! Betet für die Kirche, betet um den Hl. Geist für sie! Betet um ein neues Pfingsten und widersetzt euch allen Anfechtungen des Bösen! Meine geliebte Braut ist krank, sie liegt am Boden. Ich möchte sie wiederherstellen und zur vollen Heiligkeit führen. Jeder von euch leiste seinen Beitrag dazu, jeder auf seine Art! Lasst euch dabei führen von meinem Hl. Geist, er wird euch den Weg dazu zeigen! Tut nichts aus Eigensinn, tut nichts aus eigener Weisheit; ich werde jede Eigenwilligkeit zerschlagen! Schaut nur noch auf mich und meine Liebe zu euch! So werdet ihr den Weg nicht verfehlen. Amen.

96. Der Wetterwechsel ist ein Bild für den geistlichen Kampf!
9. Juni 2008

Mein geliebtes Kind, ich schenke dir wieder ein Bild.

Bild:

Ich sehe am Himmel überall schwarze Gewitterwolken, nur an einer kleinen Stelle ist der Himmel blau und dort kommt auch die Sonne durch. Zeitweise ist die Sonne ganz verschwunden, aber sie kommt zwischendurch immer wieder zum Vorschein. Es zieht ein heftiges Gewitter mit Hagel und Sturm auf. Die großen Hagelkörner zerstören viel; der Sturm entwurzelt Bäume und weht Dachziegel von den Dächern. Nach dem Gewitter scheint gleich wieder die Sonne. Aber bald zieht das nächste verheerende Gewitter auf. Diesmal richtet ein Platzregen viel Schaden an: Straßen werden überflutet und Keller überschwemmt. Es wechseln immer wieder kurze sonnige Abschnitte mit heftigen Gewittern ab. Am Schluss jedoch scheint die Sonne ständig vom wolkenlosen, blauen Himmel.

Deutung:

Der Wechsel zwischen Sonnenschein und heftigen Gewittern ist ein Bild für den heftigen geistlichen Kampf, der derzeit stattfindet. Satan wütet auf der Welt und möchte alles zerstören. Er richtet viel Schaden an in den Seelen der Menschen. Aber mein Licht dringt immer wieder durch. Am Schluss werde ich den Sieg davontragen.[309] Die Gewitterwolken Satans und seiner Helfershelfer werden vertrieben und es wird nur noch die Sonne meiner Liebe auf der Welt scheinen.

Botschaft:

Ihr meine Gläubigen, seid auf der Hut; ihr steht jetzt mitten in einem gewaltigen Kampf! Seid euch dessen bewusst und deckt alle Machenschaften des Bösen auf! Unterschätzt die Macht Satans nicht; verharmlost sie nicht durch psychologische Erklärungen! Aber meine Macht ist größer! So haltet euch an mich und ruft mich um Hilfe an! Widersetzt euch dem Bösen in meinem Namen,[310] gebt euch nicht geschlagen bei den ersten Anfechtungen! Kämpft

---

309. Vgl. Offb 19,11-21: Sieg über das Tier und seinen Propheten.
   Offb 19,20: Aber das Tier (besitzt die Macht des Drachens, d. h. Satans) wurde gepackt und mit ihm der falsche Prophet; ... Bei lebendigem Leib wurden beide in den See von brennendem Schwefel geworfen.
310. Vgl. 1 Petr 5,9: Leistet ihm (dem Teufel) Widerstand in der Kraft des Glaubens!

mit den Waffen Gottes, kämpft nicht mit irdischen Mitteln, ihr werdet sonst im Kampf erliegen![311] Satan führt jetzt eine gewaltige Schlacht gegen alle Christen,[312] gegen alle Tugenden, gegen alles Gute, das die Menschen tun. Alles Lobenswerte und Heilige macht er verächtlich und die schlimmsten Sünden stellt er als gut und natürlich hin. Alle, die nicht fest verankert sind im christlichen Glauben, fallen auf ihn herein und glauben seinen Lügen. Seine wirksamsten Mittel sind dabei die Medien; sie verbreiten tagtäglich eine Flut von Sünden, die die Menschen überschwemmen. Haltet euch von ihnen fern, nehmt nichts Schlechtes mehr auf in eure Seele, sie würde sehr darunter leiden!

Satan wird noch kurze Zeit wüten auf der Welt, ja, der geistliche Kampf wird sich noch verstärken. Aber ich werde sicher den Sieg davontragen. Die Macht Satans wird gebrochen werden; meine Heiligkeit wird sich bei den Menschen ausbreiten und eine Zeit des großen Friedens und der Liebe wird hereinbrechen. Glaubt daran, glaubt fest daran und verliert das Ziel nicht aus den Augen mitten im Kampf! Es steht euch eine bessere, eine schönere Zukunft bevor. Setzt euer Vertrauen ganz auf mich, so werdet ihr die kommende Zeit gut überstehen! Ich lasse euch nicht im Stich, ich helfe euch weiter in jeder Not. Führt ein gottverbundenes Leben, passt euch nicht dem Zeitgeist an! Gebt mir die Ehre und lebt nur noch für mich! So werdet ihr gut vorbereitet sein für die Zukunft. Amen.

---

311. Vgl. Eph 6,10-20: Aufruf zum Kampf.
    Eph 6,11: Zieht an die Waffenrüstung Gottes, um den listigen Anschlägen des Teufels zu widerstehen!
312. Vgl. Offb 12,1-14,5: Der Kampf Satans gegen das Volk Gottes.

97. Ihr Laien, arbeitet mit in meinem Weinberg!
10. Juni 2008

Mein geliebtes Kind, ich habe wieder ein Bild für dich.

Bild:
Ich sehe einen großen Weinberg, in dem zur Erntezeit viele Leute arbeiten. Die verschiedensten Menschen werfen reife Trauben in große Körbe auf ihrem Rücken: Frauen, Männer, Kinder, Greise, Priester, Ordensleute, Menschen unterschiedlicher Hautfarbe und Nationalität. Auf jedem von ihnen sitzt eine weiße Taube. Die Tauben überwachen die Arbeit und achten darauf, dass alles geordnet abläuft.

Deutung:
Ich kann alle Menschen brauchen für die Arbeit in meinem Weinberg, nicht nur Priester und Ordensleute. Ich berufe jetzt viele Laien, die ganz für mich leben und eifrig mitarbeiten am Aufbau meines Reiches. Sie liefern oft bessere Früchte ab als meine geweihten Dienerinnen und Diener.

Botschaft:
Ihr Laien, jetzt ist eure Zeit gekommen! Ich rufe euch alle dazu auf, mitzuarbeiten in meinem Weinberg![313] Ich brauche euch dringend heutzutage in dieser gottlosen Zeit. Ahmt nicht die Ordensleute und Priester nach, ihr habt eine eigene Berufung! Ich werde euch den Weg zeigen, wie ihr mir in Familie und Beruf ganz nachfolgen könnt. Lasst euch von meinem Hl. Geist führen, tut nichts nach eurem eigenen Gutdünken! Nur so wird eure Arbeit fruchtbar sein. Erkennt eure hohe Berufung, glaubt an eure besondere Erwählung! Ich teile jedem von euch eine besondere Aufgabe zu; erfüllt

---

313. Vgl. Mt 9,37-38: Da sagte er zu seinen Jüngern: Die Ernte ist groß, aber es gibt nur wenig Arbeiter. Bittet also den Herrn der Ernte, Arbeiter für seine Ernte auszusenden!

sie gewissenhaft und sucht euch keine andere Arbeit! Betet viel
zu meinem Hl. Geist, damit ihr alle eure Berufung erkennt! Legt
ab alle Willkür und ordnet euch mir ganz unter! So kann ich
Wunderbares aus eurem Leben machen. Ich werde euch mit
Gnaden überhäufen und euch ganz in meinen Dienst nehmen.
Und ihr Priester und Ordensleute, erkennt die Berufung der
Laien an! Haltet euch nicht für besser als die Laien,[314] überlasst
mir das Urteil über die Menschen! Lebt treu eure eigene Berufung und haltet nicht alle anderen Berufungen für minderwertig!
Ich brauche alle in meinem Weinberg, niemand ist unwichtig.
Ich möchte jetzt mein Reich aufbauen auf der Erde, ein Reich
des Friedens und der Gerechtigkeit. Ich werde meine Kirche von
Grund auf erneuern, arbeitet alle mit an meinem Werk! Lasst
euch zuerst selbst erneuern von mir, kehrt immer wieder um
und führt ein gottgefälliges Leben! Erst dann kann ich euch senden, erst dann werdet ihr reiche Frucht bringen. Überlasst euch
mir ganz, so werdet ihr stets das Richtige tun! Amen.

98. Wenn ich wiederkomme in Herrlichkeit, schenke ich allen Menschen die Gnade der Umkehr!
11. Juni 2008

Mein geliebtes Kind, höre auf die Worte, die ich dir zu sagen habe!

Bild:
*Ich sehe Jesus als König mit einem roten Mantel, einer goldenen
Krone und einem Zepter. Er erscheint groß am Himmel. Sobald die
Menschen ihn sehen, werfen sie sich auf die Knie nieder und beten
ihn an. Sie schlagen sich an die Brust; sie erkennen ihre Sünden und
bereuen sie. Jesus macht mit der Hand ein Kreuzzeichen über die*

---

314. Vgl. Phil 2,3: Sondern in Demut schätze einer den andern höher ein als sich selbst.

Menschen und spricht: «Seid gesegnet, meine geliebten Kinder! Ich verzeihe euch eure Sünden!» Da freuen sich die Leute; sie stehen auf, gehen wieder an ihre Arbeit und beginnen jetzt ein neues Leben mit Gott.

Deutung:

Ich werde bald wiederkommen in Herrlichkeit. Alle Menschen werden mich erkennen und mir die Ehre geben. Sie werden ihre Sünden erkennen und tief bereuen. Ich schenke ihnen die Gnade der Umkehr und ziehe sie ganz an mich. Ich möchte sie alle zu großer Heiligkeit führen.

Botschaft:

Meine geliebten Kinder, hört, was ich euch zu sagen habe! Ich werde bald kommen und mein Reich errichten auf der Erde.[315] Mein Hl. Geist wird die Menschen der Sünde überführen und sie zu einer radikalen Umkehr bewegen. Eine nie gekannte Heiligkeit wird vorherrschen auf der Erde, eine Zeit des großen Friedens und der Liebe schenke ich euch.[316] Macht euch keine Gedanken darüber, wie alles genau sein wird! Die Wirklichkeit wird alle eure Vorstellungen weit übertreffen.

Ihr lebt jetzt in einer besonderen Zeit; die Zeiten gehen ihrem Ende entgegen. Ich bereite euch jetzt vor auf die Zukunft; ich sende meine Propheten aus, damit sie mein Wort verkünden und den Menschen meine Geheimnisse über die Zukunft mitteilen. Sie bereiten mir den Weg, sie rufen die Menschen auf zur Umkehr. Hört auf ihre Worte, glaubt ihnen und ändert euer Leben! Die Zeit ist ernst, das Ende ist nahe! Verträdelt eure Zeit nicht mehr

---

315. Vgl. Offb 20,1-6: Das Tausendjährige Reich.
     Weitere Bibelstellen s. Fußnote zu Botschaft Nr. 52!
316. Vgl. Sach 9,9-10: Der Friedenskönig für Israel und die Völker.
     Sach 9,10: Er (dein König) wird den Nationen Frieden verkünden; und seine Herrschaft reicht ... vom Strom bis an die Enden der Erde.

mit Nebensächlichkeiten, sondern nützt die Zeit[317] und führt ein wahrhaft christliches Leben! Jetzt geht es um euer Heil, jetzt geht es um euer ewiges Glück bei mir! Stellt euch auf die kommenden Ereignisse ein! Der Zeit des Friedens wird eine Zeit der großen Drangsal vorausgehen![318] Verliert das Ziel nicht aus den Augen, wenn ihr in Bedrängnis seid, denn eine große Freude steht euch bevor! Amen.

99. Seid wachsam wie ein Wachhund und widersetzt euch allen Angriffen Satans!
12. Juni 2008

Mein geliebtes Kind, ich habe wieder ein Bild für dich. Ich werde dir noch viele Bilder schenken.

Bild:
Ich sehe auf einem großen Bauernhof einen Schäferhund vor einer Hundehütte sitzen. Er ist angebunden und bewacht den Hof. Als er in der Dämmerung ein Geräusch hört, beginnt er sofort zu bellen. Der Fuchs, der sich herangeschlichen hat, flieht daraufhin sogleich in den Wald.

Deutung:
Seid wachsam wie ein Wachhund und widersetzt euch sofort allen Angriffen Satans und der Dämonen![319] Erkennt den Feind und schlagt ihn in die Flucht! Lasst euch von ihm nicht zur Sünde verführen, sondern bekämpft ihn mit den Waffen des Glaubens!

---

317. Vgl. Eph 5,16: Nutzt die Zeit; denn die Tage sind böse.
318. Vgl. Mt 24,21: Denn es wird dann eine große Drangsal sein, wie es sie nie gegeben hat, vom Anfang der Welt bis heute, und wie es auch keine mehr geben wird.
319. Vgl. Jak 4,7: Ordnet euch also Gott unter, leistet dem Teufel Widerstand und er wird vor euch fliehen.

Botschaft:

Ihr alle, die ihr mir nachfolgt, nehmt euch in Acht! Satan und seine Helfershelfer versuchen ständig, euch anzugreifen. Widersteht allen Versuchungen von Anfang an, weist sie in meinem Namen zurück! Die meisten Menschen erkennen die List des Bösen nicht oder erst zu spät. Er arbeitet mit allen Mitteln, er versucht euch bei euren Schwachstellen. Er hat einen großen Hass auf alle Christen, besonders auf die eifrigen. Er möchte sie von mir wegbringen, er hält sie vom Gebet ab und er sät Zwietracht und Streit. Widersteht seinen Machenschaften von Anfang an, seid wachsam! Wacht besonders über eure Gedanken, weist alle negativen und bösen Gedanken ab! Die Sonne soll nicht untergehen über eurem Zorn.[320] Sinnt nichts Böses gegen euren Nächsten, wünscht ihm nichts Schlechtes und v. a. verzeiht ihm alle seine Vergehen! Die Gedankensünden haben eine große zerstörerische Kraft in der geistlichen Welt, unterschätzt und verharmlost sie nicht! Wacht auch über eure Worte, meidet alle bösen Worte, alle Beleidigungen und Anschuldigungen, alle Verleumdungen, Lügen und Halbwahrheiten, alle Flüche und Verwünschungen![321] Wenn ihr in Versuchung geratet, widersagt sofort in meinem Namen und sucht Zuflucht bei mir! Stellt euch unter den Schutz meines kostbaren Blutes und unter den Schutz meiner Mutter! So werdet ihr siegen im Kampf gegen die Sünde. Wenn ihr der Sünde erliegt, kommt sofort zu mir und bittet mich um Verzeihung! Ich werde sie euch gewähren in meinem großen Erbarmen.

So habt Acht, die Welt ist voller Versuchungen und Verlockungen, die oft recht harmlos erscheinen! Lasst euch nicht täuschen, seid wachsam! Pflegt eine innige Freundschaft mit mir, so kann ich euch stets warnen und beschützen! Amen.

---

320. Vgl. Eph 4,26: Wenn ihr zürnt, sündigt nicht! Die Sonne soll über eurem Zorn nicht untergehen.
321. Vgl. Eph 4,29: Über eure Lippen komme kein böses Wort, sondern nur ein gutes, …

100. Meine Kirche ist wie ein Orchester!
13. Juni 2008

Mein geliebtes Kind, schreibe alles genau auf, was ich dir zeige!

Bild:
Ich sehe ein großes Orchester, das gerade ein Konzert in einer Kirche gibt. Es ist besetzt mit Violinen, Bratschen, Celli, Kontrabässen, Flöten, Klarinetten, Trompeten, Pauken usw. Die Musiker sind elegant gekleidet und spielen konzentriert; der Dirigent leitet das Ensemble kraftvoll und engagiert. Das Orchester spielt wunderschöne, geistliche Musik; das Publikum klatscht begeistert Beifall.

Deutung:
Meine Kirche ist wie ein Orchester, in dem jeder Musiker mit seinem speziellen Instrument dazu beiträgt, dass eine wohlklingende, gute Musik entsteht. Ich selbst bin der Dirigent und der Hl. Geist ist mein Taktstock.[322] Ich wähle die Musikstücke aus, ich gebe jedem Musiker den Einsatz, ich gebe den Takt und das Tempo an und sorge dafür, dass alle harmonisch zusammenspielen.

Botschaft:
Meine geliebten Kinder, ich möchte die Kirche mit einem Orchester vergleichen. Jeder Christ ist ein Musiker, sein Instrument ist seine Berufung bzw. seine Aufgabe im Reich Gottes. Sucht euch nicht eigene Aufgaben, sondern lebt eure eigene Berufung, die ich jedem von euch zuteile![323] Nur ich habe den Überblick und ich weiß am besten, wo jemand gebraucht wird und wozu ihr am besten geeignet seid, d. h. welches Instrument für euch am besten passt.

---

322. Vgl. Joh 16,14: Er (der Hl. Geist) wird mich verherrlichen; denn er wird von dem, was mein ist, nehmen und es euch verkünden.

323. Vgl. 1 Kor 12,28: So hat Gott in der Kirche die einen erstens als Apostel eingesetzt, zweitens als Propheten, drittens als Lehrer; ...

Wenn ihr eure Berufung erkannt habt, dann übt sie gewissenhaft aus und versucht ständig, euch darin zu vervollkommnen! Jeder Musiker muss viele Stunden am Tag üben, damit er sein Instrument immer besser beherrscht. So sollt auch ihr euch täglich bemühen um mehr Heiligkeit! Nur wenn alle Musiker ihre Stimme gut beherrschen, entsteht eine wohlklingende Musik, die die Menschen erfreut.

So ist es auch in der Kirche. Je besser alle Christen ihre Berufung leben, umso größer werden die Liebe und die Einheit untereinander sein. So wie jeder Musiker auf den Dirigenten schaut und auf seinen Einsatz wartet, so sollt auch ihr Christen ständig auf mich schauen und für alles stets die richtige Zeit abwarten! Achtet auf die Zeit, die ich euch vorgebe![324] Seid nicht übereifrig, seid aber auch nicht bequem und faul! Beachtet das richtige Tempo in eurem geistlichen Leben, ihr könnt nicht von heute auf morgen heilig werden!

Bei einem Orchester ist es wichtig, dass alle Musiker aufeinander hören. So sollt auch ihr Gläubigen aufeinander hören und Rücksicht nehmen. Nur so gelingt ein harmonisches Miteinander in der Kirche.

Wenn ich aber auf meine Kirche schaue, wie viele Misstöne und Missklänge gibt es da! Viele wollen die erste Geige spielen und streben eine Machtposition an. Jede Sünde erzeugt einen falschen Ton im Orchester der Kirche. Viele Christen spielen wild durcheinander, ohne auf mich oder auf ihren Nächsten zu achten. Viele wollen die anderen übertönen und achten nicht auf ein geordnetes Zusammenspiel.

Lasst eure Instrumente ständig von mir stimmen, d. h. erkennt und bereut eure Sünden und geht immer wieder zur Beichte! So werden eure Klänge wieder rein sein.

---

324. Vgl. Koh 3,1: Alles hat seine Stunde. Für jedes Geschehen unter dem Himmel gibt es eine bestimmte Zeit: …

Ich möchte meine Kirche erneuern, d. h. es soll ein wundervolles Zusammenspiel aller Berufungen erfolgen ohne Missklang und falsche Töne. Jeder Christ wird seine eigene wunderschöne Melodie des Lebens spielen in Harmonie mit allen anderen Stimmen. Ich werde ein Meisterwerk aufführen, das im ganzen Kosmos erklingen wird zur Freude aller Geschöpfe.

So stimmt ein in meine Pläne und spielt mit im großen Orchester meiner Kirche! Amen.

101. Euer ganzes Leben sei ein Lobpreis an mich!

14. Juni 2008

Mein geliebtes Kind, ich zeige dir wieder ein Bild.

Bild:
Ich sehe auf einer Birke eine Kohlmeise sitzen, die mit lauter Stimme zwitschert. Auch die Vögel auf den Bäumen ringsum pfeifen, singen, rufen und zwitschern unaufhörlich; sie geben ein vielstimmiges Vogelkonzert.[325]

Deutung:
Wie die Vögel mich durch ihr Zwitschern ständig loben und preisen, so sollt auch ihr mir unaufhörlich euren Lobpreis darbringen.[326] Meine ganze Schöpfung ist ein Lobpreis an mich.[327] Nur ihr Menschen könnt mir durch euren freien Willen euren Lobpreis vorenthalten.

---

325. Vgl. Ps 104,12: Darüber wohnen die Vögel des Himmels, aus den Zweigen erklingt ihr Gesang.
326. Vgl. Dan 3,80: Preist den Herrn, all ihr Vögel am Himmel; lobt und rühmt ihn in Ewigkeit!
327. Vgl. Dan 3,57: Preist den Herrn, all ihr Werke des Herrn; lobt und rühmt ihn in Ewigkeit!
    Vgl. auch Ps 148,1-14: Lobpreis auf den Herrn, den König des Kosmos.

Botschaft:

Lobt mich und preist mich, ihr Menschen auf der Erde, gebt mir die Ehre![328] Euer ganzes Leben sei ein Lobpreis an meine Größe und Macht! Ich habe euch das Leben geschenkt, so gebt es mir zurück in Dankbarkeit! Lebt nur noch für mich, das würde mich ehren! Habt stets ein Wort des Lobes auf euren Lippen, bringt mir täglich das Opfer des Lobes dar![329] Euer Lobpreis sei unabhängig von euren Gefühlen und Launen, entscheidet euch ständig dafür! Wendet euren Blick ab von euren Sorgen und Problemen und schaut auf mich und lobt und preist mich für alles Gute, das ich euch schon geschenkt habe! So werdet ihr innerlich frei werden von allem Irdischen und erfüllt werden mit meiner Gnade. Wenn ihr traurig seid, singt ein Loblied für euren Schöpfer![330] So werdet ihr wieder mit Freude erfüllt werden. Wenn ihr müde und erschöpft seid, singt ein Loblied zu meiner Ehre! So werdet ihr wieder Kraft schöpfen.

Lobt mich um meiner selbst willen, lobt mich für meine Heiligkeit und Größe, lobt mich für meine übergroße Liebe, lobt mich für meine Gottheit und lobt mich für meine Menschheit! So werdet ihr euch nicht überheben, sondern euch in Demut mir unterordnen und die Stellung einnehmen, die euch zusteht.

Lobt mich auch im Leiden, lobt mich auch in Schmerzen! Der Lobpreis wird euch Linderung verschaffen und mich ehren. Übt euch ein in diese Haltung, großen Lohn werdet ihr dafür erhalten! So lobt mich ständig und durch euer ganzes Sein! Amen.

---

328. Vgl. Ps 117,1: Lobt den Herrn, alle Völker, rühmt ihn, alle Nationen!
329. Vgl. Hebr 13,15: Durch ihn also lasst uns Gott allezeit das Opfer des Lobes darbringen, nämlich die Frucht der Lippen, die seinen Namen bekennen.
330. Vgl. Ps 146,1-2: Halleluja! Lobe den Herrn, meine Seele! Ich will den Herrn loben in meinem Leben, meinem Gott singen und spielen, solange ich da bin.

102. Erkennt in allen Ereignissen die Goldkörner meiner Gnade!

16. Juni 2008

Mein geliebtes Kind, hör, was ich dir zu sagen habe!

Bild:
Ich sehe an einem Bach Goldwäscher bei der Arbeit. Sie schütteln Schlamm und Wasser so lange aus einer Goldwaschpfanne, bis reines Gold zurückbleibt. Wenn sie ein größeres Goldkörnchen gefunden haben, freuen sie sich sehr und bewahren es gut auf.

Deutung:
Sucht bei allem, was sich ereignet, die Goldkörner meiner Gnade! Nehmt alles an, was auf euch zukommt, denn es gereicht euch alles zum Heil![331] Inmitten des Schlamms eurer Probleme, Leiden und Sünden werdet ihr immer wieder ein Goldkorn des Segens finden, der euch daraus erwächst.

Botschaft: 17. Juni 2008
Meine geliebten Kinder, wenn ihr mich liebt, gereicht euch alles im Leben, das euch zustößt, zum Heil.[332] Es gibt nichts Schlimmes, das euch nicht zum Segen werden kann. Ich bin der Herr, euer Gott, und ich benütze alles zu eurem Heil. So hadert nicht mehr mit mir, sondern seid dankbar für alles, auch wenn ihr die Gnade noch nicht erkennt! Ich habe meine Pläne mit euch, Pläne des Heils und nicht des Unheils.[333] Im Nachhinein werdet ihr oft erkennen, welchen Sinn das Schwere in eurem Leben hatte.

---

331. Vgl. Sir 2,4: Nimm alles an, was über dich kommen mag, ...
332. Vgl. Röm 8,28: Wir wissen aber, dass denen, die Gott lieben, alles zum Guten gereicht, denen, die gemäß seinem Ratschluss berufen sind; ...
333. Vgl. Jer 29,11: Denn ich, ich kenne die Gedanken, die ich für euch denke – Spruch des Herrn -, Gedanken des Heils und nicht des Unheils; ...

Wenn ihr euch mir ganz überlasst, führe ich euch den direkten Weg zu mir. Dieser Weg ist steinig, weil die Sünde tief in euch sitzt. Ich muss euch nach und nach reinigen von allen Hindernissen zwischen euch und mir. Dieser Prozess ist sehr schmerzhaft, aber ich stehe euch stets bei mit meiner Gnade. So verzweifelt nicht, sondern schöpft immer wieder neue Kraft im Gebet! Sucht in jedem Ereignis das Goldkorn meiner Liebe, einer Liebe, die nur das Beste für euch will und die euch reinigt zu meinem Lobpreis! Ich möchte mich in jedem von euch verherrlichen, ich heilige euch und mache euch zu einem Abbild meiner Liebe.

Ich kann sogar noch aus euren Sünden etwas Gutes erwachsen lassen. Eure Armseligkeit und Sündhaftigkeit erhalten euch in der Demut, euer Stolz wird dadurch zunichte. Ihr müsst demütig erkennen, dass ihr aus eigener Kraft zu nichts fähig seid, sondern ganz auf meine Gnade angewiesen seid. Eure Probleme, die ihr nicht selber lösen könnt, lassen euch wachsen im Vertrauen auf mich. Ihr sollt euer Vertrauen auf nichts Irdisches mehr setzen, das fällt euch aber meist sehr schwer. So unterziehe ich euch vielen Vertrauensprüfungen,[334] bis ihr von der Welt nichts mehr erwartet, sondern alles von mir.

So nehmt alles an aus meiner Hand und erkennt darin die Goldkörner meiner Gnade! Amen.

---

334. Vgl. Sir 2,5: Denn im Feuer wird Gold geprüft und die anerkannten Menschen im Schmelzofen der Erniedrigung. In Krankheiten und Armut setze auf ihn dein Vertrauen!

103. Helft mir, eine neue Kirche aufzubauen!

18. Juni 2008

Mein geliebtes Kind, hör auf das, was ich dir zu sagen habe!

Bild:

Ich sehe ein altes, halb verfallenes Haus. Es fehlen viele Dachziegel, der Dachstuhl ist morsch und zum Teil eingestürzt. Der Außenputz ist größtenteils abgebröckelt; viele Fensterscheiben sind zerbrochen. Das Haus steht schief, weil die Mauer auf einer Seite teilweise eingestürzt ist. Mehrere Handwerker sind dabei, das Gebäude wieder zu renovieren. Ein Mann ergänzt einen fehlenden Dachziegel, ein anderer setzt einen fehlenden Ziegelstein ein, wieder ein anderer verputzt eine kleine Fläche neu.

Gleichzeitig bauen viele Menschen um das alte Haus herum ein viel größeres, neues Haus. Auf jedem der Arbeiter sitzt eine weiße Taube. Viele Engel tragen das Material herbei: Ziegelsteine, Mörtel, Holzbalken, Dachziegel usw.

Die Leute, die das alte Haus renovieren, beschimpfen die Handwerker des Neubaus. Sie fühlen sich gestört und fordern sie auf, ihnen doch bei der Renovierung zu helfen. Aber die Bauleute des Neubaus lassen sich nicht stören und bauen unbeirrt am neuen Gebäude weiter.

Deutung:

Mein Haus, die Kirche, ist halb verfallen und sie ist in Gefahr, ganz einzustürzen. Viele Christen wollen es renovieren und den alten Zustand des Hauses wiederherstellen.[335] Aber ich möchte eine ganz neue Kirche aufbauen, ein viel größeres und schöneres Haus! Viele Christen, die ganz offen sind für meinen Hl. Geist, haben bereits damit begonnen. Sie lassen sich nicht beirren, auch wenn sie von vielen angefeindet werden.

---

335. Vgl. Mk 2,21: Niemand näht ein Stück neuen Stoff auf ein altes Gewand; denn der neue Stoff reißt vom alten Gewand ab und es entsteht ein noch größerer Riss.

Botschaft:

Meine Kinder, helft mir, eine neue Kirche aufzubauen! Warum versucht ihr verzweifelt, das alte System und die alte Struktur aufrechtzuerhalten bzw. wiederherzustellen? Warum hört ihr nicht auf meinen Hl. Geist und lasst euch nicht von ihm führen? Ihr wollt eure eigenen Pläne verwirklichen in der Kirche, ich aber habe ganz andere Pläne mit ihr. Ich habe Großes mit ihr vor; ich lasse sie erstrahlen in neuem Glanz. Ich schaffe mir ein heiliges Volk, eine heilige Kirche; ihre Heiligkeit wird die jetzige weit übertreffen. Macht euch keine Vorstellung davon, sie wird alle eure Vorstellungen bei Weitem übersteigen! Das alte System wird ganz zusammenbrechen, es wird keinen Bestand mehr haben. So haltet nichts fest, seid offen für etwas Neues!

Aber gebt Acht, nicht alles Neue kommt vom Hl. Geist! Betet stets um die Gabe der Unterscheidung der Geister,[336] damit ihr nicht hereinfallt auf die Irrtümer der Zeit! Widersetzt euch dem Zeitgeist, widersetzt euch der Verweltlichung der Kirche! Ich möchte keine weltliche Kirche, sondern eine göttliche, eine heilige Kirche.[337] Widersetzt euch auch allen modernen Irrlehren, die euch manche Theologen einreden wollen! Haltet fest am alten Glaubensgut der Kirche und an der Hl. Schrift, aber übersetzt sie in die heutige Zeit!

Erneuert euer Herz, erneuert eure Liebe zu mir; bittet mich darum und ich werde euch eine neue Heiligkeit schenken![338] Ich sehne mich nach eurer Liebe, enthaltet sie mir nicht länger vor! Und eure Mitmenschen sehnen sich auch nach eurer Liebe; schenkt ihnen meine Liebe, die in euch wirkt!

---

336. Vgl. 1 Kor 12,8.10: Dem einen wird vom Geist die Gabe geschenkt, Weisheit mitzuteilen, … einem anderen die Fähigkeit, die Geister zu unterscheiden, …
337. Vgl. Eph 5,27: So will er die Kirche herrlich vor sich hinstellen, ohne Flecken oder Falten oder andere Fehler; heilig soll sie sein und makellos.
338. Vgl. 2 Kor 7,1: Reinigen wir uns also von aller Unreinheit des Leibes und des Geistes und streben wir in Gottesfurcht nach vollkommener Heiligung.

Verurteilt diejenigen nicht, die in meinem Namen ungewohnte Wege gehen, die meine neue Kirche aufbauen, geführt von meinem Hl. Geist! Erkennt in ihnen mein Wirken, erneuert euer Denken und lernt von ihnen! Ahmt ihre Liebe nach und ihren Eifer bei ihrer Pionierarbeit! Bekämpft sie nicht, ihr würdet sonst mich bekämpfen! Legt ab eure Vorurteile und eure Angst vor allem Neuen, sonst könnt ihr mir nicht dienen! Wenn ihr nicht umkehrt, werdet ihr keinen Platz haben in meiner Kirche. Ich brauche jeden von euch; so seid mir ganz gehorsam und lasst euch von mir erneuern! Amen.

104. Alle Leiter in meiner Kirche sind wie Lokführer!
19. Juni 2008

Mein geliebtes Kind, ich zeige dir wieder ein Bild.

Bild:
Ich sehe einen Zug mit einer schwarzen Dampflokomotive und vielen Waggons fahren. In der Lokomotive steht der Lokführer und in den Waggons sitzen viele Fahrgäste. Der Zug hält an einer Ampel mit Rotlicht an und fährt bei Grün wieder weiter. Weil eine Schafherde das Gleis überquert, zieht der Lokführer die Bremse und bringt den Zug zum Stehen. An den Bahnhöfen steigen viele Leute ein und aus. Bei der Endstation befinden sich nur noch wenige Passagiere im Zug.

Deutung:
Alle Leiter in meiner Kirche sind wie Lokführer, die ihre Passagiere, die ihnen anvertrauten Menschen, sicher zum Ziel bringen sollen. Ihr Ziel ist mein Reich, das Reich der Liebe, Freude und Gerechtigkeit. Sie sollen ihre Gruppen vor allen Gefahren schützen, den Zug zur rechten Zeit anhalten und das richtige Tempo bestimmen. Die Richtung und den Fahrplan jedes Zuges, d. h. jeder Gruppe, gebe ich selbst vor. Die Gruppenleiter haben die Aufgabe,

in enger Verbindung mit mir zu bleiben, um alle meine Pläne erkennen zu können.

Botschaft: 20. Juni 2008

Ihr alle in meinem Volk, die ihr eine Gruppe leitet und denen ich Menschen zur Führung anvertraut habe, hört, was ich euch zu sagen habe! Verwirklicht nicht eure eigenen Pläne in der Gruppe, legt ab jeden Eigensinn und jeglichen persönlichen Ehrgeiz! Fragt bei allen Entscheidungen mich um Rat und betet viel zu meinem Hl. Geist! Ich werde euch durch ihn stets Erkenntnis schenken, wenn ihr dafür offen seid. Bedenkt, ihr werdet vor mir einmal darüber Rechenschaft ablegen müssen, wie ihr die Gruppe geführt habt! Euer Ziel sollte es sein, die Menschen näher zu mir zu bringen, alle anderen Ziele seien zweitrangig! Macht aus den kirchlichen Gruppen keine weltlichen Gruppen, die nur weltliche Interessen verfolgen! Wie oft geschieht das in meiner Kirche, wie viele weltliche Ziele werden angestrebt! Verliert das eigentliche Ziel nicht aus den Augen, den Aufbau meines Reiches und die Bekehrung der Menschen! Wer keine innige Beziehung zu mir pflegt, wer kein regelmäßiges Gebetsleben führt, ist nicht geeignet als Leiter einer Gruppe in meiner Kirche. Ich rufe euch alle auf, ihr Gruppenleiter, kehrt um, bereut eure Sünden und wendet euch mir wieder zu! Nur in enger Verbindung mit mir werdet ihr Frucht bringen für meine Kirche.[339] Ohne mich könnt ihr nichts tun, was Wert hätte in meinen Augen. Ihr sollt für eure Gruppe beten und sie beschützen vor allen Gefahren. Geht in den geistlichen Kampf für sie, wenn Satan sie angreift und versucht, die Menschen zu entzweien! Haltet immer wieder inne und überlegt, ob ihr noch auf dem richtigen Weg seid! Lasst keine Entgleisungen zu, übeseht die Warnlichter nicht, die ich euch zeige, beachtet das richtige Tempo für eure Gruppe! So werdet ihr alle sicher ans Ziel bringen. Amen.

---

339. Vgl. Joh 15,5: Wer in mir bleibt, und in wem ich bleibe, der bringt reiche Frucht; denn getrennt von mir könnt ihr nichts vollbringen.

105. Erhebt euer Herz von der Erde in die Weite des Himmels gleich einem Flugzeug!
21. Juni 2008

Mein geliebtes Kind, ich werde dir wieder ein Bild zeigen.

Bild:

Ich sehe ein Flugzeug hoch über der Erde fliegen. Die Passagiere schauen aus den kleinen Fenstern und betrachten die Landschaft aus großer Höhe. Es erscheint alles sehr klein: die Städte, Flüsse, Seen und Berge. Die Gebirgszüge mit ihren Gletschern bilden einen herrlichen Anblick. Manchmal taucht das Flugzeug in ein Meer von weißen Wolken, hernach fliegt es wieder in die Weite des strahlend blauen Himmels.

Deutung:

Erhebt euer Herz von der Erde in die Weite des Himmels gleich einem Flugzeug! Betrachtet alles aus meiner Sicht und alle irdischen Sorgen und Freuden werden euch klein vorkommen! Ich hole euch in die Höhen meiner Liebe und tauche euch ein in die Freuden des Himmels.

Botschaft: 22. Juni 2008

Meine geliebten Kinder, löst euer Herz los von allem Geschaffenen, lasst euch nicht mehr länger versklaven von der Welt![340] Erhebt euer Herz zu mir! Bei mir werdet ihr die Freiheit und Liebe finden, nach denen ihr euch sehnt. Ihr sollt ganz frei sein von allem Ballast der Welt; kommt zu mir und ich selbst werde euch befreien! Überlasst euch mir ganz, übergebt mir euer Leben, lasst mich frei verfügen über euer Leben! So kann ich euch verwandeln und ganz an mich ziehen. Wenn ihr euer Vertrauen ganz auf mich setzt und

---

340. Vgl. Gal 5,1: Zur Freiheit hat uns Christus befreit. Steht daher fest und lasst euch nicht wieder ein Joch der Knechtschaft auflegen!

nicht mehr auf Menschen oder die Dinge der Welt, so werdet ihr frei sein von allen weltlichen Problemen und Sorgen. Löst euch los von allen Menschen, begebt euch nicht in ihre Abhängigkeit, euer Herz soll frei sein für mich! Wenn ihr mir die Erlaubnis gebt, hole ich euch ganz in mein Reich. Dort werdet ihr alles mit anderen Augen sehen. Was euch vorher so wichtig war, wird unwichtig für euch; was groß war, wird klein; was erstrebenswert war, wird unbedeutend in euren Augen. Ich gebe euch meine Sicht der Dinge und schenke euch die Freuden des Himmels. Bereits auf dieser Erde werdet ihr mein Glück und meine Liebe genießen.

Aber wie wenige von euch überlassen sich mir ganz, wie wenige sind bereit, alles loszulassen! Ihr wollt das Glück der Welt genießen, das euch nie befriedigen kann! Ihr wollt euer eigenes Leben leben *(gemeint: euer Leben selbst bestimmen)* und nicht auf mich hören! Aber ihr betrügt euch selbst um euer eigentliches Glück, ihr macht euch selbst unglücklich. Wie viele Gnaden hätte ich für euch vorgesehen, aber ihr wollt sie meist gar nicht! Mit welch großer Liebe liebe ich euch, aber ihr erwidert sie nicht oder nur sehr schwach! Ich würde euch in die Höhen meiner Liebe holen, wenn ihr es nur wolltet!

Kehrt um und nehmt meine Gnaden an, wendet euer Herz mir zu! Ich werde es verwandeln und es erfüllen mit meiner göttlichen Liebe. Amen.

106. Ihr seid alle eingetaucht in das Meer meiner Liebe!

23. Juni 2008

Mein geliebtes Kind, ich möchte dich wieder belehren.

Bild:

Ich sehe an einem schönen, sonnigen Tag einen Mann im Meer schwimmen. Er bewegt sich auf eine weit entfernte Insel zu. Nach längerer Zeit kommt er dort an, geht an Land und ruht sich von der

Anstrengung aus. Er legt sich auf die Erde und lässt sich von der Sonne bescheinen. Nach dem Sonnenbad schwimmt er weiter hinaus aufs Meer, wo er aber von vielen Gefahren bedroht ist. Als ein Hai auf ihn zuschwimmt, bekommt der Mann Angst. Er schreit: «Jesus, hilf!», da kehrt der Hai sogleich um. Hernach erhebt sich ein heftiger Sturm und bewirkt einen hohen Wellengang, sodass der Schwimmer zu ertrinken droht. Als dieser aber zu beten beginnt, legt sich der Sturm bald wieder und der Mann ist gerettet. Nun verlassen ihn aber seine Kräfte und er kommt deshalb nur noch langsam voran. Sein Ziel, das andere Ufer des Meeres, ist aber noch weit und breit nicht in Sicht. Da erscheint ein Engel und reicht dem Mann die hl. Kommunion. Er kommt wieder zu Kräften und schwimmt gestärkt weiter seinem Ziel entgegen.

Deutung:

Ihr seid alle eingetaucht in das Meer meiner Liebe. Euer Ziel ist mein Reich, das ewige Leben. Euer Lebensweg ist bedroht von vielen Gefahren, aber ich helfe euch in jeder Not. Ich stärke euch stets durch die hl. Eucharistie und schenke euch immer wieder Ruhepausen auf den Inseln meiner Gnade, damit ihr euch erholen könnt von euren Anstrengungen.

Botschaft: 24. Juni 2008

Meine geliebten Kinder, ihr lebt alle von meiner Liebe! Ich lasse die Sonne aufgehen über den Guten und den Bösen.[341] Ohne mich hätte nichts Bestand auf der Welt, es wäre kein Leben möglich. Mein Hl. Geist durchdringt alles und erhält alles am Leben. Ihr seid alle eingetaucht in das Meer meiner Liebe, auch wenn es euch meist nicht bewusst ist. Euer Ziel ist das ewige Leben bei mir; so strengt euch an, dieses Ziel zu erreichen! Viele Hindernisse werden euch aufhalten, viele Gefahren werden euch bedrohen auf dem Weg zu

---

341. Vgl. Mt 5,45: ... denn er lässt seine Sonne aufgehen über Bösen und Guten und er lässt regnen über Gerechte und Ungerechte.

mir. Aber habt keine Angst, ich bin immer bei euch; mit mir könnt ihr alle Probleme meistern! Wendet euch in jeder Gefahr sofort an mich, ich werde euch Hilfe zukommen lassen![342] Betet, betet, betet, meine Kinder, so werdet ihr alle Stürme des Lebens gut überstehen! Widersagt allen Angriffen Satans in meinem Namen, so muss er sofort von euch weichen! Wenn ihr mir nachfolgt, wird er einen großen Hass auf euch haben und euch ständig angreifen. Er kann eure Liebe zu mir und euer Gebet nicht ertragen. Seid also vorsichtig, aber habt keine Angst! Ich werde stets als Sieger hervorgehen aus jedem geistlichen Kampf.

Wenn euch die Kräfte verlassen und euer Mut sinkt, kommt zu mir und empfangt die hl. Kommunion! So kann ich euch wieder stärken und ausrüsten für euren weiteren Lebensweg. Empfangt möglichst oft die hl. Kommunion, vereinigt euch immer wieder mit mir, so wird das Band unserer Liebe immer mehr gefestigt! Ich warte voll Sehnsucht auf euch und eure Liebe!

Nach anstrengenden Lebensphasen schenke ich euch immer wieder Zeiten der Erholung, des Ausruhens und der Entspannung. Ich überhäufe euch mit Gnaden und lasse die Sonne meiner spürbaren Liebe über euch scheinen. Angefüllt mit meinem Hl. Geist könnt ihr den Kampf des Lebens wieder fortsetzen.

So vertraut stets auf mich im Auf und Ab eures Lebens, ich werde euch nicht im Stich lassen![343] Ich führe euch sicher ans Ziel eures Lebens; ich möchte euch alle eine Ewigkeit lang bei mir haben. Nur bei mir werdet ihr das übergroße Glück finden, das ihr alle ersehnt. Amen.

---

342. Vgl. Ps 37,39: Die Rettung der Gerechten kommt vom Herrn, ihre Zuflucht zur Zeit der Bedrängnis.
343. Vgl. Dan 3,40: Denn wer dir vertraut, wird nicht beschämt.

107. Nehmt jeden Tag meine himmlische Post in Empfang!
24. Juni 2008

Mein geliebtes Kind, ich zeige dir wieder ein Bild.

Bild:
Ich sehe einen Postboten, der von Haus zu Haus geht und die Post in die Briefkästen wirft. Manchmal liefert er auch ein Päckchen ab. Die meisten Hausbewohner leeren jeden Tag ihren Briefkasten, manche nur selten und einige überhaupt nicht, sodass ihr Briefkasten überquillt.

Deutung:
Erkennt die Zeichen, die ich jedem Einzelnen von euch täglich gebe! Nehmt die himmlische Post in Empfang, die ich euch jeden Tag sende! Öffnet die Briefe meiner Liebe, lasst sie nicht unbeachtet liegen! Ich habe stets Neuigkeiten für euch, ihr müsst aber offen sein dafür! Ich schicke euch auch oft Päckchen mit meinen Geschenken, öffnet sie und seid dankbar für meine Gaben!

Botschaft: 25. Juni 2008
Meine geliebten Kinder, ich sende euch jeden Tag Botschaften meiner Liebe. Nehmt sie wahr, öffnet euch dafür, überhört sie nicht im Lärm der Welt! Bedenkt, alles Gute kommt von mir,[344] nichts ist selbstverständlich auf der Welt! Ohne mich ist niemand zu etwas Gutem fähig. Alles Geschaffene weist hin auf seinen Schöpfer: die Schönheit und Liebe der Menschen, die Schönheit der Natur, der Musik und der Kunst. Seid mir dankbar dafür, erkennt den göttlichen Ursprung in allem Guten und Schönen! Ich versorge euch mit Nahrung und mit allem, was ihr im Leben nötig habt! Ich beschenke euch mit vielem, was euer Herz erfreut. Aber haltet nichts

---

344. Vgl. Jak 1,17: Jede gute Gabe und jedes vollkommene Geschenk kommt von oben herab, vom Vater der Gestirne, bei dem es keine Veränderung oder Verfinsterung gibt.

fest, macht nichts Geschaffenes zu eurem Götzen, sondern gebt mir allein die Ehre! Lasst euch nicht versklaven von den Dingen der Welt und von den Menschen! Macht euer Herz ganz frei für mich! Aber auch in Leid und Schmerz liegt eine Botschaft von mir verborgen. Bittet mich darum und ich werde euch den Sinn eures Leidens und eurer Schicksalsschläge erkennen lassen! Alles im Leben hat einen Sinn und ich benütze alles zu eurem Heil. Durch das Leiden kann ich euch reinigen von euren Sünden, ich löse euch los von euren Götzen, an denen ihr oft so krampfhaft festhaltet. Durch das Leiden kann ich euch näher an mich ziehen und mit mir vereinigen.

Aber ich sende euch nicht nur «irdische» Botschaften, sondern auch «himmlische», wenn ihr offen dafür seid. Ich möchte direkt zu euren Herzen sprechen, mein Hl. Geist schenkt euch Eingebungen und Prophetien, Erkenntnisse und Weisheit in all euren Lebenslagen. Er führt euch den richtigen Weg, er warnt euch vor der Sünde und vor allen Angriffen des Bösen und spornt euch an zu allem Guten. Bittet um die Gaben des Hl. Geistes und ihr werdet sie in Überfülle erhalten![345] Manche berufe ich zu Propheten; sie erhalten ihre Botschaften direkt vom Himmel. Lehnt sie nicht ab, sondern betrachtet sie als Boten meiner Weisheit! Manchmal sende ich auch meine Engel aus, um euch «himmlische» Botschaften zu vermitteln. Hört auf ihre Mitteilungen, meist sind es wichtige Botschaften für euer Leben![346] Sie warnen euch vor Gefahren und erinnern euch an das Gute, das ihr tun sollt. Begebt euch oft in die Stille, haltet inne in der Betriebsamkeit der Welt, damit ihr meine Botschaften wahrnehmen könnt! Hört auf

---

345. Vgl. 1 Kor 14,1: Strebt aber auch nach den Geistesgaben, vor allem nach der prophetischen Rede!
346. Vgl. Lk 1,30-31: Da sagte der Engel (Gabriel) zu ihr: Fürchte dich nicht, Maria; denn du hast bei Gott Gnade gefunden. Siehe, du wirst schwanger werden und einen Sohn wirst du gebären; dem sollst du den Namen Jesus geben.

meine Stimme in euch, hört auf die Boten des Himmels, seid jederzeit bereit zur Umkehr! So werdet ihr das Ziel eures Lebens nicht verfehlen. Amen.

108. Wagt den Sprung in das Wasser meiner Liebe!
25. Juni 2008

Ja, mein Kind, ich schenke dir wieder ein Bild.

Bild:
Ich sehe ein großes Schwimmbad, in dem an einem sonnigen Tag viele Kinder von einem Sprungbrett ins Wasser springen. Die meisten springen vom 3-m-Brett, manche vom 5-m-Brett, aber nur wenige Mutige wagen den Sprung von 10 m Höhe. Einige Kinder sind ängstlich und verlassen das Sprungbrett wieder, ohne zu springen. Manche machen öfter einen Anlauf, bis sie endlich einen Sprung riskieren.

Deutung:
Wagt den Sprung in das Wasser meiner Liebe! Sichert euch nicht mehr durch Irdisches ab, sondern vertraut ganz auf mich! Ich werde euch tragen und umgeben mit meiner Liebe. Legt ab eure Ängstlichkeit und folgt mir nach!

Botschaft:
Meine geliebten Kinder, wagt euer Leben mit mir, ich werde euch nicht enttäuschen! Nehmt euch Abraham zum Vorbild! Er hat alle seine Sicherheiten verlassen, seine Heimat und seine Verwandtschaft, und ist ganz im Vertrauen auf Gott ins Ungewisse gezogen.[347] Ahmt seinen unerschütterlichen Glauben nach! Wagt

---

347. Vgl. Gen 12,1.4: Der Herr sprach zu Abram: Geh fort aus deinem Land, aus deiner Verwandtschaft und aus deinem Vaterhaus in das Land, das ich dir zeigen werde! ... Da ging Abram, wie der Herr ihm gesagt hatte, und mit ihm ging auch Lot.

wie er das Abenteuer der Liebe Gottes! Bleibt nicht ängstlich verhaftet in euren alten Gewohnheiten und Denkweisen, sondern seid offen für alles Neue! Wagt den Sprung ins kalte Wasser und seid bereit, alles zu verlassen, wenn ihr den Ruf dazu verspürt! Ich werde euch nicht im Stich lassen, wenn ich euch auch nicht jedes Leid ersparen kann. Ich stärke euch immer wieder und gebe euch die nötige Kraft für euren weiteren Lebensweg. Legt ab alle Angst, geht mutig den Weg mit mir![348] Bittet mich immer wieder um die Gnade der Furchtlosigkeit, widersagt allen Versuchungen des Misstrauens und der Angst! Setzt euer Vertrauen ganz auf mich, riskiert euer Leben für mich! Nur so kann ich euch ganz einsetzen für meine Pläne. Gebt eure eigenen Pläne auf und lebt nur noch für mich! Ich selbst werde für alle eure irdischen Angelegenheiten sorgen; es wird euch nichts Wichtiges fehlen.

So folgt mutig meinem Ruf und lasst euch durch nichts davon abhalten! Amen.

109. Ahmt in eurem geistlichen Leben die jungen Vögel nach, die ständig nach Nahrung betteln!

26. Juni 2008

Mein geliebtes Kind, schreib auf, was ich dir zeigen werde!

Bild:

Ich sehe in einem Vogelnest mehrere frisch ausgeschlüpfte junge Vögel. Sie sind noch ganz nackt und blind. Sobald sie das Vogelweibchen bemerken, das an das Nest herangeflogen ist, recken sie ihren Hals nach oben, sperren den Schnabel weit auf und piepsen. Das Vogelweibchen steckt daraufhin einem Jungen einen Wurm in

---

348. Vgl. Mk 4,40: Er sagte zu ihnen: Warum habt ihr solche Angst? Habt ihr noch keinen Glauben?
     Vgl. auch Jes 41,10: Fürchte dich nicht, denn ich bin mit dir; hab keine Angst, denn ich bin dein Gott!

den Schnabel. Der Vorgang wiederholt sich ständig; der erwachsene Vogel sucht zwischendurch immer wieder Nahrung, um seine Jungen damit zu füttern. Die Jungvögel wachsen langsam heran, bis sie flügge werden.

Deutung:

Ihr Menschen seid im geistlichen Leben hilflos und bedürftig wie junge Vögel. Ich nähre euch mit göttlicher Nahrung, ich stärke euch jeden Tag, sodass ihr langsam wachsen könnt.

Botschaft:

Meine geliebten Kinder, wenn ihr als wahre Christen leben wollt, bedürft ihr der ständigen geistlichen Nahrung, sonst wird euer geistliches Leben verkümmern. Ich nähre euch in der hl. Messe mit meinem hl. Leib und mit meinem Wort. Besucht deshalb möglichst oft die hl. Messe! Je öfter ihr euch von mir stärken lasst, umso schneller werdet ihr wachsen in der Liebe. Wendet euch mir auch täglich zu in regelmäßigen Gebetszeiten, lobt und preist mich und dankt mir für alles! So kann ich euch immer wieder stärken und kräftigen und befreien von euren Lasten. Glaubt nicht, dass der Sonntagsgottesdienst allein genügt, um ein geistliches Leben zu führen! Wenn ihr nicht auch im Alltag eine freundschaftliche Beziehung pflegt zu mir, werdet ihr als Christen jämmerlich versagen. Ihr braucht die geistliche Nahrung genauso oft wie die irdische Nahrung! Mit einer Mahlzeit in der Woche würdet ihr auch verhungern! Ich bin das Brot des Lebens, bei mir findet ihr das wahre Leben. Wer zu mir kommt, wird nie mehr hungern.[349] Ich werde ihn sättigen mit meiner Liebe und Freude, ich werde ihm Frieden und Gelassenheit schenken.

Streckt euch aus nach mir, wenn ihr geistlichen Hunger verspürt, öffnet euch für mich, werdet aktiv und schreit nach mir!

---

349. Vgl. Joh 6,35: Jesus antwortete ihnen: Ich bin das Brot des Lebens; wer zu mir kommt, wird nie mehr hungern, und wer an mich glaubt, wird nie mehr Durst haben.

Ich dränge euch meine Nahrung nicht auf. Ahmt die jungen Vögel nach, die ständig nach Nahrung betteln! Ich werde euren Bitten nicht widerstehen können und euch mit geistlichen Leckerbissen überhäufen.

Lest auch oft in der Hl. Schrift, dort findet ihr Nahrung in Fülle! Ich gebe euch dadurch Wegweisung und Führung für euer Leben. Mein Hl. Geist wird euch nähren mit Erkenntnis und Weisheit und vielen anderen Gaben. Bittet ihn darum, er wird euch beschenken aus seinem reichen Vorrat!

Wenn ihr meine Ratschläge beherzigt, werdet ihr rasch wachsen im geistlichen Leben. Ihr werdet erstarken im Geist und nichts wird euch bezwingen können. Amen.

110. Euer Leben als Christ ist wie ein Balanceakt im Zirkus, gesichert durch das Netz meiner Liebe!
27. Juni 2008

Mein geliebtes Kind, ich habe wieder ein Bild für dich.

Bild:

Ich sehe eine Zirkusvorstellung, bei der gerade eine Seiltänzerin ihre Kunststücke vorführt. Das Seil ist in großer Höhe gespannt; darunter befindet sich ein Netz, das die Artistin bei einem Sturz auffangen soll. Hernach treten Trapezkünstler mit einer gewagten Nummer hoch oben im Zirkuszelt auf. Auch sie werden durch das Netz gesichert.

Deutung:

Habt keine Angst im Leben, ich fange euch auf in jeder Situation! Ihr könnt bei einem Sturz nicht weiter fallen als in mein Netz der Liebe. Wenn ihr abstürzt in die Sünde, kommt zu mir zurück und bereut alles! Ich werde euch verzeihen und wieder aufrichten.

Botschaft:

Meine geliebten Kinder, legt ab eure tausend Ängste vor dem Leben! Kommt zu mir, ich werde euch von euren Ängsten befreien![350] Satan möchte euch ständig Angst einjagen, widersagt ihm in meinem Namen! In der Liebe gibt es keine Furcht.[351] Wenn ihr euch mir zuwendet, beschütze ich euch vor allen Gefahren! Niemand kann euch etwas antun und nichts kann euch schaden. Wenn ich manches Leid in eurem Leben zulasse, so geschieht dies auch zu eurem Heil.

Habt keine Angst davor, etwas verkehrt zu machen! Wenn ihr in die Irre geht, führe ich euch wieder auf den richtigen Weg zurück. Manche schmerzlichen Erfahrungen sind notwendig für eure innere Entwicklung, ihr hütet euch dann vor manchen Sünden. Ja, euer Leben als Christ ist ein Balanceakt, es ist gefährlich und es besteht ständig die Gefahr abzustürzen! Aber wenn ihr ständig in Verbindung mit mir bleibt, halte ich euch an der Hand und führe euch sicher zum Ziel. Auch ein Sturz kann euch nicht ernsthaft schaden, denn ich fange euch auf mit meiner abgrundtiefen Liebe. So kommt sofort zu mir, wenn ihr in Sünde gefallen seid, ich werde euch wieder aufrichten! Ich kann sogar eure Sünden zu eurem Heil verwenden: Ihr müsst euch eure Armseligkeit demütig eingestehen, ich mache euren Stolz zunichte.

So setzt euer ganzes Vertrauen auf mich,[352] ich werde euch nicht enttäuschen! Bedenkt, ich bin allmächtig und ich liebe euch mit unendlicher Liebe! Lobt und preist mich mit Worten, lobt und preist mich aber auch durch euer Vertrauen zu mir! Bittet mich um ein großes Vertrauen und ich werde es euch gerne schenken! So habt Mut und wagt euer Leben mit mir! Amen.

---

350. Vgl. Ps 34,5: Ich suchte den Herrn und er gab mir Antwort, er hat mich all meinen Ängsten entrissen.
351. Vgl. 1 Joh 4,18: Furcht gibt es in der Liebe nicht, sondern die vollkommene Liebe vertreibt die Furcht.
352. Vgl. Ps 56,12: ... auf Gott setzte ich mein Vertrauen, ich fürchte mich nicht.

111. Seid wie die Glocken:
Verkündet lautstark meine Frohe Botschaft in der Welt!
28. Juni 2008

Mein geliebtes Kind, ich schenke dir wieder ein Bild.

Bild:
1. Szene:
Ich sehe eine Kirche mit einem spitzen Turm, in dem gerade mehrere Glocken läuten. Bald darauf strömen die Menschen von allen Richtungen herbei, um den Gottesdienst zu besuchen.
2. Szene:
Ich sehe dieselbe Kirche, aber diesmal ohne Glocken und ohne Geläut. Als ein Gottesdienst beginnt, befinden sich fast keine Gläubigen in der Kirche.

Deutung:
Ihr sollt euch wie Glocken in meiner Kirche verhalten! Verkündet lautstark meine Frohe Botschaft in der Welt! Lasst euren Lobpreis erschallen in euren Gemeinden! Seid für alle ein Vorbild in der Liebe, sodass die Menschen durch euch angezogen werden und zum Heil finden!

Botschaft:
Meine geliebten Kinder, ich habe euch den Auftrag gegeben, meine Frohe Botschaft auf der ganzen Welt zu verkünden.[353] Lasst nicht nach in eurem Eifer, erinnert euch stets daran! Seid erfinderisch; überlegt euch, wie ihr mein Wort den Menschen am besten nahebringen könnt! Lasst euch dabei von meinem Hl. Geist führen! Es soll euch ein Anliegen sein, möglichst viele Menschen zu mir zu bringen. Ich sehne mich nach der Liebe jedes einzelnen Menschen.

---

353. Vgl. Mk 16,15: Dann sagte er zu ihnen: Geht hinaus in die ganze Welt und verkündet das Evangelium der ganzen Schöpfung!

Helft mir beim Aufbau meines Reiches auf dieser Welt, großen Lohn werdet ihr dafür erhalten!

Betet auch viel für die Bekehrung der Menschen! Bringt mir das Opfer eures Lobpreises dar, auch das ist Verkündigung! Durch euer Gebet kann ich die Herzen der Menschen anrühren, sodass sie sich mir zuwenden.

Vor allem aber seid für alle ein Vorbild in der Liebe! Die Menschen sollen eure guten Werke sehen und mich loben und preisen dafür![354] Ohne Liebe werdet ihr niemanden von meiner Botschaft überzeugen können. Drängt euch niemandem auf, verzeiht den Menschen immer wieder, betet für sie! Sie haben alle Hunger nach Liebe, gebt **ihr** ihnen sie! So werden sie an meine Liebe glauben und mir ihr Herz schenken. Bedenkt, die Liebe überwindet alles! Für sie ist nichts zu schwer, für sie ist nichts unmöglich. Lasst euch alle von meiner Liebe erfüllen, damit ihr sie weitergeben könnt an die Menschen! Denn ohne mich könnt ihr nichts tun. Amen.

112. Arbeitet eifrig für mein Reich, seid fleißig wie die Ameisen!
30. Juni 2008

Mein geliebtes Kind, ich habe wieder ein Bild für dich.

Bild:

Ich sehe am Waldrand einen Ameisenhaufen mit Tausenden von krabbelnden Ameisen. Im ersten Augenblick scheinen die Tiere ziellos umherzuirren, aber bei näherem Hinsehen ist eine große Ordnung erkennbar. Es herrscht Arbeitsteilung im Ameisenstaat, jede Ameise übernimmt eine bestimmte Aufgabe. Viele Arbeiterinnen schaffen Fichtennadeln als Nistmaterial herbei, andere schleppen Futter heran. Beim Transport größerer Beutetiere arbeiten mehrere

---

354. Vgl. Mt 5,16: So soll euer Licht vor den Menschen leuchten, damit sie eure guten Taten sehen und euren Vater im Himmel preisen.

Ameisen zusammen und geben die Nahrung an die Arbeiterinnen im Bau weiter. Im Innern des Baus befinden sich viele Gänge und Kammern, in denen die junge Brut von Arbeiterinnen gepflegt wird. Die Männchen begatten die Königinnen beim Hochzeitsflug; diese beginnen anschließend im Bau mit dem Eierlegen.

Deutung:

Meine Kirche kann man vergleichen mit einem Ameisenstaat. Es herrscht Arbeitsteilung; jedes Mitglied hat eine bestimmte Aufgabe zu erfüllen. Alle helfen in geordneter Weise zusammen und tragen etwas bei zum Aufbau und Fortbestand des Staates.

Botschaft:

Meine geliebten Kinder, nehmt euch die Ameisen zum Vorbild![355] Sie arbeiten unermüdlich zum Wohle ihres Staates, jede auf ihre Art. So sollt auch ihr euch eifrig einsetzen für den Aufbau meines Reiches! Jedem von euch habe ich eine bestimmte Aufgabe zugedacht;[356] versucht, diese gewissenhaft zu erfüllen und sucht euch nicht selbst Aufgaben! Mischt euch nicht in die Arbeit der anderen Christen ein, sondern erledigt eure eigene Arbeit zu meiner Zufriedenheit! Fragt meinen Hl. Geist, wenn ihr nicht wisst, was ihr zu tun habt! Bittet ihn immer wieder um Erkenntnis, er wird es euch deutlich zeigen! Lebt eure eigene Berufung, nehmt den Platz ein, den ich euch zuweise! Nur so kann mein Reich in geordneter Weise aufgebaut werden.

Wie viel Chaos herrscht in meiner Kirche, wie viele Gläubige arbeiten ohne meinen Auftrag! Viele suchen sich Aufgaben nach ihrem eigenen Gutdünken und meinen dabei, mir damit zu dienen. Was soll ich dazu sagen? Sie fragen nicht nach dem Willen meines Vaters, sondern halten sich selbst für weise und

---

355. Vgl. Spr 6,6: Geh zur Ameise, du Fauler, betrachte ihr Verhalten und werde weise!
356. Vgl. 1 Kor 12,28: So hat Gott in der Kirche die einen erstens als Apostel eingesetzt, zweitens als Propheten, drittens als Lehrer; ...

beurteilen alles nach menschlichem Maßstab. Sie verurteilen alle Andersdenkenden und halten sich für modern. Sie bauen eine weltliche Kirche auf, ich aber möchte eine göttliche Kirche aufbauen.

So rufe ich euch alle auf: Kehrt um! Helft mir, eine heilige Kirche zu errichten, gebt eure eigenen Pläne mir zuliebe auf! Lasst euch selbst führen zur Heiligkeit, werdet mir immer ähnlicher! Hört auf meine Stimme in euch und tut, was ich euch sage! Hört nicht mehr auf die Stimmen der Welt! Sie werden euch in die Irre führen und ins Verderben. Ich aber führe euch zum Heil, ich ziehe euch immer näher an mich.

Arbeitet unermüdlich für den Aufbau meines Reiches, seid fleißig wie die Ameisen! Ich brauche jeden von euch, keiner ist unwichtig in meiner Kirche.

So seid mir alle gehorsam, sonst sind alle eure Mühen umsonst! Amen.

113. Ich «beschneide» jetzt meine Kirche!
1. Juli 2008

Mein geliebtes Kind, ich zeige dir wieder ein Bild.

Bild:
1. Szene:
Ich sehe Menschen, die Sträucher am Rand einer Wiese beschneiden. Sie entfernen die dürren Äste und die Zweige, die zu weit in die Wiese hineinhängen. Einen Strauch schneiden sie ganz ab, einen anderen schneiden sie auf eine bestimmte Höhe zu. Am Schluss verbrennen sie alle abgeschnittenen Äste.
2. Szene:
Im Frühjahr treiben die beschnittenen Sträucher wieder aus. Auch der Wurzelstock des weggeschnittenen Strauches bringt wieder junge Triebe hervor. Es entsteht überall neues Leben.

Deutung:

Ich entferne jetzt allen Wildwuchs, alles Dürre und Vertrocknete in meiner Kirche. Ich verbrenne alles Tote im Feuer meiner Liebe. Aber sie *(gemeint: die Kirche)* wird wie die Sträucher bald wieder neues Leben hervorbringen.

Botschaft:

Meine lieben Christen, ich beschneide jetzt meine Kirche,[357] ich entferne alles Unnötige, alles Egoistische und Eigenwillige, alles Verkehrte und Laue. Habt keine Angst, wenn sie in manchen Regionen recht schrumpft, sie wird nicht untergehen! Ich erfülle sie neu mit meinem Hl. Geist und sie wird wieder neues Leben hervorbringen. Über die Kirche kommt jetzt eine Zeit der großen Not, aber diese wird ihr zum Heil gereichen. Die Kirche kann nur dort fortbestehen, wo sie sich ganz auf mich verlässt und wo sie nur noch auf mich hört. In der Not werden die Gläubigen wieder Hilfe bei mir suchen und nicht mehr in der Welt. Es wird ihnen nichts Irdisches mehr helfen. Ich reinige jetzt meine Kirche von allen Götzen und allem Weltgeist.[358] Dies wird ein schmerzlicher Prozess sein, aber ich lasse sie nicht im Stich und stehe ihr in jeder Not bei.

Ich rufe euch alle auf, ihr Christen: Lasst euch beschneiden von mir, lasst euch reinigen von mir! Wirkt mit bei diesem Prozess und sträubt euch nicht dagegen! Hadert nicht mit mir, weil ihr leiden müsst! Zweifelt nicht an meiner übergroßen Liebe zu euch, sondern seid mir dankbar für alle Gnaden! Alles, was ich zulasse, geschieht aus Liebe zu euch. Ich möchte meine Kirche erneuern, ohne Leiden ist dies nicht möglich. Lasst euch alle umwandeln von mir, ich möchte euch zur Heiligkeit führen![359]

---

357. Vgl. Joh 15,2a: Jede Rebe an mir, die keine Frucht bringt, schneidet er ab …
358. Vgl. Joh 15,2b: … und jede Rebe, die Frucht bringt, reinigt er, damit sie mehr Frucht bringt.
359. Vgl. 1 Thess 5,23: Er selbst, der Gott des Friedens, heilige euch ganz und gar …

Satan wirkt mächtig in der Welt, aber meine Macht ist viel größer. Ich werde ihn jetzt entmachten und mein Reich errichten auf der Erde. Er wird noch kurze Zeit wüten und die Menschen zur Sünde verführen, aber seine Tage sind gezählt. Es steht euch jetzt eine Zeit des großen geistlichen Kampfes bevor, stellt euch innerlich darauf ein! Kämpft mit den Waffen des Glaubens und ihr werdet den Sieg davontragen! Nehmt das Irdische nicht mehr so wichtig, denn jetzt geht es um die Ewigkeit! Helft alle mit beim Aufbau meiner neuen Kirche, ich brauche jetzt jeden und jede von euch!

Freut euch, meine Kinder, habt keine Angst! Freut euch, denn ich werde alles Böse besiegen! Amen.

114. Die Christen werden gezwungen sein, in den Untergrund zu gehen!
2. Juli 2008

Mein geliebtes Kind, ich habe wieder ein Bild für dich.

Bild:
Ich sehe eine Kirche mit einem Schild an der Tür, auf dem «geschlossen» steht. In einem Haus in der Nähe kommen einige Christen zusammen und feiern einen Hausgottesdienst. Sie sitzen im Kreis und singen und beten. Dasselbe geschieht auch in anderen Häusern des Ortes.

Deutung:
Es wird eine Zeit kommen, in der die Kirchen geschlossen sind und kaum mehr eine hl. Messe gefeiert wird. Die Christen werden sich in ihren Häusern versammeln und zusammen beten.

Botschaft:
Meine geliebten Kinder, es wird jetzt eine schwere Zeit über die Kirche hereinbrechen. An vielen Orten werden die Christen

verfolgt werden.[360] Als Minderheit werden sie keine Rechte mehr haben, sie werden diskriminiert und benachteiligt werden. In der Öffentlichkeit wird die Ausübung des christlichen Glaubens nicht mehr möglich sein, die öffentlichen christlichen Veranstaltungen werden vielerorts verboten sein. Die Kirche wird ihre Sonderrechte verlieren und keinen öffentlichen Einfluss mehr haben. Die Christen werden in den Medien öffentlich verspottet und beschimpft.

Wir befinden uns bereits am Anfang dieser Zeit. Die Gottlosigkeit und die Sittenlosigkeit nehmen immer mehr überhand in den ehemals christlichen Gesellschaften. Die Christen werden gezwungen sein, in den Untergrund zu gehen und sich in ihren Häusern zu versammeln. Ein öffentlicher Gottesdienst wäre zu gefährlich. Es wird auch kaum mehr Priester geben; die Gläubigen müssen meist ohne Priester auskommen.

Aber in dieser Zeit der Not wird meine Kirche lebendig sein wie noch nie! Ich werde viele Wunder wirken und meine Allmacht zeigen auf der Welt. Ich erwecke viele Propheten und Heilige, die meinem Volk wieder Mut machen und eine bessere Zeit ankündigen. Es werden sich wieder viele Menschen bekehren und sich trotz der Verfolgung meiner Kirche anschließen.

Ich rufe euch alle auf, meine Kinder, bereitet euch auf diese Zeit vor! Ohne starken Glauben und ohne intensives geistliches Leben werdet ihr diese Zeit nicht überstehen! Die lauen und bequemen Christen werden mich alle verlassen.[361] Sie lieben mich zu wenig und wollen wegen mir keine Nachteile in Kauf nehmen. So passen sie sich der Welt an und verleugnen mich.

---

360. Vgl. Joh 15,20: Wenn sie mich verfolgt haben, werden sie auch euch verfolgen; ...
361. Vgl. Mt 13,20-21: Auf felsigen Boden ist der Samen bei dem gefallen, der das Wort hört und sofort freudig aufnimmt; er hat aber keine Wurzeln, sondern ist unbeständig; sobald er um des Wortes willen bedrängt oder verfolgt wird, kommt er sofort zu Fall.

So legt bereits jetzt jede Lauheit und Halbherzigkeit ab,[362] damit ihr stark seid zur Zeit der Not! Glaubt meinen Worten, glaubt den Worten meiner Propheten! Ich habe sie ausgesandt zu eurem Heil. Kehrt möglichst schnell um, bald wird es zu spät sein! Habt keine Angst, ich bin immer bei euch! Ich tröste euch in jeder Not,[363] ich helfe euch weiter in jeder Situation. Vertraut ganz auf mich; das ist die beste Vorbereitung auf die kommende Zeit! So werdet ihr ganz geborgen sein in meiner Liebe. Amen.

115. Pflegt wieder mehr die eucharistische Anbetung!

3. Juli 2008

Mein geliebtes Kind, ich lasse dich wieder ein Bild sehen.

Bild:
Ich sehe in einer Kapelle das Allerheiligste in einer goldenen Monstranz ausgesetzt. Viele Gläubige sind zur eucharistischen Anbetung versammelt. Sie singen und beten, halten aber auch lange Zeiten der Stille. Es herrscht ein Kommen und Gehen; manche Christen bleiben nur kurze Zeit, andere beten das Allerheiligste viele Stunden lang an. Von der Hostie gehen helle Strahlen aus, die auf die Menschen auftreffen und diese verwandeln. Eine traurige Frau schöpft neue Hoffnung und macht wieder einen zuversichtlichen Eindruck. Ein müder Mann wirkt durch die Anbetung gestärkt und erfrischt. Das durch seelische Verletzungen blutende Herz einer Frau wird geheilt; ihr anfangs schmerzerfülltes Gesicht wirkt nach einiger Zeit wieder ganz gelöst. Das Herz eines jungen Mannes entbrennt in Liebe zu Jesus.

---

362. Vgl. Offb 3,15-16: Ich kenne deine Taten. Du bist weder kalt noch heiß. ... Daher, weil du lau bist, weder heiß noch kalt, will ich dich aus meinem Mund ausspeien.
363. Vgl. 2 Kor 1,5: Wie uns nämlich die Leiden Christi überreich zuteilgeworden sind, so wird uns durch Christus auch überreicher Trost zuteil.

Deutung:

Die Verehrung meiner hl. Eucharistie wird immer mehr zunehmen. Überall werden Anbetungszentren und Häuser der Anbetung entstehen. Eine große Kraft geht von meiner hl. Eucharistie aus; sie verwandelt die Herzen der Menschen und schenkt ihnen viele Gnaden.

Botschaft:

Meine geliebten Kinder, versenkt euch immer mehr in das Geheimnis meiner Eucharistie! Sie ist eine große Quelle der Gnaden, reicher Segen geht von ihr aus. Pflegt wieder mehr die eucharistische Anbetung, verehrt mich in der geweihten Hostie! Großen Lohn werdet ihr dafür erhalten. Die hl. Eucharistie ist die Mitte der Kirche, macht sie auch zur Mitte eures Lebens! Ich werde jetzt viele Menschen zur Anbetung berufen, ihr ganzes Leben soll eine einzige Anbetung sein. Sie sollen mir dienen durch ihr Gebet und ihre Hingabe.

Durch die Anbetung werden sich auch viele Menschen bekehren, sie wirkt als Sühne für die Sünden der Welt. Erweist mir allein die Ehre,[364] betet mich allein an als Sühne für den vielfachen Götzendienst der Welt! Schenkt mir eure ganze Liebe als Sühne für die Ablehnung oder Gleichgültigkeit, die mir die meisten Menschen entgegenbringen! Schenkt mir eure Zeit für die Anbetung als Sühne für die mit unnützen Dingen vergeudete Zeit der meisten Menschen!

Betet mich Tag und Nacht an, errichtet Kapellen mit ewiger Anbetung! Eure Anbetung soll nie aufhören;[365] durch das immerwährende Gebet strömen viele Gnaden in die ganze Welt. Viele Menschen berufe ich auch für Anbetungsgemeinschaften, sie sollen mir dienen in ihrer besonderen Spiritualität. So hört auf mich, wenn mein Ruf zur Anbetung an euch ergeht! Ihr werdet es nicht bereuen. Amen.

---

364. Vgl. Offb 14,7: Er (ein Engel) rief mit lauter Stimme: Fürchtet Gott und erweist ihm die Ehre!
365. Vgl. Kol 4,2: Lasst nicht nach im Beten; …

116. Kümmert euch um eure Mitmenschen, besonders um die Armen und Kranken!
4. Juli 2008

Mein geliebtes Kind, schreib alles auf, was ich dir sage!

Bild:

1. Szene:

Ich sehe in einem Krankenhaus eine Frau im Krankenbett liegen. Eine Krankenschwester bringt Tee. Die Frau bekommt Besuch von einer Bekannten. Diese hat einen schönen Blumenstrauß mitgebracht und unterhält sich mit ihr. Schließlich legt sie der Kranken die Hände auf und betet für sie. In diesem Augenblick verwandelt sich das Gesicht der Kranken in das Antlitz Jesu Christi.

2. Szene:

Ich sehe eine arme Familie mit vielen Kindern in Indien. Sie sind alle ärmlich gekleidet und auch ihre Behausung sieht recht ärmlich aus. Es kommt eine Klosterschwester und bringt Lebensmittel. Alle umringen sie und freuen sich. In diesem Augenblick verwandeln sich die Gesichter der ganzen Familie in Jesu Antlitz.

Deutung:

Ich habe euch gesagt: «Was ihr dem Geringsten meiner Brüder getan habt, das habt ihr mir getan!»[366] So achtet eure Mitmenschen und dient ihnen, als ob ihr mir dienen würdet! Kümmert euch besonders um die Armen und Kranken und um alle, die eure Hilfe brauchen! Lasst euch dabei von meinem Hl. Geist leiten!

---

366. Vgl. Mt 25,40: Amen, ich sage euch: Was ihr für einen meiner geringsten Brüder getan habt, das habt ihr mir getan.

Botschaft: 8. Juli 2008

Meine geliebten Kinder, ich habe euch das Gebot der Nächstenliebe gegeben.[367] Kümmert euch um eure Mitmenschen, ihr dient damit mir selbst! Lasst euch dabei von meinem Hl. Geist führen, verlasst euch nicht auf eure eigene Weisheit! Fragt ihn zuerst um Rat bei allen euren Unternehmungen, so wird euer Tun gesegnet sein! Oft wollt ihr eurem Nächsten helfen, aber ihr schadet ihm nur in eurer Blindheit. Ihr könnt oft nicht erkennen, was er wirklich braucht.

Jedes Werk der Nächstenliebe soll in meiner Liebe begründet sein. Liebt eure Brüder und Schwestern um meinetwillen, liebt sie mit meiner Liebe, die ich euch schenke! Grenzt niemand aus von eurer Liebe, denn ich liebe alle Menschen!

Ihr alle, die ihr im Wohlstand lebt, habt Mitleid mit den Armen! Sie warten auf eure Hilfe in ihrem Elend. Sie möchten auch ein menschenwürdiges Leben führen. Teilt euren Reichtum mit ihnen, hört ihre Hilfeschreie, lasst sie nicht verhungern! Ihre Schreie dringen bis zu mir und klagen euch an. Ihr müsst einmal darüber Rechenschaft ablegen, wie ihr mit eurem Reichtum umgegangen seid! Legt ab eure Gleichgültigkeit und wendet euer Herz den Bedürftigen zu! So werdet ihr Schätze im Himmel sammeln.[368]

Ihr alle, die ihr gesund seid, habt Mitleid mit den Kranken! Besucht sie, betet für sie, verrichtet notwendige Dienste für sie! Denkt daran, die Gesundheit ist ein Geschenk von mir, seid mir dankbar für sie! Ihr könnt plötzlich auch krank werden und auf die Hilfe eurer Mitmenschen angewiesen sein.

In Zukunft werde ich vielen Menschen die Gabe der Heilung schenken. Sie wird besonders dann notwendig sein, wenn die Hilfe der Ärzte versagt. Glaubt an meine Hilfe, glaubt an meine Wunder,

---

367. Vgl. Mt 22,39: Du sollst deinen Nächsten lieben wie dich selbst (s. Lev 19,18).
368. Vgl. Mk 10,21: Geh, verkaufe, was du hast, gib es den Armen und du wirst einen Schatz im Himmel haben; …

denn nichts ist mir unmöglich! Es werden viele Zeichen und Wunder geschehen auf der Erde als Zeichen dafür, dass mein Reich auf der Erde angebrochen ist.[369] Stellt euch in meinen Dienst, heilt die Kranken,[370] helft euren Mitmenschen in meiner Macht! Ich werde euch reich dafür belohnen. Und ihr Kranken, nehmt meine Hilfe an, glaubt an mich und vertraut mir! Denn groß ist meine Macht und Herrlichkeit! Amen.

117. Hört auf mit der Lüge; jede Lüge wirkt wie Ungeziefer!
9. Juli 2008

Mein geliebtes Kind, schreib auf, was ich dir zeige!

Bild:
Ich sehe einen Mann, der sich mit anderen Menschen unterhält. Aus seinem Mund kommt allerlei Ungeziefer: Läuse, Flöhe, Wanzen, Ameisen, Fliegen, Würmer usw. Die Tiere lassen sich auf dem Mann selbst und auf seinen Gesprächspartnern nieder und belästigen alle. Immer, wenn der Mann mit anderen redet, erscheint auch das Ungeziefer.

Deutung:
Legt die Lüge ab![371] Beschmutzt euch nicht selbst und die anderen Menschen mit euren Lügen! Jede Lüge wirkt wie Ungeziefer, das den Menschen schadet.

---

369. Vgl. Apg 2,43: Alle wurden von Furcht ergriffen; und durch die Apostel geschahen viele Wunder und Zeichen.
370. Vgl. Mt 10,8: Heilt Kranke, weckt Tote auf, macht Aussätzige rein, treibt Dämonen aus!
371. Vgl. Eph 4,25: Legt deshalb die Lüge ab und redet die Wahrheit, jeder mit seinem Nächsten; denn wir sind als Glieder miteinander verbunden.
Vgl. auch Kol 3,9: Belügt einander nicht; denn ihr habt den alten Menschen mit seinen Taten abgelegt ...

Botschaft:
Meine geliebten Kinder, hört auf mit der Lüge! Satan ist der Vater der Lüge![372] Jede Lüge zerstört das Vertrauen unter den Menschen. Bedenkt, ich bin die Wahrheit und das Leben,[373] wer aus der Wahrheit herausfällt, verliert auch die Verbindung mit mir! Täuscht eure Mitmenschen nicht, verstellt euch nicht, spielt ihnen kein Theater vor! Ihr müsst nicht alle neugierigen, aufdringlichen Fragen der Menschen beantworten, aber ihr dürft sie auch nicht anlügen! Eine Notlüge ist nur in schwerwiegenden Fällen erlaubt. Vermeidet auch die kleinen Lügen des Alltags, alle Ausreden, Ausflüchte, Halbwahrheiten! Bleibt in der vollen Wahrheit, damit ihr bestehen könnt vor mir! Jede Lüge verunreinigt euch durch die Sünde und auch eure Mitmenschen werden beschmutzt durch eure Sünde. Wenn ihr gefallen seid, bereut es sofort und bittet mich um Verzeihung! Ich werde euch vergeben und wieder reinwaschen von eurer Sünde.

Schwört auf keinen Fall einen Meineid! Wenn ihr mich zum Zeugen eurer Lüge anruft, ist das abscheulich in meinen Augen. Ihr lästert mich dadurch, der ich die Wahrheit selbst bin.

Glaubt nicht alles, was in den Medien verbreitet wird, es sind sehr viele Lügen dabei! Die Welt verspricht euch dort Glück und Frieden, wo ihr sie nicht finden könnt. Sie lockt euch mit Freuden, die euch nie befriedigen können. Sie verbreitet Ideologien, die meiner Wahrheit widersprechen.

Lest häufig in der Hl. Schrift, dort werdet ihr die Wahrheit finden! Deckt alle Lebenslügen auf, vermeidet alles Scheinglück, legt alle Illusionen ab! Haltet euch an meine Wahrheit und ihr werdet das wahre Glück finden! Amen.

---

372. Vgl. Joh 8,44: ... denn er (der Teufel) ist ein Lügner und ist der Vater der Lüge.
373. Vgl. Joh 14,6: Jesus sagte zu ihm: Ich bin der Weg und die Wahrheit und das Leben, ...

118. Trefft keine Entscheidungen ohne mich!
10. Juli 2008

Mein geliebtes Kind, ich habe wieder ein Bild für dich.

Bild:
Ich sehe eine Familie mit zwei Kindern, die gemeinsam eine Radtour unternimmt. An einer Kreuzung steigen alle vom Rad ab, lesen genau die verschiedenen Wegweiser und wählen dann die Straße nach links. Bei der nächsten Kreuzung geschieht dasselbe, nur biegen sie diesmal nach rechts ab. Der Vater fährt voraus, die anderen Familienmitglieder fahren hinterher.

Deutung:
Ihr müsst auf eurem Lebensweg immer wieder Entscheidungen treffen. Haltet inne, überlegt, welche Wege möglich sind, und betet zu mir um die richtige Entscheidung! Wenn ihr die Entscheidung getroffen habt, setzt euren Weg entschlossen fort!

Botschaft:
Meine geliebten Kinder, trefft keine Entscheidungen ohne mich! In eurer Blindheit wählt ihr oft den falschen Weg und endet in einer Sackgasse. Kommt zu mir und fragt mich um Rat![374] Ich werde euch meinen Hl. Geist senden und euch die richtige Erkenntnis schenken. Lasst euch führen von meinem Hl. Geist; er weiß, welche Wege am besten für euch sind! Erfüllt den Willen meines Vaters, geht keine eigenen Wege mehr! Mein Hl. Geist wird euch direkt zum Ziel eures Lebens führen, zum ewigen Leben. Alle anderen Wege führen in die Irre, sie bringen euch den Tod. Lernt, die Geister zu unterscheiden; fallt nicht herein auf die Verlockungen der Welt! Die Welt bietet euch tausend falsche Wege an, die ins Verderben

---

374. Vgl. Ps 32,8: Ich unterweise dich und zeige dir den Weg, den du gehen sollst. Ich will dir raten, über dir wacht mein Auge.

führen. Sucht nur den einen Weg, der zu mir führt! Dieser Weg ist schmal und steinig und manchmal mühsam.[375] Aber die Mühe lohnt sich; ich beschenke euch mit Frieden und Freude und dem wahren Glück. Entscheidet euch immer wieder für mich, ihr werdet es nicht bereuen! Lasst euch von den anderen Menschen nicht auf den Weg des Verderbens drängen! Lasst euch nicht verführen zur Sünde, wählt immer wieder den Weg der Tugend! Macht euch unabhängig von den Menschen, ihr sollt ganz frei sein für mich! Die Menschen werden immer wieder versuchen, euch vom richtigen Weg abzubringen. Widersteht diesen Versuchungen in meiner Macht! Bleibt mir treu, entfernt euch nicht von den Wegen meiner Liebe! Es schmerzt mich, wenn ich euch in der Finsternis herumirren sehe, denn ich liebe euch mit unendlicher Liebe. Kommt zu mir, erwidert meine Liebe, verlasst die Wege der Sünde! Euer Lohn wird groß sein, auch bereits hier auf Erden. Und am Ende eures Lebens nehme ich euch auf in die Herrlichkeit meines Reiches, wo ewiges Glück herrscht und die Freude nie endet. Amen.

119. Seid jederzeit bereit zum Aufbruch wie ein Zirkus!
11. Juli 2008

Mein geliebtes Kind, ich zeige dir wieder ein Bild.

Bild:
Ich sehe einen Zirkus, der von einem Ort zu einem anderen zieht. Als er in eine Stadt kommt, errichten die Zirkusleute ein Zelt und stellen die Zirkuswagen rundherum ab: Wohnwagen für die Artisten und Transportwagen für die Tiere, das Zelt usw. Nach den Vorstellungen brechen sie wieder auf und ziehen weiter.

---

375. Vgl. Mt 7,14: Wie eng ist das Tor und wie schmal der Weg, der zum Leben führt, und es sind wenige, die ihn finden.

Deutung:
Ihr Christen, bedenkt, ihr seid nur Pilger auf Erden![376] Siedelt euch nirgends zu fest an, seid jederzeit bereit zum Aufbruch wie ein Zirkus! Hängt euer Herz nicht zu sehr an die Welt, denn ich brauche euch zum Aufbau meines Reiches!

Botschaft:
Meine geliebten Kinder, wer mir ernsthaft nachfolgt, wird keine Heimat mehr auf der Erde haben. Ich habe euch gesagt: «Die Füchse haben ihre Höhlen und die Vögel ihre Nester; der Menschensohn aber hat keinen Ort, wo er sein Haupt hinlegen kann.»[377] So wird es auch euch gehen, wenn ihr in meine Fußstapfen tretet. Eure Heimat ist nur noch mein Herz und meine Liebe zu euch. Hängt euer Herz nicht zu sehr an einen Ort oder an bestimmte Menschen, denn ihr sollt ganz frei sein für mich! Ihr sollt mir stets verfügbar sein und ganz nach dem Willen meines Vaters leben. Nehmt euch Abraham zum Vorbild, er hat seine Heimat und seine Verwandtschaft verlassen, weil er den Ruf Gottes hörte.[378] So verlasst auch ihr alles, wenn mein Ruf an euch ergeht! Wenn euer Herz geteilt ist, könnt ihr mir nur halbherzig dienen. Ich möchte euer ganzes Herz, ich sehne mich nach eurer ganzen Liebe. Wenn ich euch an einem bestimmten Ort brauche, dann seid zum Aufbruch bereit! Je mehr ihr euch mir hingebt, umso mehr kann ich wirken durch euch. Aber wie viele scheuen davor zurück und wie wenige geben sich mir ganz hin! Viele Christen leben ganz weltlich, sie leben nicht aus dem Geist. Sie passen sich der Welt an und leben wie die Heiden. Sie übernehmen deren Götzen und merken nicht, wie sie mich beleidigen. Sie glauben zwar an meine Existenz, aber dies hat keine Auswirkung auf ihr Leben.

---

376. Vgl. Ps 119,19: Ich bin nur Gast auf Erden.
377. Vgl. Mt 8,20: Jesus antwortete ihm: Die Füchse haben Höhlen und die Vögel des Himmels Nester; der Menschensohn aber hat keinen Ort, wo er sein Haupt hinlegen kann.
378. Vgl. Gen 12,1.4: Der Herr sprach zu Abram: Geh fort aus deinem Land, aus deiner Verwandtschaft und aus deinem Vaterhaus in das Land, das ich dir zeigen werde! ... Da ging Abram, wie der Herr ihm gesagt hatte, ...

So rufe ich alle lauen Christen auf: Kehrt um! So, wie ihr jetzt lebt, könnt ihr nicht bestehen vor mir. Richtet euch nicht häuslich ein auf der Erde, sondern folgt mir nach! Bringt mir eure Liebe entgegen und seid stets bereit zu einem Aufbruch! So, wie ihr jetzt lebt, leistet ihr keinen Beitrag zum Aufbau meines Reiches. Aber das wäre doch der Sinn eures Lebens! Ihr verfehlt den Sinn des Lebens, wenn ihr nur irdisch lebt. So bekehrt euch, führt ein wahrhaft christliches Leben und meidet die Sünde! Verlasst die Welt und folgt mir nach! Nur so werdet ihr euer wahres Glück finden. Amen.

120. Bleibt in der Spur meiner Liebe!
12. Juli 2008

Mein geliebtes Kind, ich habe wieder ein Bild für dich.

Bild:
Ich sehe mehrere Skilangläufer, die in einer verschneiten Winterlandschaft auf einer Loipe gleichmäßig und kraftvoll dahineilen. Bei einer Abfahrt müssen sie darauf achten, in der Spur zu bleiben. Der Anstieg ist anstrengend und mühevoll.

Deutung:
Einen Christen kann man mit einem Langläufer vergleichen, der versucht, immer in der Spur zu bleiben. Ich bin euch vorausgegangen und habe euch den richtigen Weg gezeigt; ich habe die Loipe gespurt. So bleibt in meiner Spur und folgt mir nach!

Botschaft: 13. Juli 2008
Meine geliebten Kinder, ich bin den Weg vorausgegangen, den Weg der Liebe. Bleibt in meiner Spur, bleibt in meiner Liebe, so werdet ihr rasch vorankommen in eurem geistlichen Leben! Wenn

ihr auch nur geringfügig davon abweicht, werdet ihr stürzen! Aber habt keine Angst, ich helfe euch bei jedem Sturz wieder auf! Ich verzeihe euch eure Sünden und wasche euch wieder rein, wenn ihr zu mir kommt und eure Sünden bereut.

Euer Leben ist ein ständiges Auf und Ab. Manchmal kommt ihr rasch voran ohne jede Anstrengung wie bei einer Abfahrt. Aber habt Acht, dass ihr nicht übermütig werdet; passt auf, dass ihr nicht zu stolz werdet! Bleibt in meiner Spur der Liebe, sonst wird euer Sturz heftig und schmerzvoll sein!

Manchmal ist euer Weg mühsam und anstrengend und ihr kommt nur langsam voran wie bei einem Anstieg. In diesem Fall holt euch immer wieder Kraft bei mir, allein werdet ihr es nicht schaffen! Diese Phasen in eurem Leben sind wichtig, damit ihr lernt, ganz auf mich zu vertrauen und nur noch Hilfe bei mir zu suchen. Eure eigene Hilflosigkeit und euer Unvermögen machen euch demütig, sodass ihr erkennt, dass ihr ohne mich zu nichts fähig seid.[379]

So nehmt alles an, was auf euch zukommt in eurem Leben! Alles hat nämlich einen Sinn. In meiner Weisheit benütze ich alles zu eurem Besten, zu eurem Heil. Seid mir dankbar für alles;[380] hadert nicht mit mir, wenn euch etwas Unangenehmes widerfährt, sondern versucht, einen Sinn darin zu entdecken! So werdet ihr großen Frieden finden. Amen.

---

379. Vgl. Ps 119,71: Dass ich gedemütigt wurde, ist für mich gut, damit ich deine Gesetze lerne.
380. Vgl. 1 Thess 5,18: Dankt für alles; denn das ist der Wille Gottes für euch in Christus Jesus.

121. Lasst euch reinigen, damit ihr Einlass findet in die himmlische Stadt Jerusalem!

14. Juli 2008

Mein geliebtes Kind, ich zeige dir wieder ein Bild.

Bild:

Ich sehe eine hell erleuchtete Stadt, die auf einer Insel liegt; sie ist von zwei Flussarmen umgeben. Über einen Flussarm führt eine große, breite Brücke, auf der viele Menschen zur Stadt strömen. Links und rechts des großen Stadttores steht jeweils ein Engel. Pechschwarze Menschen dürfen die Stadt nicht betreten, sie werden von den Engeln abgewiesen. Die meisten Leute sind mehr oder weniger schmutzig und haben schwarze Flecken. Sie müssen deshalb zuerst unter einer Dusche neben dem Tor reingewaschen werden, bevor sie in die Stadt eingelassen werden.[381]

Deutung:

Nicht jeder findet Einlass in die himmlische Stadt Jerusalem. Nur wer ganz rein ist vor mir, darf sie betreten. So lasst euch reinigen von euren Sünden, sträubt euch nicht dagegen!

Botschaft:

Meine geliebten Kinder, meine Liebe ist gewaltig, meine Liebe ist wie Feuer. In meiner Gegenwart kann nichts Böses bestehen; niemand kann in mein Reich kommen, wenn er nicht vorher gereinigt worden ist. Wenn ihr euch mir ganz überlasst, reinige ich euch bereits auf Erden in hohem Maß. Mein Hl. Geist wird euch der Sünde überführen und euch nach und nach umwandeln, bis ihr mir ganz ähnlich seid. Dieser Umwandlungsprozess dauert normalerweise ein ganzes Leben lang. Nur durch Schmerz und

---

381. Vgl. Offb 21,27: Aber nichts Unreines wird hineinkommen (in die heilige Stadt Jerusalem), keiner, der Gräuel verübt und lügt.

Leid hindurch kann diese Reinigung erfolgen. So beklagt euch nicht, wenn ihr viel durchstehen müsst, es geschieht zu eurem Heil! Ich erprobe eure Liebe zu mir, bis sie ganz rein ist, bis euer Herz nur noch mir gehört. Ich löse euch los von euren Götzen, von euren Anhänglichkeiten und Vorlieben, bis euer Herz ganz frei ist. Erst dann kann ich mich ganz vereinigen mit euch, erst dann kann ich beliebig wirken durch euch. Bis jetzt haben nur einige Auserwählte diese Heiligkeit bereits auf der Erde erreicht. In Zukunft werde ich viele Heilige berufen, ich brauche sie zum Aufbau meines Reiches. Strebt diese Heiligkeit an und scheut auch nicht das Leid, das damit verbunden ist! Ihr sollt vollkommen sein, wie auch euer Vater im Himmel vollkommen ist![382]

Wer im Angesicht seines Todes diese Heiligkeit noch nicht erreicht hat, der kommt an den Reinigungsort im Jenseits. Dort erfolgt die noch notwendige Reinigung in sehr schmerzlicher Form. Betet viel für die Menschen im Reinigungsort, denn sie leiden sehr! Lasst euch bereits auf der Erde ganz reinigen, so könnt ihr dem Fegfeuer entgehen!

So verachtet meine Zucht nicht,[383] sie dient euch zum Heil! Niemand kann vor meinem Angesicht leben, wenn er nicht ganz rein ist. Amen.

---

382. Vgl. Mt 5,48: Seid also vollkommen, wie euer himmlischer Vater vollkommen ist!

383. Vgl. Hebr 12,5-6: Mein Sohn, verachte nicht die Zucht des Herrn und verzage nicht, wenn er dich zurechtweist! Denn wen der Herr liebt, den züchtigt er; ... (s. Spr 3,11-12).
    Vgl. auch Jdt 8,27: ... der Herr züchtigt seine Freunde, um sie zur Einsicht zu führen.

122. Ich bringe jetzt die Ernte der Heiligkeit ein, ich möchte alles Böse ausrotten!

15. Juli 2008

Mein geliebtes Kind, ich zeige dir wieder ein Bild.

Bild:

Ich sehe ein Weizenfeld, dessen reife Ähren im Wind wogen. Der Weizen ist durchsetzt mit Unkraut, mit Kornblumen und Klatschmohn. An manchen Stellen überwuchert das Unkraut die Weizenähren, sodass man vom Getreide kaum mehr etwas sieht. Da kommt eine große Schar von Engeln, die das Unkraut ausreißen. Am Schluss ernten die Engel den Weizen und bringen ihn in große Scheunen.[384]

Deutung:

Ihr lebt jetzt in einer besonderen Zeit, es ist die Zeit der Ernte.[385] Die Zeit ist reif, das Reich Gottes ist nahe. Ich werde jetzt das Unkraut der Sünde ausmerzen auf der Erde, nichts Böses wird mehr Bestand haben. Ich bringe meine Ernte ein, die Ernte der Heiligkeit.

Botschaft:

Meine Lieben, die Zeit ist ernst, das Ende ist nahe! Ich werde die Geschichte jetzt langsam ihrer Vollendung zuführen. Stellt euch innerlich darauf ein, es stehen euch gewaltige Ereignisse bevor! Ich werde jetzt kommen zum Gericht, ich möchte alles Böse ausrotten auf der Erde.[386] Satan wird in seiner Wut noch viel Unheil und viel Schaden anrichten auf der Welt, aber ich werde ihn bald

---

384. Vgl. Mt 13,30: Lasst beides wachsen bis zur Ernte und zur Zeit der Ernte werde ich den Schnittern sagen: Sammelt zuerst das Unkraut und bindet es in Bündel, um es zu verbrennen; den Weizen aber bringt in meine Scheune!

385. Vgl. Mt 13,39: ... die Ernte ist das Ende der Welt; die Schnitter sind die Engel.

386. Vgl. Offb 11,18: Da kam dein Zorn: ... die Zeit, alle zu verderben, die die Erde verderben.

entmachten. Die Heiligkeit wird triumphieren über die Bosheit, meine Liebe wird siegen über den Hass, mein strahlendes Licht wird jede Finsternis vertreiben.

In dieser Zeit des Kampfes werdet ihr nur bestehen können, wenn ihr ganz auf mich vertraut. Nichts Irdisches wird euch mehr helfen. Übergebt mir euer Leben ganz, so kann ich euch besser führen und beschützen! Übt euch jetzt schon im Vertrauen auf mich, ihr werdet sonst wie die Heiden vor Angst vergehen![387] Hört auf meine Propheten, sie werden euch den Weg weisen in dieser schweren Zeit! Aber nehmt euch in Acht vor den falschen Propheten! Sie werden euren Ohren schmeicheln und euch Lügen vorsetzen. Glaubt ihnen nicht, denn ich habe sie nicht ausgesandt! Meine Schafe kennen meine Stimme,[388] sie erkennen meine Stimme auch in den echten Propheten.

Ich schaffe mir ein heiliges Volk, das auf meine Stimme hört und ein heiliges Leben führt. Eine nie gekannte Heiligkeit wird meine Diener und Dienerinnen erfüllen. Macht euch keine Vorstellung davon, denn die neue Kirche wird alle eure Vorstellungen übersteigen!

So freut euch, meine Kinder, denn ihr werdet Zeugen gewaltiger Ereignisse werden! Fürchtet euch nicht, denn ich bin immer bei euch und die Zeit des Heils ist nahe! Amen.

---

387. Vgl. Lk 21,26: Die Menschen werden vor Angst vergehen in der Erwartung der Dinge, die über den Erdkreis kommen; ...
388. Vgl. Joh 10,4: ... und die Schafe folgen ihm; denn sie kennen seine Stimme.

123. Ich bin das Licht der Welt!
17. Juli 2008

Ja, mein Kind, ich habe wieder ein Bild für dich.

Bild:

Ich sehe in einem dunklen Raum auf einem Tisch eine große, brennende Kerze stehen. Mehrere Menschen entzünden an ihr eine kleine Kerze und stellen diese daneben auf den Tisch. Dadurch wird es im Zimmer sofort heller. Die Menschen verlassen bald darauf den Raum und tragen ihre brennende Kerze in die Stadt, wo tiefe Dunkelheit herrscht. Alle Leute, die sie treffen, entzünden wieder ihre eigenen Kerzen an den brennenden Kerzen. So breitet sich das Kerzenlicht überall in der Stadt aus.

Deutung:

Ich bin das Licht des Lebens. Wer zu mir kommt, den erfülle ich mit meinem Licht, und ich erleuchte die Finsternis seines Herzens.[389] Gebt dieses Licht weiter an die Menschen, die in der Dunkelheit leben!

Botschaft:

Meine geliebten Kinder, ich bin das Licht der Welt, ohne mich herrscht die Finsternis der Sünde. Kommt zu mir, ich mache eure Finsternis hell, ich leuchte euch den Weg, ich verwandle euch selbst in Licht! Entzündet euer Herz an der Flamme meiner Liebe! Brennt in Liebe zu mir und zu euren Mitmenschen! So werden sich die Herzen der Menschen an eurer Liebe entzünden. Tragt mein Licht hinein in die Welt, die Menschen hungern danach! Sie irren im Dunkeln umher und suchen nach Orientierung! Seid ihr ihnen Licht, seid ihr ihnen Orientierung in meiner Gnade! Wenn die Flamme

---

389. Vgl. Joh 8,12: Als Jesus ein andermal zu ihnen redete, sagte er: Ich bin das Licht der Welt. Wer mir nachfolgt, wird nicht in der Finsternis umhergehen, sondern wird das Licht des Lebens haben.

eurer Liebe zu erlöschen droht, kommt wieder zu mir, ich werde sie neu entfachen! Lasst euer Licht leuchten in der Welt,[390] lasst es euch nicht ausblasen durch die Stürme des Lebens! Verbreitet mein Licht unter den Menschen, das die Finsternis der Sünde vertreibt!

Lebt in meinem Licht, seid nicht Kinder der Finsternis![391] Die Welt liegt im Dunkeln, jetzt aber werde ich die Dunkelheit vertreiben. Mein Licht wird sich ausbreiten in der ganzen Welt, es wird hell strahlen und nicht zu übersehen sein. Die Tage des Heils sind nahe, das Unheil wird bald vorüber sein.

So fasst Mut, meine Kinder, denn ich habe Großes mit euch vor! Ich brauche euch zum Aufbau meines Reiches, ich brauche Lichtträger, die mir treu dienen. Amen.

124. Meine Gnade strömt wie Regen auf die ganze Erde nieder!
18. Juli 2008

Mein geliebtes Kind, schreib alles auf, was ich dir sage!

Bild:
Ich sehe eine Landschaft im Regen. Das Wasser dringt in den Boden ein, überall entstehen Rinnsale und die Bäche füllen sich langsam mit Wasser. Zwischendurch geht ein heftiger Schauer nieder, es gießt in Strömen. Hernach regnet es wieder leicht weiter.

Deutung:
Meine Gnade dringt ein in die Menschen wie der Regen in den Boden. Meine Gnadenströme reinigen die Herzen wie Regengüsse die Natur.

---

390. Vgl. Mt 5,14-16: Ihr seid das Licht der Welt ... So soll euer Licht vor den Menschen leuchten, damit sie eure guten Taten sehen und euren Vater im Himmel preisen.
391. Vgl. Eph 5,8: Denn einst wart ihr Finsternis, jetzt aber seid ihr Licht im Herrn. Lebt als Kinder des Lichts!

Botschaft:
Meine geliebten Kinder, meine Gnade strömt wie Regen auf die ganze Erde nieder. Wie das Wasser den weichen Boden ganz durchdringt und durchnässt, so dringt meine Gnade ein in ein weiches, gläubiges Herz. Sie erfrischt und belebt es und verändert es nach dem Willen des Vaters. Trifft meine Gnade jedoch auf ein hartes, ungläubiges Herz, kann sie nicht eindringen und nichts bewirken. Der Regen kann auch nicht einströmen in hartes Gestein, er fließt außen ab. Ich biete meine Gnade allen Menschen an, aber nicht alle sind offen dafür. Durch ihre Hartherzigkeit verschließen sie sich für meine Geschenke. Meine Gnadenströme überziehen die Menschheit wie Bäche und Flüsse die Erde.

So fordere ich euch alle auf: Nehmt meine Gnade in Anspruch, lasst euch von mir lieben, öffnet euer Herz für meine Liebe! Nur so werdet ihr Frucht bringen in eurem Leben. Euer Herz soll sein wie fruchtbare Erde. Und wenn ihr ein hartes Herz habt, übergebt es mir! Ich werde Mittel und Wege finden, es zu verwandeln. Ich nehme das Herz aus Stein aus eurer Brust und gebe euch ein Herz aus Fleisch.[392] Bedenkt, für mich ist nichts unmöglich!

Manchmal ist es notwendig, eure Herzen zu reinigen. Wie ein Regenguss die Erde wird mein Gnadenstrom euer Herz überschwemmen und reinigen.[393] Ich werde so lange alles Verkrustete, Sündige, Schmutzige und Veraltete aus eurem Herzen wegspülen, bis es ganz rein ist und glänzt in meiner Gnade. Wenn dies auch oft schmerzlich ist, es ist notwendig für euer Heil. Nur ein reines Herz kann bestehen vor meinen Augen, nur mit einem ganz reinen Herzen kann ich mich vereinigen.[394] Rein ist euer Herz erst dann,

---

392. Vgl. Ez 36,26: Ich beseitige das Herz von Stein aus eurem Fleisch und gebe euch ein Herz von Fleisch.
393. Vgl. Ez 36,25: Ich gieße reines Wasser über euch aus, dann werdet ihr rein.
394. Vgl. Mt 5,8: Selig, die rein sind im Herzen; denn sie werden Gott schauen.

wenn es nur noch für mich schlägt, wenn es ganz in Liebe entbrennt zu mir.
So überlasst euch den Strömen meiner Gnade und seid mir dankbar dafür! Amen.

125. Satan möchte die Kirche vernichten, aber es wird ihm nicht gelingen!
19. Juli 2008

Mein geliebtes Kind, ich zeige dir wieder ein Bild.

Bild:
*Ich sehe in einer Stadt einen großen Dom mit zwei Zwiebeltürmen.
Von allen Seiten wird auf ihn geschossen, die Mauer ist schon ganz
durchlöchert. Ein heftiger Sturm reißt die Kuppel eines Turms weg,
auch viele Dachziegel fallen herab. Rund um die Kirche stehen
Männer, die große Löcher in die Kirchenmauer schlagen.*
*Im Dom findet gerade eine hl. Messe statt, an der nur wenige Leute
teilnehmen. Es befinden sich jedoch viele Randalierer im Kirchenraum, die Steine auf die Gottesdienstbesucher und auf die Wände
und Fenster werfen. Es herrschen großer Lärm und großes Geschrei
in der Kirche.*
*Im Untergeschoss des Doms richten einige Menschen eine kleine
Krypta als Kapelle ein und schmücken sie mit Gold und kostbaren
Edelsteinen. Dort können sie ungestört beten und Gottesdienst feiern.*

Deutung:
Ihr steht kurz vor einer großen Christenverfolgung. Meine Kirche
wird von allen Seiten angegriffen werden, sie steht in der Öffentlichkeit ständig unter Beschuss. Ein Sturm der Verfolgung bricht
über sie herein, große Teile der Christenheit werden sich von der
Kirche trennen. Auch innerhalb meiner Kirche wird ein großer
Kampf stattfinden. Die Gläubigen verschiedener Richtungen

werden sich gegenseitig bekämpfen und dadurch die Einheit zerstören. Satan möchte die Kirche vernichten, aber es wird ihm nicht gelingen. Im Untergrund baue ich eine neue, strahlende Kirche auf.

Botschaft: 20. Juli 2008

Meine geliebten Kinder, meine Kirche wird bald in große Bedrängnis kommen. Sie wird verfolgt werden, aber nicht nur in einzelnen Ländern, wie es bereits jetzt der Fall ist, sondern auf der ganzen Welt.[395] Die Christen werden Anstoß erregen, man will ihre Botschaft nicht hören, man will nichts hören von Sünde und Umkehr. Die meisten Menschen wollen ihre Sünden ungestört ausleben, die mahnenden Christen sind ihnen dabei ein Dorn im Auge. Satan hetzt die Leute auf gegen die Christen, er verführt sie zu Hass und Gewalttätigkeit. Die Mächte der Finsternis werden die Kirche bekämpfen, aber sie werden sie nicht überwinden können.[396] Ich selbst werde als Sieger hervorgehen aus dem Kampf. Ich werde im Untergrund eine neue, ganz heilige Kirche aufbauen, deren Heiligkeit in die ganze Welt ausstrahlt.

Satan wird auch die Christen gegeneinander aufhetzen; große Streitigkeiten und Spaltungen werden die Kirche immer mehr schwächen.

So passt auf, meine Kinder, dass ihr vom Bösen nicht verführt werdet! Lasst euch nicht hinreißen zu Ärger, Zorn und Verurteilung eurer Mitchristen![397] Verzeiht ihnen immer wieder, kommt zu mir und fragt mich um Rat! Nur wenn ihr in der Liebe lebt, werdet ihr meine Stimme hören können! Ich gebe euch Weisung zur rechten

---

395. Vgl. Mt 24,9: Dann wird man euch der Not ausliefern und euch töten und ihr werdet von allen Völkern um meines Namens willen gehasst.
396. Vgl. Mt 16,18: Ich aber sage dir: Du bist Petrus und auf diesen Felsen werde ich meine Kirche bauen und die Pforten der Unterwelt werden sie nicht überwältigen.
397. Vgl. Lk 6,17: Verurteilt nicht, dann werdet auch ihr nicht verurteilt werden!

Zeit. Seid vorsichtig mit euren Urteilen, werft keine Steine der Verurteilung auf eure Brüder und Schwestern, denn oft seid ihr selbst im Unrecht! Es wird große Unsicherheit und Orientierungslosigkeit herrschen in meiner Kirche. Im Zweifelsfall hört stets auf den Papst und auf die Lehre der Kirche! Betet ständig um die Einheit der Christen und um die Einheit innerhalb der Kirche! Die Einheit soll euch ein Herzensanliegen sein. Mein Schmerz ist groß wegen der vielen Spaltungen und Gruppierungen, die sich gegenseitig bekämpfen. Ich möchte, dass meine Kirche eins sei. Ich möchte, dass ihr euch alle versöhnt und mir gemeinsam eure Gebete darbringt. Ich werde die Gebete nicht erhören, die sich gegen euren Bruder richten, ich erhöre nur Gebete der Liebe! Betet für die Menschen, die sich in den Fängen Satans befinden, betet um ihre Bekehrung, nicht um ihre Bestrafung! Überlasst mir das Urteil, ihr aber sollt lieben und beten! Nur so wird eine Einheit unter den Christen zustande kommen, nur so werdet ihr den Willen meines Vaters erfüllen. Amen.

126. Ich bin das Wasser des Lebens, schöpft es aus der Tiefe eures Seins!
21. Juli 2008

Mein geliebtes Kind, ich schenke dir wieder ein Bild.

Bild:
Ich sehe einen tiefen Brunnen, aus dem eine Frau gerade einen Eimer Wasser heraufzieht. Das Wasser befindet sich tief unten im Brunnen, sodass man es von oben gar nicht sieht. Sie füllt mehrere Eimer mit Wasser und trägt diese anschließend ins Haus.

Deutung:
Ich bin das Wasser des Lebens, schöpft es aus der Tiefe eures Seins! Ihr werdet es nicht in der Oberflächlichkeit eures Lebens finden. So geht in die Tiefe, nur dort werdet ihr mir begegnen!

Botschaft:

Meine geliebten Kinder, euer Leben soll Tiefgang haben, verbringt es nicht nur mit oberflächlichen Vergnügungen! Diese hinterlassen stets eine Leere in euch, die nur ich aufzufüllen vermag. Alles Oberflächliche sättigt euer Herz nicht, denn es sehnt sich in der Tiefe nach mir. Nur **ich** kann den Durst eures Herzens löschen. Ich bin das Wasser des Lebens, das in der Tiefe eures Seins fließt.[398] Schöpft dieses Wasser aus eurem Inneren, bemüht euch tagtäglich darum! Durch eure Hinwendung zu mir, durch euer Gebet könnt ihr meine Quelle in euch immer wieder zum Sprudeln bringen. Ich schenke euch Leben in Überfülle, ein Leben, nach dem ihr euch im Tiefsten sehnt. Schüttet den Zugang zu eurer Tiefe nicht mit irdischem Tand zu! Entrümpelt euer Herz von allem irdischen Ballast, damit ihr in die Tiefe zu mir gelangen könnt! Denn ich wohne seit der Taufe am Grunde eures Herzens zusammen mit meinem Vater und dem Hl. Geist.

Wenn ihr versucht, ständig in der Tiefe eures Herzens mit mir Verbindung zu halten, werde ich euch befreien von allen Oberflächlichkeiten eures Lebens. Ihr werdet bald kein Gefallen mehr daran finden und euch nur noch mit Wesentlichem beschäftigen. Ihr werdet meine Gebote halten und euch ständig um Liebe bemühen. Ihr werdet immer mehr fähig werden, ein wahrhaft christliches Leben zu führen. Euer Gebetsleben wird sich immer mehr vertiefen, alles Egoistische werde ich allmählich daraus verbannen. So sucht ständig meine Gegenwart in der Tiefe eures Herzens, wo ich stets auf euch warte! Amen.

---

398. Vgl. Joh 7,37-38: Wer Durst hat, komme zu mir und es trinke, wer an mich glaubt! Wie die Schrift sagt: Aus seinem Inneren werden Ströme von lebendigem Wasser fließen.

127. Als Christen braucht ihr den Mut eines Fallschirmspringers!
22. Juli 2008

Mein geliebtes Kind, ich habe wieder ein Bild für dich.

Bild:

Ich sehe einen Fallschirmspringer, der in großer Höhe aus einem Flugzeug in die Tiefe springt. Der Fallschirm öffnet sich nach kurzer Zeit und bremst den Fall des Mannes. So landet dieser heil und wohlbehalten auf der Erde.

Deutung:

Als Christen braucht ihr den Mut eines Fallschirmspringers. Euer Fallschirm, d. h. eure einzige Sicherheit, sei euer Vertrauen zu mir![399] Abgesichert durch ein großes Gottvertrauen könnt ihr den Sprung ins Ungewisse eures Lebens wagen.

Botschaft:

Ihr Christen, habt Mut![400] Wagt es, den Weg zu gehen, den ich euch zeigen werde! Ich lasse euch jeweils den nächsten Schritt erkennen; geht ihn im Vertrauen auf mich![401] Verzichtet auf alle irdischen Absicherungen, ich allein sei eure Sicherheit! Alles Irdische hat letztlich keinen Bestand, nur meine Liebe bleibt in Ewigkeit.

Ich unterziehe euch vielen Vertrauensprüfungen, damit ihr lernt, euer Vertrauen nur noch auf mich zu setzen. Ich lasse zu, dass ihr immer wieder von den Menschen enttäuscht werdet, damit ihr euer ganzes Vertrauen nicht auf Menschen setzt. Ich lasse

---

399. Vgl. Sir 2,8: Die ihr den Herrn fürchtet, vertraut ihm!
     Vgl. auch Ps 125,1: Die auf den Herrn vertraun, sind wie der Zionsberg: Niemals wankt er, er bleibt in Ewigkeit.
400. Vgl. Joh 16,33: In der Welt seid ihr in Bedrängnis; aber habt Mut: Ich habe die Welt besiegt.
401. Vgl. Spr 3,5-6: Mit ganzem Herzen vertrau auf den Herrn, bau nicht auf eigene Klugheit; such ihn zu erkennen auf all deinen Wegen, dann ebnet er selbst deine Pfade!

zu, dass ihr von den Dingen der Welt enttäuscht werdet, damit ihr vom Materiellen nicht zu viel erhofft. So löse ich euer Herz immer mehr los von den Menschen und von der Welt. Erkennt mein Wirken in den Ereignissen eures Lebens; bedenkt, alles hat einen tiefen Sinn!

Und wenn mein Ruf an euch ergeht, dann habt Mut! Lasst alle Bedenken und Zweifel hinter euch, überwindet alle Hindernisse, lasst euch von der Angst nicht überwältigen! Glaubt an meine Führung, glaubt daran, dass ich euch nicht im Stich lassen werde und euch alles schenken werde, was ihr zum Leben und für euren Weg braucht! Wagt den Sprung ins Ungewisse, ich halte euch fest und bringe euch wohlbehalten an euer Ziel! Es kann euch niemand etwas antun, was euch schadet; ich benütze alles zu eurem Heil. Ihr steht unter meinem besonderen Schutz; ich beschütze euch vor allen Gefahren des Lebens. Satan wird euch angreifen, aber letztlich kann er euch nicht schaden.

Ich bin der Sieger über alles Böse; so kommt zu mir und vertraut mir ganz! Amen.

128. Ich werde euch jetzt in die Wüste führen!
23. Juli 2008

Ich schenke dir wieder ein Bild, mein geliebtes Kind.

Bild:

Ich sehe eine Karawane in einer großen Sandwüste. Die schwer beladenen Kamele schreiten langsam hintereinander in einem langen Zug. Die Menschen sind dunkelhäutig, ihre Kleidung bedeckt fast den ganzen Körper. An der Wasserquelle einer Oase machen sie Rast. Sie löschen ihren Durst, stillen ihren Hunger, füllen ihre Wasserbehälter auf und tränken auch die Kamele. Im Schatten von Palmen ruhen sie sich aus und setzen anschließend neu gestärkt ihre Reise fort.

Deutung:
Ich führe mein Volk jetzt in die Wüste.[402] Aber ich versorge es mit geistlicher Nahrung und mit allem, was die Menschen zum Leben brauchen.

Botschaft:
Meine geliebten Kinder, warum seid ihr mir immer wieder untreu? Warum zieht ihr alles Weltliche meiner Gegenwart vor? Ich werde euch jetzt in die Wüste führen, wo ihr allen weltlichen Tand, alles Überflüssige und Nutzlose und alle eure Götzen entbehren müsst. Beklagt euch nicht, denn ich führe euch jetzt zum Wesentlichen, ich führe euch in die Mitte meines Herzens! Beklagt euch nicht, wenn euch alles genommen wird, was euer Herz begehrt, denn in der Not werdet ihr wieder den Weg zu mir finden![403] In der Eintönigkeit der Wüste werdet ihr wenig weltlichen Trost finden, so sucht Trost bei mir! Ihr werdet kaum mehr Ablenkungen, Zerstreuungen und Vergnügungen vorfinden. So richtet euren Sinn nur noch auf mich! In der Wüste werdet ihr so lange gereinigt, bis euer Herz in Liebe entbrennt zu mir.

Mein geliebtes Volk, meine geliebte Kirche, mach dich gefasst auf große Leiden! Die Wehen einer neuen Geburt stehen dir jetzt bevor. Ich möchte dich erstrahlen lassen in großer Heiligkeit; die Menschen sollen mich wieder klar in dir erkennen. Ich führe dich in die Wüste der Armut, der Ohnmacht und Hilflosigkeit. So lernst du, dein ganzes Vertrauen wieder auf mich zu setzen. Wenn du zu mir um Hilfe schreist, werde ich kommen und dir heraushelfen aus jeder Not. Wenn dein Glaube groß genug ist, werde ich Wunder wirken in deiner Mitte. Hab keine Angst, ich lasse dich nicht im Stich! Ich versorge dich mit allem, was du brauchst! Ich

---

402. Vgl. Buch Exodus: Auszug des Volkes Israel aus Ägypten; Wanderung durch die Wüste.

403. Vgl. Dtn 8,2: Du sollst an den ganzen Weg denken, den der Herr, dein Gott, dich während dieser vierzig Jahre in der Wüste geführt hat, um dich gefügig zu machen ...

überhäufe dich mit Gnaden und stärke dich mit geistlicher Nahrung. Ich schenke dir Mut und Zuversicht und lasse dich ruhen in meiner Liebe. Ich hauche meinen Geist neu in dich hinein und schenke dir neues Leben. So wirst du belebt und erfrischt und du wirst strahlen in neuem Glanz.

So komm, mein Volk, und folge mir in die Wüste, denn dort wirst du ganz auf mich angewiesen sein! Dort werde ich meine Liebe zu dir erneuern und du wirst mir dein Herz wieder ganz zuwenden.[404] So freue dich, mein Volk, denn ich bin dir ganz nah! Amen.

129. Betrachtet wieder mehr meine Passion am Kreuz!
24. Juli 2008

Mein geliebtes Kind, schreib alles auf, was ich dir zeige!

Bild:

Ich sehe Jesus an einem großen Holzkreuz hängen. Er leidet sehr, sein Gesichtsausdruck ist schmerzerfüllt. Am Fuß des Kreuzes knien mehrere Menschen und beten. Ein kleines Mädchen beginnt zu weinen, ein Mann berührt die durchbohrten Füße Jesu und eine Frau sieht mitleidsvoll auf den Gekreuzigten. Jesus blickt die Menschen liebevoll an und bedankt sich bei ihnen für ihre Anteilnahme.

Deutung:

Die Menschen sollen wieder mehr meine Passion am Kreuz betrachten und ihre eigenen Leiden werden ihnen gering vorkommen. Große Gnaden werden ihnen dadurch zuteil. Durch ihre

---

404. Vgl. Hos 2,4-17: Gottes Prozess gegen das untreue Israel.
   Hos 2,16-17: Darum will ich selbst sie (Israel, die «Frau» des Herrn) verlocken. Ich werde sie in die Wüste gehen lassen und ihr zu Herzen reden. ... Dort wird sie mir antworten wie in den Tagen ihrer Jugend, wie am Tag, als sie aus dem Land Ägypten heraufzog.

Anteilnahme kann ich Großes bewirken in meinem Reich: Sünder werden sich bekehren und die Macht Satans wird geschwächt werden.

Botschaft:
Meine geliebten Kinder, betet wieder öfter den Kreuzweg, habt Mitleid mit mir am Kreuz! Betrachtet meine Leiden, bringt mir euer Mitgefühl entgegen! Versetzt euch in meine Lage und bedenkt die ungeheuren Leiden, die ich für euch ertragen habe![405] Aber denkt nicht nur an mich, sondern denkt dabei auch an eure Sünden, die meine Passion mit verursacht haben! Bereut eure Sünden und meidet sie in Zukunft![406] Jede Sünde ist ein Schmerz für mich, jede Bosheit verletzt mich zutiefst. Ich weiß, ihr seid schwache Menschen und Satan versucht euch ständig. So bereut wenigstens eure Sünden, wenn ihr sie schon nicht vermeiden könnt! Ich werde euch stets verzeihen, wenn ihr mich um Vergebung bittet. Wenn ihr meine Leiden am Kreuz betrachtet, denke ich nicht mehr an eure Sünden *(gemeint sind die lässlichen Sünden)*, ich verzeihe sie euch sofort. Und wenn ihr eine schwere Sünde begangen habt, schenke ich euch die Gnade der Umkehr. Bekennt sie dann in der Beichte und ihr werdet wieder ganz rein sein!

Vertieft euch in meine Passion und ihr werdet erkennen, dass eure eigenen Leiden gering sind im Vergleich! Vereinigt eure Schmerzen mit meinen Schmerzen am Kreuz![407] So könnt ihr mitwirken an meinem Erlösungswerk für die Welt. Viele Menschen werden sich dadurch bekehren, viele Menschen werden dadurch Gnaden erhalten. Aber auch allein schon durch eure Betrachtung

---

405. Vgl. 1 Petr 2,21: Dazu seid ihr berufen worden; denn auch Christus hat für euch gelitten und euch ein Beispiel gegeben, damit ihr seinen Spuren folgt.
406. Vgl. Hos 14,3: Nehmt Worte der Reue mit euch, kehrt um zum Herrn …
407. Vgl. Phil 3,10: Christus will ich erkennen und die Macht seiner Auferstehung und die Gemeinschaft mit seinen Leiden, …

meiner Leiden, durch eure echte Anteilnahme kann ich Großes bewirken für mein Reich. So steht mir als dem Gekreuzigten nicht gleichgültig gegenüber, verdrängt meine Leiden am Kreuz nicht in eurem Leben! Ich sehne mich nach eurer Liebe, ich sehne mich nach eurer Anteilnahme. Ich warte stets auf euch am Kreuz und wie wenige finden hin zu mir!

Legt Zeugnis ab von meinem Kreuzestod, bringt überall Kreuze an als Erinnerung daran! Haltet das Kreuz in Ehren, schändet es nicht, das wäre eine große Beleidigung für mich! Wie sehr schmerzt es mich, wenn immer mehr Kreuze entfernt werden aus den Wohnungen, von den Fluren, aus den Ortschaften! Die Menschen wollen dadurch mich selbst entfernen aus ihrem Leben. Setzt euch für die Erhaltung der Kreuze ein, bekennt euch als Christen! Lasst euch nicht einschüchtern von den Ungläubigen! Aber verzeiht ihnen auch, denn sie wissen nicht, was sie tun! Betet für sie um Bekehrung, denn das ist mein größter Wunsch! Amen.

130. Ich trete bald meine Königsherrschaft an auf der Erde!
25. Juli 2008

Ja, mein Kind, ich habe wieder ein Bild für dich.

Bild:
Ich sehe Jesus als König mit einer goldenen Krone, einem Zepter und einem roten Königsmantel groß am Himmel erscheinen.[408] Alle Menschen, die ihn sehen, werfen sich auf ihre Knie und verehren ihn. Sie bringen ihm verschiedene Gaben dar: kostbare Gegenstände aus Gold, kostbare Kleider aus Samt und Brokat, erlesene Speisen und Wein. Am Schluss legt ihm jeder sein eigenes Herz zu Füßen.

---

408. Vgl. Ps 22,29: Denn der Herr regiert als König; er herrscht über die Völker.

Deutung:

Die Menschen sollen mich jetzt mehr als König verehren, denn ich werde bald meine Königsherrschaft antreten auf der Erde. Sie sollen mir ihre Gaben darbringen und mir ihr Herz ganz schenken.

Botschaft:

Meine geliebten Kinder, erkennt mich als euren Herrn an und als euren König![409] Ich bin der Herrscher über die ganze Welt. Mir ist alle Macht gegeben im Himmel und auf der Erde. Ich sitze auf meinem Thron zur Rechten meines Vaters und regiere mit ihm in Herrlichkeit.[410] Gebt mir die gebührende Ehre, verehrt mich als König, bringt mir eure Gaben dar! Gebt mir das Kostbarste, das ihr besitzt! Aber das allein genügt mir nicht, denn ich will euer ganzes Herz. Schenkt mir euer Herz, schenkt mir eure Liebe, wendet euch mir zu und betet mich an! Euer Herz ist geteilt, es hängt noch an zu viel Irdischem. So seid ihr oft hin- und hergerissen: Einerseits wollt ihr mir dienen, andererseits folgt ihr der Welt. So werdet ihr keinen echten Frieden finden. Dauerhaften Frieden findet ihr nur, wenn ihr mir ganz vertraut und wenn ihr euch mir ganz übergebt.

Entthront euer Ich, entthront eure Selbstsucht und setzt mich auf den Thron eures Lebens! Ich allein sei euer Herr und Meister, ich allein sei euer Herr und König! Lasst mich herrschen in eurem Leben, erfüllt meine Wünsche, lasst euch führen von meinem Hl. Geist! Benützt mich nicht nur, um eure egoistischen Wünsche zu erfüllen! Übergebt mir euer Leben ganz! So kann ich Großes bewirken in eurem Leben, so kann ich Wunder wirken durch euch. Ich erneuere jetzt meine Kirche, ich trete bald meine Königsherrschaft an auf der Erde.[411] Die Menschen

---

409. Vgl. Joh 18,37: ... Jesus antwortete: Du sagst es, ich bin ein König. ...
410. Vgl. Eph 1,20: Er (Gott) ließ sie (seine Kraft und Stärke) wirksam werden in Christus, den er von den Toten auferweckt und im Himmel auf den Platz zu seiner Rechten erhoben hat, ...
411. Vgl. Sach 14,9: Dann wird der Herr König sein über die ganze Erde. ...

werden mich wieder verherrlichen und mich anerkennen als ihren König. Frieden und Freude werden überall sein. So freut euch, meine Kinder! Amen.

131. Auf eine Zeit des tiefen Winters wird ein neuer Glaubensfrühling folgen!
26. Juli 2008

Mein geliebtes Kind, ich zeige dir wieder ein Bild.

Bild:
1. Szene:
Ich sehe eine Stadt inmitten einer verschneiten Winterlandschaft. Überall liegt Schnee: auf den Dächern, auf den Bäumen und auf den Wiesen und Feldern. Die Teiche und Seen sind zugefroren.
2. Szene:
Dieselbe Stadt befindet sich jetzt im Vorfrühling. Es liegt zum Teil noch Schnee, aber viele Stellen sind schon schneefrei. Die ersten Blumen, wie Schneeglöckchen und Krokusse, künden den Frühling an.
3. Szene:
Nun ist der Frühling angebrochen. Es grünt und blüht alles in der Stadt und ihrer Umgebung. In den Gärten blühen Tulpen und Narzissen, viele Obstbäume stehen in voller Blüte und auf den Wiesen sprießt das Gras.

Deutung:
So wie die Jahreszeiten auf der Erde wechseln, so ändern sich auch die Zeiten meiner Gnade. Es steht euch jetzt eine Zeit des tiefen Winters bevor, aber ein neuer Glaubensfrühling wird darauf folgen.

Botschaft: 27. Juli 2008
Meine geliebten Kinder, es steht euch jetzt eine Zeit des tiefen Winters in der Kirche bevor. Das Glaubensleben wird bei vielen auf

Eis gelegt, die Beziehung zu mir wird bei vielen einfrieren. Auch die Liebe zwischen den Menschen wird immer mehr erkalten.[412] Es wird nichts wachsen und aufblühen, sondern es wird vieles absterben in meiner Kirche. Der Schnee der Glaubenslosigkeit, der Lauheit, Gleichgültigkeit und Verfolgung wird sich auf meine Kirche legen und sie am Wachstum hindern. Aber wie die Bäume und Sträucher bereits im Herbst ihre Knospen anlegen, die den Winter gut überstehen, so bilde ich jetzt viele neue Gruppen und Gemeinschaften, die sich ganz von meinem Hl. Geist führen lassen. Diese werden in der Zeit der Eiseskälte, zur Zeit der Verfolgung, in den Untergrund gehen und durch meine Gnade überleben. Sie werden die Zeit des Winters in der Kirche gut überdauern und das Leben meiner Gnade weitertragen in eine neue Zeit. Ein neuer Glaubensfrühling wird anbrechen; alle Gruppen, die überlebt haben, werden wachsen und aufblühen und meine neue Kirche aufbauen. Sie sind wie Knospen im Frühling, die neu austreiben und neue Blätter und Blüten bilden. Genauso wie der Wurzelstock vieler Pflanzen den Winter überdauert, so überstehen alle Christen, die fest verwurzelt sind in mir,[413] die kommende schwere Zeit.

So rufe ich euch alle auf, ihr Christen: Bereitet euch vor auf die schlimme Zeit wie die Pflanzen auf den Winter! Wie die Bäume ihre Blätter abwerfen, so sollt ihr allen unnötigen Ballast ablegen. Konzentriert euch auf das Wesentliche, kehrt um und lebt nach dem Evangelium![414] Wie die Frühlingsblumen bereits vor dem Winter unterirdisch Nährstoffe speichern, so sollt auch ihr jetzt bereits Kräfte sammeln in mir. Lebt ganz in meiner Gnade, stärkt euch stets mit meiner geistlichen Nahrung! So werdet ihr

---

412. Vgl. Mt 24,12: Und weil die Gesetzlosigkeit überhand nimmt, wird die Liebe bei vielen erkalten.
413. Vgl. Eph 3,17: Durch den Glauben wohne Christus in euren Herzen, in der Liebe verwurzelt und auf sie gegründet.
414. Vgl. Mk 1,15: Die Zeit ist erfüllt, das Reich Gottes ist nahe. Kehrt um und glaubt an das Evangelium!

stark in der Liebe, so werdet ihr stark im Vertrauen.[415] Nur so werdet ihr die kommende Zeit unbeschadet überstehen können! Ihr werdet imstande sein, meine Kirche wieder aufzubauen in der Weisheit meines Hl. Geistes. Die neue Kirche wird erstrahlen in Heiligkeit, sie wird ihre volle Blütenpracht entfalten wie die Natur im Mai. So freut euch, meine Kinder, denn der Frühling ist nahe! Amen.

132. Die geistliche Dunkelheit ist wie eine Sonnenfinsternis!
28. Juli 2008

Mein geliebtes Kind, heute schenke ich dir wieder ein Bild.

Bild:

Ich sehe eine totale Sonnenfinsternis. Der Mond verdeckt langsam die Sonne, sodass es auf der Erde mitten am Tag immer dunkler wird. Die Menschen schauen zum Himmel auf und beobachten neugierig das Ereignis. Nach einigen Minuten erscheint jedoch langsam wieder das Sonnenlicht.

Deutung:

Wie bei einer Sonnenfinsternis die Erde immer mehr in Dunkelheit gehüllt wird, so bedeckt jetzt die geistliche Finsternis immer mehr die Erde.[416] Satan und seine Helfer verdecken das Licht meiner Liebe vor den Menschen und tauchen diese in die Dunkelheit der Sünde. Aber bald wird mein Licht wieder heller strahlen denn je.[417]

---

415. Vgl. Eph 6,10: Schließlich: Werdet stark durch die Kraft und Macht des Herrn!
416. Vgl. Jes 60,2ab: Denn siehe, Finsternis bedeckt die Erde und Dunkel die Völker, ...
417. Vgl. Jes 60,2cd: ... doch über dir geht strahlend der Herr auf, seine Herrlichkeit erscheint über dir.

Botschaft:

Meine Menschenkinder, seid auf der Hut! Satan übernimmt jetzt immer mehr die Herrschaft auf der Erde! Er versucht mit allen Mitteln, die Menschen zur Sünde zu verführen. Die meisten sind ahnungslos und fallen auf ihn herein. Sie glauben nicht an die Existenz Satans und durchschauen seine Taktiken nicht. Sie können nicht Gut und Böse voneinander unterscheiden, weil sie nicht fest verwurzelt sind in mir.

So rufe ich euch alle auf: Kehrt um, bekehrt euch, wendet euch mir zu! Ich werde euch aus den Fängen des Bösen befreien, sodass ihr nicht mehr versklavt werdet von euren Sünden.[418] Aus eigener Kraft werdet ihr Satan nicht besiegen können. Nur **ich** bin Herr über alles Böse! So widersetzt euch ihm in meinem Namen, schlagt ihn in meinem Namen in die Flucht! Lasst euch nicht mehr verführen zur Sünde, haltet die zehn Gebote und lebt ganz in der Liebe! Ich werde euch die Gnade dazu geben, wenn ihr mich darum bittet. Setzt euch immer wieder dem Licht meiner Liebe aus, so werdet ihr heil und widerstandsfähig gegen alles Böse! Ich bin wie die Sonne in eurem Leben, ich schenke euch Wärme und Licht.

Satan wird noch kurze Zeit wüten auf der Welt, aber ich werde ihm bald Einhalt gebieten und ihn entmachten. So habt keine Angst, meine Kinder, denn ich werde als Sieger hervorgehen aus dem Kampf! Ich werde meine Herrschaft ausdehnen auf die ganze Erde und mein Reich errichten. Ich ziehe die Menschen an mich und mache sie fähig zur Liebe und zur Nachfolge. Die Sonne meiner Liebe wird wieder scheinen auf der Erde und überall ihr strahlendes Licht verbreiten.

So freut euch auf die Zukunft, meine Kinder, denn meine Liebe ist unendlich! Amen.

---

418. Vgl. Joh 8,34.36: Jesus antwortete ihnen: Amen, amen, ich sage euch: Wer die Sünde tut, ist Sklave der Sünde. ... Wenn euch also der Sohn befreit, dann seid ihr wirklich frei.

133. Bedenkt, ihr seid nur Pilger auf Erden!
29. Juli 2008

Ja, mein Kind, ich zeige dir wieder ein Bild.

Bild:

Ich sehe mehrere Menschen auf Pilgerschaft, einen Rucksack am Rücken, einen Stock in der Hand und einen weiten Hut auf dem Kopf. Sie marschieren abwechselnd auf Straßen, Feld- und Waldwegen und erfreuen sich an der Natur. Zwischendurch beten sie immer wieder, halten vor einem Feldkreuz inne oder besuchen eine Kapelle bzw. eine Kirche. Am Abend sind sie müde und kehren in einer einfachen Pilgerherberge ein. Dort stärken sie sich durch eine kräftige Mahlzeit und ruhen aus von ihren Strapazen. Am nächsten Morgen setzen sie mit neuer Kraft ihre Reise fort.

Deutung:

Ihr Menschen, bedenkt, ihr seid nur Pilger auf Erden! Siedelt euch nicht zu fest an einem Ort an, haltet nichts fest, lasst alles los! Seid stets bereit zu einem neuen Aufbruch, seid bereit, meinem Ruf zu folgen! Belastet euch nicht mit zu viel Gepäck auf eurer Wanderschaft! Lebt einfach und unbeschwert, sonst ist der Weg zu weit für euch!

Botschaft: 30. Juli 2008

Meine geliebten Kinder, seid euch bewusst, euer ganzes Leben ist eine Pilgerschaft! So sollt ihr euch auch wie Pilger verhalten und nicht wie fest ansässige Erdenbürger. Ihr sollt ein festes Ziel ansteuern und nicht ziellos umherirren! Euer Ziel ist das ewige Leben bei mir. Macht nicht zu viele Umwege, sondern wählt den kürzesten Weg zu mir! Wählt den Pilgerweg, den ich euch vorausgegangen bin, den Weg der Gottes- und Nächstenliebe! Haltet immer wieder inne, betet und besinnt euch auf mich! So kann ich euch immer wieder stärken und neue Wegweisung geben. Und wenn ihr sehr müde seid, so macht eine längere Rast, ruht euch aus in meiner Liebe! Sättigt euch so lange in meiner Gegenwart, bis ihr wieder neue Kraft schöpft und euren Lebensweg fortsetzen könnt!

Geht nicht allein den Weg, sucht euch Gefährten, die den gleichen Weg gehen! Gemeinsam seid ihr stark und in der Not könnt ihr euch gegenseitig helfen und unterstützen. Ich habe euch gesagt: «Wo zwei oder drei in meinem Namen versammelt sind, da bin ich mitten unter ihnen.»[419] So bin ich in jeder geistlichen Gemeinschaft anwesend und gehe den Weg mit ihr.

Richtet euch nicht häuslich ein in euren alten Gewohnheiten und Verhaltensweisen! Seid stets bereit zu einem Neuanfang und zu einer Veränderung! Nur so werdet ihr euch weiterentwickeln, nur so werdet ihr immer näher zu mir kommen. Nehmt jede Kurskorrektur von mir an, verlasst die alten, ausgetretenen Wege eures Lebens! Haltet nichts fest, lasst alles los und übergebt mir euer Leben! Es wird euch nichts Wichtiges fehlen, ich versorge euch mit allem Notwendigen und überhäufe euch mit Gnaden. Belastet euch nicht mit zu viel irdischem Ballast, er ist euch nur hinderlich auf eurem Lebensweg! Macht euch die Last nicht selbst zu schwer, sondern trennt euch von allem Überflüssigen! Beherzigt meine Ratschläge, verhaltet euch wie Pilger und ihr werdet gut am Ziel eures Lebens ankommen! Amen.

---

419. Vgl. Mt 18,20: Denn wo zwei oder drei in meinem Namen versammelt sind, da bin ich mitten unter ihnen.

134. Es wird bald große Not über die Menschheit kommen!
31. Juli 2008

Mein geliebtes Kind, ich zeige dir wieder ein Bild.

Bild:
Ich sehe mehrere ärmlich gekleidete Kinder, die in einer Ortschaft von Haus zu Haus gehen und betteln. Manche Leute geben ihnen nichts und beschimpfen sie; von den meisten bekommen sie nur wenige Lebensmittel. Oft sagen die Hausbewohner: «Wir haben selbst nicht viel, wir können euch nicht viel geben!» Nur einige Christen schenken den Kindern viel: Obst, Gemüse, Kleidungsstücke usw.

Deutung:
Es wird bald eine große Not über die Menschheit kommen. Auf der ganzen Welt werden die Menschen in Armut leben, auch in den jetzt reichen Industrieländern. Sie werden hungern und frieren und oft zum Betteln gehen müssen. In dieser Zeit müssen sich die Christen bewähren und allen Menschen in Not zu Hilfe eilen.

Botschaft:
Meine lieben Menschenkinder, eine schwere Zeit steht euch jetzt bevor. Stellt euch darauf ein; glaubt nicht, dass es immer so weitergeht wie jetzt! Bedenkt, alles Irdische ist vergänglich, alles Menschliche nimmt ein Ende!
Ihr Reichen, setzt euer Vertrauen nicht auf euren Reichtum, er wird euch nichts nützen am Tag der Not! Euch wird es in Zukunft auch nicht besser gehen als allen anderen Menschen. Hängt euer Herz nicht an das Irdische, sonst wird eure Enttäuschung groß sein! Die Zeit eures Reichtums und eures Wohlstands wird bald zu Ende sein, eine Zeit der großen Not wird folgen. Ich zerstöre jetzt eure Götzen, damit ihr wieder hinfindet zu mir. Wenn ihr mich um Hilfe anfleht, werde ich euch erhören und euch beistehen in jeder Not. Kehrt um, kehrt um, ihr Reichen, teilt euren Wohlstand

mit den Armen! Es wird eine Zeit kommen, in der ihr selbst ganz arm sein werdet. Ihr werdet betteln um ein Stück Brot, euer Gold und Silber wird euch nichts mehr nützen.[420]

Ihr Christen, eine Zeit der schweren Prüfung steht euch jetzt bevor. Jetzt muss sich eure Nächstenliebe bewähren. Jetzt wird sich zeigen, ob eure Liebe zum Nächsten echt ist und ob ihr allen helft in der Not. Lasst euch nicht versklaven von eurem Egoismus, denkt nicht nur an euer eigenes Wohl! Wenn ihr einen großen Glauben habt, werde ich Wunder wirken durch euch. Ich werde Brot und andere Nahrungsmittel durch ein Wunder vermehren wie zu der Zeit, als ich noch auf der Erde weilte.[421] So setzt eure Hoffnung nur noch auf mich, ich werde euch nicht im Stich lassen! Ich werde mich verherrlichen in euch; große Zeichen und Wunder werden geschehen auf der Erde. Erwartet viel von mir, so werde ich euch viel geben! So werdet ihr die kommende Zeit gut überstehen. Bereitet euch darauf vor, erwartet nichts mehr von der Welt, sondern alles von mir! Amen.

135. Am Ende der Zeiten werde ich kommen zum Letzten Gericht!
1. August 2008

Mein geliebtes Kind, ich schenke dir heute das letzte Bild.

Bild:
Ich sehe Jesus als Richter in einem Gerichtssaal auf einem Thron sitzen. Ein Angeklagter wird vorgeführt. Satan und viele Dämonen

---

420. Vgl. Zef 1,18: Weder ihr Silber noch ihr Gold kann sie retten.
421. Vgl. Mt 14,13-21: Die Speisung der Fünftausend.
Mt 14,19-21: Und er (Jesus) nahm die fünf Brote und die zwei Fische, ... sprach den Lobpreis, brach die Brote und gab sie den Jüngern; die Jünger aber gaben sie den Leuten und alle aßen und wurden satt. ... Es waren etwa fünftausend Männer, die gegessen hatten, dazu noch Frauen und Kinder.

klagen ihn wegen vieler Sünden an. Alle Menschen, denen der Ange-
klagte Böses getan hat, treten als Zeugen gegen ihn auf. Die Mutter-
gottes und viele Engel und Heilige verteidigen den Angeklagten und
weisen auf seine zahlreichen guten Taten hin. Alle Menschen, denen
der Angeklagte Gutes getan hat, treten als Zeugen für seine guten
Werke auf. Jesus verkündet am Schluss den Urteilsspruch: «Ich werde
dich aufnehmen in meine Herrlichkeit. Ich habe dich für würdig
befunden, in meinem Reich zu leben.»
Alle Menschen werden nacheinander vor das Gericht Jesu gestellt,
aber nicht alle werden in sein Reich aufgenommen. Die Bösen werden
an einen dunklen Ort gebracht, wohin kein Licht dringt.

Deutung:

Am Ende der Zeiten werde ich kommen zum Letzten Gericht. Ich
werde jedem vergelten nach seinen Taten, mein Urteilsspruch wird
gerecht sein. Die Guten werden in Ewigkeit vor meinem Angesicht
leben, die Bösen müssen die gerechte Strafe erleiden.[422]

Botschaft: 2. August 2008

Wenn die Zeit vollendet ist, werde ich kommen zum Gericht.
Ich werde das Leben jedes einzelnen Menschen prüfen und
entscheiden, ob es vor meinen Augen bestehen kann. Diejenigen,
die in meiner Liebe gelebt haben, werde ich reichlich belohnen. Für
jede gute Tat und für jedes kleinste gute Werk werden sie ihren
Lohn erhalten. Je heiliger ein Mensch auf Erden gelebt hat, umso
größer wird seine Herrlichkeit im Himmel sein. Strebt also nach
Heiligkeit, meine Kinder, eure Anstrengung wird nicht umsonst
sein! Bedenkt aber, dass ihr aus eigener Kraft zu nichts Gutem
fähig seid! Bittet mich also um Liebe, bittet mich um Heiligkeit

---

422. Vgl. Mt 25,31-46: Das Gleichnis vom Gericht des Menschensohnes über die Völker.
    Vgl. auch Offb 20,11-15: Das Gericht über alle Toten.
    Offb 20,12: Die Toten wurden gerichtet, nach dem, was in den Büchern aufgeschrieben war, nach
    ihren Taten.

eures Lebens und ich werde sie euch schenken! Überlasst euch mir ganz und ich kann euch umwandeln! Am Ende eures Lebens wird die Liebe zählen, alles andere vergeht. So lasst euch in Liebe umwandeln von mir! Jetzt ist noch die Zeit der Gnade, jetzt ist noch die Zeit der Barmherzigkeit. Kehrt also heute um, morgen kann es vielleicht schon zu spät sein!

Diejenigen, die vor meinen Augen nicht bestehen können, werden wandeln in ewiger Finsternis. Heutzutage glauben viele nicht mehr an die Existenz der Hölle, das ist aber ein großer Irrtum. Es gibt diesen Ort der Qual, die Gerechtigkeit verlangt dies. Wenn die Zeit der Gnade vorüber ist, kommt die Zeit der Gerechtigkeit. So nützt jetzt noch die Zeit der Gnade, großes Erbarmen werde ich mit euch haben! Kommt zu mir und bereut eure Sünden und alles wird gut! Amen.

Inhaltsverzeichnis